KB152888

# 영사외교의
# 이론과 실제

영사행정의 길라잡이

# 영사외교의 이론과 실제

## 영사행정의 길라잡이

한동만·이정관·이상진 지음

글로벌콘텐츠

# 머리말

---

코로나19가 발생하기 이전인 2019년에 해외로 출국한 우리 국민의 수가 거의 3천만 명에 달했다. 해외여행자 수가 늘어나면서 해외에서의 사건·사고가 증가하였다. 재외국민 사건·사고 현황에 따르면 피해자 수는 2015년 8,298명에서 2019년 1만 6,335명으로 증가하였고 2021년만 해도 살인이나 강도 등 해외 사건·사고 피해를 입은 우리 재외국민이 6,498명에 달한 것으로 나타났다. 2022년 전체 해외출국자는 658만 명으로 2021년 대비 433% 증가하였으며, 사건·사고 발생자 수는 17,161명으로 2021년 대비 50% 증가하였다.

또한, 2023년 2월 튀르키예 지진과 같이 대형 재난 및 재해가 많이 발생하였고, 4월에는 수단에서 군벌 간 무력충돌이 발생하면서 수단에 거주하고 있는 우리 동포들의 철수를 지원하는 등 해외에 있는 우리 국민을 보호하는 업무가 더욱 중요해지고 있다. 해외의 우리 국민을 보호하기 위해 헌법 제2조는 "국가는 법률이 정하는 바에 의하여 재외국민을 보호할 의무를 진다"라고 규정되어 있다. 이에 근거하여 「재외국민보호를 위한 영사조력법」(이하 영사조력법)이 2018년 12월 27일 국회 본회의를 통과하였고, 2021년 1월 16일부터 동법을 시행하게 되었다.

영사조력법은 ▲국가의 재외국민보호 노력, 재외국민보호 정책 수립·시행 및 필요한 인력과 예산 확보 책무 ▲재외국민 자신의 안전을 확보하기 위한 주의 및 재외국민 안전 도모를 위한 국가의 조치 협조 책무 등을 규정하였고, 이에 따라 해외에 있는 우리 공관(대사관이나 총영사관)에서는 해외에서 사건이나 사고 또는 자연재해를 입은 우리 국민들에게 영사조력을 제공하도록 규정되어 있다. 사건·사고 발생 시 해당국 경찰에 신고하고 피해 확인서를 발급 받는 등의 절차를 안내하거나 여권을 분실할 경우에 긴급여권을 재발급하고, 현지 의료기관이나 사법체계, 변호사나 통역 명단 등에 대한 전반적인 정보를 제공하도록 규정하였다.

해외여행자가 급격히 증가하고 자연재해 등 영사 분야에 관한 국제 협력이 증가하자 「영사관계에 관한 비엔나 협약」을 보편적인 다자 영사 협정으로 수용하면서 부족한 부분을 보충하기 위해 우리 정부(외교부)는 양자 간 영사 협정을 체결하였고, 우리 국민이 다수 방문하거나 사건·사고와 자연재해가 많은 국가와 차관보, 국장급의 정기 또는 비정기적인 양자 영사협의체를 운영하고 있다. 이 영사협의회에서는 사증 면제 및 간소화, 불법 체류 문제, 상호 재외국민 안전 문제, 위기 시 공동 대응, 양국 국민과 관련된 재판의 신속 처리, 재외국민 권익 증진 방안이 논의되고 있다.

2016년에는 전 세계 33개국의 영사 업무 담당 차관보나 국장 등 고위급 인사들을 초청하여 제3차 '세계영사 고위급회의(Global Consular Forum)'를 인천 송도에서 개최했고, 우리 정부가 제안한 「영사 관계에 관한 서울선언문」이 채택되어 새로운 세계 영사 이슈에 대한 국제적 합의가 마련되었다.

이와 별도로 외교부는 2021년 7월 30일 영사 서비스를 간편하게 이용할 수 있는 영사 포털 홈페이지(04portal.mofa.go.kr)를 개설했다. 이 홈페이지를 통해 재외동포영사실에서 운영 중인 5개 홈페이지(해외안전여행, 영사민원 24, 여권안내, 아포스티유, 워킹홀리데이)로 신속하게 이동할 수 있다. 또한 2005년 창설된 '영사콜센터'를 24시간 운영하고 있는데 해외에서 발생하는 자연재해, 테러 등 긴급 위난상황 발생 시 우리 국민들이 영사콜센터로 전화하면 안내를 받을 수 있으며, 사건·사고 현장에서 현지와 제3자 통역(영어, 불어, 스페인어, 일어, 러시아어, 중국어, 베트남어) 서비스를 받는다.

또한 해외 우리 국민의 안전을 책임지는 별도의 '해외안전 지킴센터(해외안전상황실)'가 2018년 외교부에 설립되어 외교부를 포함한 경찰청 등 관계부처 직원들이 24시간 교대근무를 통해 사건·사고 상시 대응체제 구축하고 있으며, 자연재해 등 해외 위난상황 발생으로 우리 국민이 피해를 입게 되는 경우, 즉시 신속대응팀을 파견하여 우리 국민 보호 및 지원 업무를 담당하고 있다.

한편, 외교부는 영사 인력의 전문적·체계적인 양성을 위한 교육 기반을 마련함으로써 재외국민보호 서비스를 강화해 나가고자 '전문 영사 인력 양성을 위한 대학교와의 협력 사업'을 2023년도 신규 사업으로 편성하고, 2023년 4월 12일 해당 사업에 선정된 6개 대학교(가톨릭대학교, 숭실대학교, 성신여자대학교, 연세대학교 미래캠퍼스, 인하대학교, 제주대학교)와 '영사 인력 양성을 위한 대학교와의 업무협력 약정'을 체결하였다.

이번 약정에 따라 외교부는 각 대학교에 예산을 지원하고, 각 대학교는 ▲영사 분야 강의 개설 및 운영 ▲영사 분야 관련 커리큘럼 개발 ▲영사 분야 활동 및 체험 프로그램 운영을 통해 전문 영사 인력을 육성할 계획이다. 이에 따라 선정 대학들은 대학 내 체계적인 영사 분야 교육과정을 구축하여, 향후 영사 분야 강의를 안정적이고 지속적으로 운영할 수 있을 것으로 기대된다.

아울러 이번 약정 체결은 「재외국민보호를 위한 영사조력법」 시행 이후 급증하는 영사 업무 수요에 대응하기 위한 체계적이고 전문적인 영사 인력 양성, 재외국민보호 및 영사 업무에 대한 우리 국민의 관심 제고에 기여한다는 데 그 의의가 있다.

최근 각국의 방역 정책이 완화되면서 우리 국민 해외출국자 수가 급격히 증가하고, 우리 국민의 안전을 위협하는 해외 위난이 점점 예측하기 어렵고 복잡·다양해짐에 따라 정부의 적극적인 대응 필요성이 높아지고 있다. 국제화 시대에 해외에서 활동하는 우리나라 국민의 권익 보호와 함께 해외를 여행하는 우리 국민의 안전과 편의를 제공하기 위한 영사 업무 이해, 재외국민 안전에 대한 일반적인 업무를 이해하고 담당할 수 있는 전문 영사 인력의 양성이 중요하다.

이러한 배경 아래 외교부 재외동포 영사실장으로 해외 사건·사고 업무를 총괄하면서 '재외국민보호 대책본부장' 업무를 수행한 후, 해외 공관에서 공관장(대사)으로 재외국민보호 업무를 계속한 바 있는 3명의 전직 외교관들이 이 책을 집필하게 되었다.

1장(이상진 집필)에서는 영사와 영사조력 제도가 어떤 연혁을 거쳐서 발전하였고, 각국에서의 발전 형태는 어떠했는지를 살펴본다. 아울러 현재 영사 제도가 국제법적으로나 국내법적으로 어떤 근거하에 존재하며 영사조력이 실제 작동하고 있는 시스템을 사건·사고 예방시스템과 사건·사고 대응시스템으로 나누어 알아본다.

2장(이상진 집필)에서는 영사조력의 핵심적 근거가 되는 영사조력법의 제정 과정과 의의를 살펴보며, 법이 규정하고 있는 영사조력의 기본원칙, 국가와 국민의 책무, 유형별 영사조력의 구체적 내용, 영사조력의 남용과 한계도 알아본다. 나아가 영사조력에 관한 해외 정책과의 비교를 통해 우리나라 재외국민보호의 바람직한 방향을 모색해 보며, 재외국민보호 시 주요 이슈가 되는 테러에 대한 대응, 피랍 사건의 해결, 마약과 재외국민보호 등을 알아본다.

3장(한동만 집필)에서는 외교 현장에서의 영사조력과 사례 분석을 구체적인 사례를 들어 설명하고 있다. 헝가리 다뉴브 유람선 사고, 프랑스 니스 차량 돌진 사건과 같이 해외에서의 사건·사고 발생 시 주요 영사조력 사례를 살펴본 후, 인도네시아 아궁화산 분화와 네팔, 튀르키예 지진 등 해외에서 대규모 자연재해 발생 시 재외국민보호와 아프가니스탄, 수단 등 분쟁 지역에서 우리 국민 대피를 위한 영사조력에 대해 설명한다. 마지막으로 영화 〈집으로 가는 길〉의 재외국민보호 주요 내용과 시사점 그리고 영화 〈교섭〉의 아프가니스탄 샘물교회 피랍 사건과 시사점 등 영화로 본 재외국민보호와 영사조력에 대해 설명하고자 한다.

4장(이정관 집필)에서는 우리 국민이 해외에서 일상생활을 영위하고 제반 활동을 수행하는 데 있어 필요한 편의를 제공하는 활동인 영사 서비스 업무를 여권, 사증, 국적, 병역, 공증 등으로 나누어 설명한다.

5장(이정관 집필)에서는 재외동포 관련 영사 업무를 다룬다. 먼저 재외동포 관련 법령 및 제도와 우리 정부의 재외동포 정책을 살펴본 후, 각 지역 주요 재외 동포사회의 역사, 중요성 및 당면 과제들을 설명한다.

이 책의 내용은 저자들의 개인적인 경험과 지식, 언론 보도 등의 내용을 종합한 것으로 외교부의 공식 입장을 대변하는 것이 아님을 밝혀둔다. 이 책의 발간을 통해 해외에서 우리 국민에게 영사조력을 적기에 제공할 수 있는 전문적인 영사 인력이 많이 양성되기를 소망해 본다.

끝으로 기꺼이 책 출판에 동의해 주신 출판사 글로벌콘텐츠의 홍정표 대표님에게 감사드린다.

2024년 1월
한동만·이정관·이상진 씀

# 목차

## 제3장  외교 현장에서의 영사조력과 사례 분석

# | 제4장 | 영사 서비스

## 제5장 | 재외동포 지원

# 제1장

# 영사와 영사조력의
# 제도화

# 제1절

# 영사 제도의 연혁

## 1. 외교관계와 영사관계의 기원

　"한 집단이 그들과는 이질적인 집단과의 관계를 질서 있게 처리한다는 의미에서의 외교관계는 우리의 역사보다 오래된 것"[1]이라고 탁월한 외교관이자 근대 최고의 외교 이론가로 일컬어지는 해롤드 니콜슨 경이 지적했다. 니콜슨 경은 예를 들면 "유사 이전의 야만인들도 전투가 끝나면 부상자들을 모아들이고 전사들을 매장하기 위해서라도 협상이 필요했고 협상자들을 파견하게 되었으며 이들에게 특권과 면책을 허락하는 것이 좋으리라는 관행이 태곳적부터 성립되었다"[2]고 적고 있다. 그만큼 외교관계는 선사시대 이래로 존재했다는 의미일 것이다.

---

1) 해롤드 니콜슨 지음, 신복룡 옮김, 『외교론』, 평민사, 1998, p. 25.
2) 위의 책, p. 26.

역사시대로 접어든 그리스의 도시국가에서도 도시국가 간 관계가 날로 밀접해지고 경쟁화 되자 자신의 의사를 탁월하게 웅변하는 법정변호사를 각 도시국가의 '대사'로 선출하는 관행을 채택했다.[3] B.C.5세기에 이르게 되면 도시국가 간 정상적인 외교 교섭의 모습도 보이고 있다. 예를 들면 아테네인들의 조약 위배 여부를 논한다든지, 스파르타가 동맹국회의 소집 같은 모습에서 그리스의 도시국가 간 외교관계의 모습이 보인다는 것이다.

그리스인들은 이 시기에 이미 항구적인 외교관계를 위한 어떤 제도를 갖추고 있었고 외교 임무를 띤 사람들은 어떤 면책이나 상당한 배려를 보장받고 있었을 뿐만 아니라 도시국가 사이의 관계는 단순히 계략이나 폭력에 의해 처리 조정될 수 없고 목전의 국가적 이익이나 일시적인 편의에 우선하는 어떤 묵시적인 법이 존재한다는 것을 인식하기에 이르렀다.[4]

비록 그리스 도시국가에 외교관행이나 외교의 모습이 보이기는 하나 중세시대에 이르기까지 외교 제도의 발전이 이어지지 못하였다. 현대적 의미의 외교가 등장한 것은 13~14세기의 이탈리아 도시국가에서부터라고 할 수 있다. 기록상에 나타난 최초의 상주 사절은 1455년 밀라노의 대공(大公) 스포르자(Sforza)에 의하여 제노아에 설치된 것이다.[5]

13세기에 이르면 유럽의 도시국가 간에는 상거래가 활발해졌다. 특히 당시 활발한 상거래로 유럽 국가와 중동, 레반트 지역[6]까지 중계무역

---

3) 해롤드 니콜슨, 앞의 책, p. 28.
4) 해롤드 니콜슨, 앞의 책, p. 30.
5) 해롤드 니콜슨, 앞의 책, p. 37.
6) 레반트(Levant): 동부 지중해의 여러 섬과 연안제국, 특히 시리아, 레바논, 이스라엘 등지를 의미함.

을 통해 막대한 부를 축적하고 있던 베네치아는 외국에서 활동하는 자국 상인들의 이익과 안전을 도모할 필요가 있었다. 그리하여 1496년 런던에 주재하고 있던 두 상인을 부대사로 임명하였다. 또한 몇 년 후 이탈리아 도시국가들의 상주대사관이 런던과 파리, 카를 5세의 궁정에도 설치되었고 영국도 파리에 상주대사를 두는 등 근대적인 외교사절 제도가 태동하게 되었다.[7]

영사 제도의 기원을 살펴보면 영사는 자국 상인의 이익을 보호하기 위하여 파견되었다. 본국에서 파견되기도 하고 현지에서 임명되기도 하였다. 처음에는 정부가 일정한 급여를 지불하지도 않았다. 현지에서 유력한 상인 중에서 자신의 비용으로 영사의 역할을 하기도 하였다.

이후 16~17세기 유럽 국가들 간에는 일회성으로 사신을 파견하는 것이 아니라 점차 상주 외교사절을 두기 시작했고 이에 따라 외교관과 영사들이 파견되기 시작하였다. 그것이 오늘날 볼 수 있는 상주 외교사절 제도로 발전하였다.[8]

외교관의 계급에 대한 제도는 1815년 비엔나회의(Congress of Vienna)와 1818년 엑스라샤펠회의(Aix la Chapelle)에서 확정되었다. 그러나 영사 제도는 외교관 제도보다 더 긴 역사를 가지고 있음에도 각국의 사정에 따라 발전해 왔으며 그 명칭이 오랫동안 통일되지 않은 상태로 있었다. 제2차 세계대전 이후 1963년 「영사관계에 관한 비엔나협약」이 체결되어 비로소 영사의 계급과 제도에 대한 개념이 명확해지

---

7) 백주현, 『영사법무학개론』, 글로벌콘텐츠, 2019, p. 14.
8) 위의 책, p. 15.

게 되었다.

영사 제도는 국가와 상인 그리고 기업들과의 관계 발전에 따라 역사적으로 자연 발생하여 만들어진 것이다. 당초 해외에 주재하는 상인들의 상업적인 이익의 보호에서 출발하였고, 현대에 와서는 재외국민의 상업적 이익뿐만 아니라 사건, 사고, 자연재해, 법적인 충돌과 피해로부터 국민을 보호하는 제도로 진화되었다.[9]

## 2. 영사관계의 발전

### 1) 유럽에서의 발전

#### (1) 베네치아 공화국

베네치아의 역사는 5세기경 게르만족의 일파가 고트족과 롬바르드족 등 이민족을 피하여 아드리아해 해안가의 척박한 석호지대(lagoon)에 마을을 형성하며 시작되었다. 7세기경 비잔티움 황제로부터 인정을 받아 자치를 시작하였으며 도제[10]를 우두머리로 하는 공화정을 실시하였다.

중세시대 동안 베네치아는 척박한 석호의 섬에서 무역중계와 상업으로 번성하였고 십자군원정을 통해 점차 세력이 강대해졌다. 4차 십자군원정 때는 비잔티움제국의 수도인 콘스탄티노플을 함락시키는 등 아드리아해는 물론 동지중해에 무역 거점인 도시를 여럿 건설하여 지중해 최

---

9) 백주현, 앞의 책, p. 15.
10) 베네치아 도제(Doge di Venezia)는 베네치아 공화국의 최고 공직으로, 공화국의 원수이자 정부 수반이었다.

대의 무역 강국으로 발전하였다.

15세기에 베네치아는 키프로스와 에게해의 여러 섬을 복속시키고 전성기를 맞이한다. 지중해 무역의 패권을 놓고 제노아(Genoa)와 4번의 전쟁 끝에 승리하여 '레반트의 여왕'으로 불리며 엄청난 부를 축적하게 된다. 그러나 1453년 동로마제국을 멸망시킨 오스만제국과 지중해 패권을 놓고 끊임없이 경쟁을 벌이게 되고 결국 16세기에 이르러 지중해의 독점적 지배권을 상실하게 된다. 스페인과 포르투갈이 신항로를 발견하면서 지중해 무역의 중요성은 떨어지고 베네치아도 점차 쇠퇴의 길을 걷게 되었다.

베네치아는 척박한 지역을 토대로 지중해 무역에 성공한 국가였다. 무역대상국과의 분쟁이나 전쟁보다는 타협과 절충으로 세력을 확장해 나갔다. 이러한 과정에서 다른 나라에 진출하거나 거주하는 상인들의 모임에서 영사를 선발하였다. 이들은 베네치아 상인들의 이익이 침해되는 것을 막을 뿐 아니라 교역을 증가시키고 새로운 이권사업을 발굴하는 데도 기여하였다.

서지중해 지역에서 '무역인을 위한 영사', '바다의 영사'가 등장하였고 이 두 가지 기능이 함께 이루어지기도 하였다. 이러한 영사관은 재판소 기능도 하였는데 상인들과 지역관리, 자국과 외국의 상인들이 모여 해운과 무역에 관한 분쟁의 해결책을 마련하였다.

## (2) 스페인과 포르투갈

스페인은 대항해시대[11]에 카리브해나 아메리카 대륙을 점령하고 식민지화하였다. 스페인과 식민지 사이에 활발한 교역이 이루어졌고 이 식민지에 영사를 선발하여 무역과 항행의 이익을 지키려 하였다.

포르투갈은 엔리케 왕자를 주축으로 15세기부터 해외진출을 시작하였다. 바르톨로뮤 디아스의 아프리카 남단 희망봉 발견, 바스코 다 가마의 인도 항로 개척 등을 통해서 향신료를 얻기 위해 주로 아시아로 진출하게 되었다.

이들의 뒤를 이어 영국과 네덜란드가 동인도회사(영국 1600년, 네덜란드 1602년)를 세우고 아메리카와 아시아에 적극 진출하면서 대항해시대는 막을 내리게 되는데, 스페인과 포르투갈은 막대한 부를 축적한 시기였다. 해외 식민지와의 교역 등을 통해 영사 제도의 운용이 더욱 필요해지게 되었다.

스페인은 이미 13세기 초반부터 이집트와 오스만투르크에 영사를 설치하기 시작하였다. 이들 영사들은 무역거래세를 낮추는 교섭을 하여 상인들에게 이익을 가져다주었다.

주요 교섭은 국가가 대사를 파견하여 진행하였지만 거래 관련 세율이나 무역 이익을 위한 협의는 영사들이 진행하였다. 대항해시대를 지나 식민지 개척시대에 스페인의 영사들은 국가 이익과 상인들의 이익을 보호하고 신장하는 역할을 수행하였다.

현대에 와서 스페인 영사 제도의 발전 양상을 본다면, 유럽의 산업 발전에 따라 노동력의 이동이 벌어지게 되는 바, 이에 대한 영사서비스 문

---

11) 대항해시대(Age of Discovery) 또는 신항로 개척이란 유럽인들이 항해술을 발전시켜 아메리카로 가는 항로와 아프리카를 돌아 인도와 동남아시아, 동아시아로 가는 항로를 발견하고 최초로 세계를 일주하는 등 다양한 지리상의 발견을 이룩한 시대를 말한다(wikipedia).

제가 발생하고 있고 이러한 수요에 대처하고 있다. 수많은 노동력이 스페인을 비롯한 남부 유럽에서 중·북부 유럽의 산업지대로 이동하였고 이에 따라 영사 서비스가 팽창하는 추세를 보이고 있다.

2005년에는 영사긴급서비스 제도가 만들어지고 재외국민투표 제도가 도입되었다. 재외국민 수감자 관리 제도와 정신병환자 송환 제도도 도입되었다. 재외국민의 참여, 사회보장, 교육문화 서비스도 강화되고 스페인의 유럽연합(EU) 가입에 따라 유럽연합 내에서의 영사협력 문제도 중요한 과제가 되고 있다.

국제 아동 약취 문제, 스페인 혈통의 3세대 유지 정책 등 새로운 과제가 대두되고 있어 법적 노하우를 가진 영사 인력의 육성이 더 중요해지고 있다.[12]

### (3) 프랑스

프랑스 국왕의 영사는 15세기 말 이집트의 알렉산드리아에 처음으로 파견되었다. 프랑스 국왕들은 절대왕정 시기에 중상주의 정책을 강력하게 추진했으며 그에 따라 프랑스 상인들이 벌어들이는 수입을 중시하고 그들의 이익을 지키려고 하였다. 프랑스 영사들은 해외 상업의 전위대 역할을 하였을 뿐만 아니라 법적 문제와 공공행정 관련 업무도 담당하였다.

프랑스의 영사들은 당초 외무성에서 해군성으로 소속이 바뀌어 프랑스 혁명 때까지 유지되었고 무역의 증가, 식민지의 지속적인 확장에 따라 제3공화정 때는 해외무역과 항행 정보를 보고하게 하는 등 영사 활동의

---

12) 백주현, 『영사법무학개론』, 글로벌콘텐츠, 2019, pp. 26~27.

범위를 보다 강화했다.

영사 충원 시스템을 살펴보면 처음에는 현지에서 자국 상인 중에 임명하였고, 재정이 어려울 때는 영사 직위를 팔기도 하였다. 이에 따라 직위를 남용하는 경우도 생겨났다. 영사에게 봉급이 지급되지 않았고 상인들에게 영사세(consular tax)를 걷어 보수를 대신하게 하여 여러 가지로 폐단이 많았다. 17세기에 영사세를 왕실에서 징수하게 되면서 영사에게 드디어 봉급이 지급되었고 제3공화정은 이를 더욱 발전시켜 외교관과 영사에 대한 보수 체계를 확립하였다.

1555년 오스만투르크와 '무역에 관한 양해협정(Capitulations)'을 체결하여 프랑스 상인들은 오스만제국 내에서 세금을 내거나 처형, 징집되지 않는 특권이 규정되었으며 영사관이라는 관청을 개설할 수 있었다. 이리하여 1600년 5개, 1715년에는 해외에 14개의 영사관이 설치되었다. 이후 북유럽, 미국 동부에도 설치가 되었으나 초기에는 대부분 정식 영사관이 아니라 상인 중에서 선출된 영사대리사무소나 부영사인 경우가 많았다. 이후 제1차 세계대전 직전에는 32개 총영사관, 75개 영사관, 656개 영사대리사무소라는 세계적으로도 최대 네트워크를 형성하는 등 크게 발전하였다.

현대에 와서 2009년에는 113개 총영사관, 18개 영사관, 530개 영사대리사무소를 운영 중이다. 이후 다른 유럽 국가들도 상기 양해협정과 유사한 협정을 오스만제국과 맺게 되면서 최혜국 조항(Most Favored Nation)의 기원이 된다.

영사의 중요한 기능 중에 기업인 보호는 제2차 세계대전 이후 상무관 제도가 도입되면서 상무관에게 넘어갔으며 영사들은 재외프랑스인 보호, 재외국민의 법적인 문제, 상속, 사망신고 등을 담당하는 체계로 변화하였다.

18세기 초부터 영사 채용 제도도 강화되어 상업·법적 지식에 더해 어학 실력을 요구하고 인턴 과정 등 단계적으로 경력을 쌓아 승진하는 경력직 공무원 제도가 자리 잡았다. 1880년 무렵 제3공화정에서는 영사 채용 시 종래의 추천제에서 완전경쟁 시험 제도로 바꾸는 것으로 제도화되었으며 제2차 세계대전 이후에는 국립행정대학원(ENA: National School on Administration) 출신만을 외교관과 영사로 채용하다가 지금은 완전경쟁 체제로 바뀌었다.[13]

이러한 영사 제도의 체계적인 발전은 프랑스야말로 근대 영사 제도를 확립한 모범국가로 만들었다. 프랑스의 제도는 전 유럽으로 확산되었고 오늘날 전 세계적으로 운용되고 있는 영사 제도의 기본 골격이 되었다.[14]

### (4) 네덜란드

네덜란드는 유럽의 작은 나라이지만 동인도회사의 설립(1604년) 등 일찍이 국제무역에서 중요한 역할을 담당한 나라다. 네덜란드 연방공화국의 해외무역을 지원하는 것으로부터 기원한 영사 제도는 주로 오스만 투르크, 북아프리카 지역 등과의 무역진흥을 위해 처음으로 만들어졌다.

네덜란드는 의회의 반대도 있고 해서 영사를 파견하는 데 따른 비용대비 효과성, 즉 경제성을 철저히 따졌다.

---

13) 백주현, 앞의 책, p. 30.
14) 안문석, 『글로벌 정치의 이해』, 한울엠프러스(주), 2020, p. 331.

또한 외무성은 암스테르담과 로테르담 상공회의소의 추천을 받아 명예영사들을 임명하였다. 따라서 영사 중 외국국적자가 많았는데 그들이 신뢰할 만한 정보를 제공하는지 확신을 가질 수 없었다고 한다. 19세기 말에는 영사들에게 자국 기업의 무역에 필요한 정보와 법제 연구, 해운상황 및 정보 수집 분석, 네덜란드 법의 해외 적용 등의 임무가 부과되었다.

다른 유럽 열강의 영사들과 마찬가지로 극동지역, 중국, 일본, 시암(태국) 등의 지역에서 자국민에 대해 자국의 법 적용을 관철하려 하였으며 영사법정(재판소)을 통해 자국민의 분쟁을 해결하려 하였다. 아시아지역 등에서 이러한 영사재판권의 인정 문제가 불평등 조약의 체결이라는 문제로 나타나기도 하였다.

제2차 세계대전 당시 독일이 전격적으로 침공하면서 네덜란드가 점령당하자 프랑스 등으로 피신하는 네덜란드 난민들의 귀환 업무 때문에 영사 업무가 커다란 도전을 받았던 것으로 알려진다. 이때부터 네덜란드 당국은 전문 영사 인력의 확보에 나서기 시작했다. 오늘날 네덜란드 외무성과 직원들은 국제 무대에서 뛰어난 외교력을 발휘한다고 평가되고 있다.

### (5) 영국

영국도 일찍이 오스만투르크와의 관계에서 영사들이 임명되었고 이들은 레반트회사[15]의 소속으로 임명되었다. 이때 영사들은 영국 정부의 대표보다는 단지 회사의 이익을 대표하는 존재였다. 1605년부터 회사는

---

15) 1592년에 설립된 레반트 지역의 독점권한을 가진 영국의 무역회사.

정식으로 영사를 임명할 권리도 보유하게 되었다.

영국의 영사들은 상인, 해군이나 기타 장교 혹은 책임성이 있거나 경험 많은 자들 중에서 선임되었는데, 영사의 요건은 첫째로 해당 지역의 언어를 배우도록 되어 있었다. 둘째로 해당 지역의 법률, 명령, 관습 등에 정통해야 한다. 셋째로 영사사무소의 존엄을 유지하도록 요구되었는데, 즉 영사는 영국에 속한 것을 보호하고 그것들이 손상되거나 모욕되는 경우 보상을 요구하도록 해야 한다고 영사의 업무 기준을 정하고 있다.

## 2) 미국과 러시아

### (1) 미국

1776년 독립 이전까지는 당연히 영국 영사들의 조력을 받아왔다. 독립 이후에는 영사 문제에 관하여 해박하면서도 경험이 많은 토마스 제퍼슨이 국무장관[16]으로 임명되면서 영사 임명이 크게 늘어나는 등 발전을 하게 되었다.

1792년 영사 서비스 기본법이 제정되어 선박의 화물 적재 관련 민원의 처리, 해외에서 사망한 미국 시민의 권리에 대한 임시 조치, 좌초된 선박과 승객의 구출 노력 및 화물의 처리 등이 규정되었다.

현대에 와서 미국 영사관계의 발전을 살펴보면 중요한 정책 변화의 기준이 되고 있는 것이 9.11 테러 사건이다. 9.11 이후 미국의 영사 정책이 많이 바뀌고 있다. 국무부에 영사통합데이터베이스가 구축되었고 가상

---

16) 토마스 제퍼슨은 5년간 프랑스에서 근무하였고, 외국과 1차 영사 협약을 성공적으로 협의하는 등 영사 관련 전문가였다.

공간스크린 시스템이 구축되어 미국의 안보에 위해를 가할 가능성이 있는 인물들은 철저히 가려내고 있다.

한편 재외국민보호에 대한 미국 시민들의 기대감이 크고, 해외여행객도 매년 증가 추세이며 재외국민은 5백만 명에 달한다. 영사서비스의 증진을 위해 1993년 영사부 홈페이지를 마련하고, 2008년 유학생을 위한 사이트 개설하였으며, 재외국민등록 사업 등이 이루어지고 있다. 또한 영사정보 프로그램(Consular Information System)은 여행경보를 미국 시민에게 알리는 등 다층적인 정보를 제공하고 있다. 이제는 미국 외교에서도 대민 업무 및 영사 서비스 업무가 외교의 한 축으로 떠오르고 있다는 점이 시사적이다.

### (2) 러시아

러시아의 영사 서비스는 피터 대제 시절 국가외교공무원 제도에 포함되어 발전하였다. 러시아는 18세기 초 피터 대제의 역점 관심 사항이었던 해군 건설과 무역, 해운 등과 관련되는 지역(암스테르담, 베네치아, 파리, 비엔나, 카디즈, 보르도, 중국, 페르시아) 등에 영사를 파견하기 시작하였다. 1820년 '영사준칙'이 제정되어 영사들의 상업 활동에 대한 보고의무, 재외국민보호, 법률관계 업무도 처리하도록 규정하였다.

전반적으로 러시아 황제들은 무역과 해운 발달을 위해서 영사관 설치에 매우 적극적이었다. 18세기 중엽에는 발칸 지역에 23개의 영사관이 설치되었고, 이 영사관 설치는 러시아정교회를 보호하고 육성하는 차원의 목적도 있었다.

1917년 러시아 혁명 이후에는 외교 기능과 영사 기능의 구분을 없애고 외무성 내에 영사부를 설치한 최초의 국가로 알려지고 있다. 영사관은 주로 유럽 지역에 설치되었다.

러시아의 영사 업무 특징 중의 하나는 자국민의 유럽 방문과 외국인의 러시아 방문과 관련해서 복잡하고 비용이 적지 않게 들어가는 시스템을 갖추고 있다는 점이다. 사실 구소련 시절부터 복잡한 출입국 비자 시스템에서 시작한 제도의 특성이 있었다. 이에 덧붙여 1991년 이후 러시아와 구소련 공화국들이 독립하면서 관계가 더욱 복잡해졌다. 예를 들면 에스토니아, 리투아니아, 폴란드 등은 러시아인에 대한 사증을 요구하고 있다. 러시아는 불법 이민과 반테러리즘, 마약 거래 차단 차원에서 그러한 제도를 유지하고 있다. 2014년 크림 합병으로 유럽연합, 일본과의 사증 면제협정이 중단되었고 2022년 발발한 러시아·우크라이나 전쟁은 문제를 더욱 복잡하게 하고 있다.

## 3) 동양권에서의 발전

### (1) 중국

중국은 1978년 개혁개방 정책을 추진하고 나서야 본격적인 영사 서비스 시대를 맞이한다.

개혁개방 이전의 상황을 잠시 살펴보면 1949년 중화인민공화국의 수립은 중국의 외교·영사 제도의 암흑기를 가져왔다. 왜냐하면 외교관계도 사회주의권 국가들과의 사이에서만 한정되게 수립되어 1960년대 초반에는 중국 내에 13개 국가로부터 30개 영사관만 설치되었고, 중국도 14개국 14개 영사관만 설치하고 있었기 때문이다. 이렇듯 소규모의 영사관이 설치된 이유는 냉전의 구도와 무관치 않고 무역과 관광도 국가 주도로 통제되었기 때문이다. 그러나 1978년 개혁개방 정책의 추진으로 영사 업무의 본질이 변화하고 있다.

90년대 초 여권 발급 업무가 지방정부로 이양되어 서비스가 확대되었고, 중국 기업의 해외진출이 늘어남에 따라 중국 노동자의 보호를 위해 중앙-지방정부 협력 체제를 갖추고 있다.

국민 편의를 위해 66개 국가와 사증면제협정, 38개 국가와 사증간소화협정을 체결하였고, 영사 분야는 국민의 해외여행 조력자로 변신하고 있다. 재외국민보호를 위한 제도도 충실화되고 있으며 정책의 우선순위에 두고 있다. 이제 중국 외교 업무에서도 경제 외교, 공공 외교와 함께 재외국민보호를 위한 영사 서비스 업무가 중요한 자리를 차지하고 있다고 할 수 있다.

### (2) 일본

일본의 근대 외교는 1854년에 미국의 페리가 일본을 개항하게 한 이후에 시작되었다. 1869년 정부 내에 외무성이 설치되면서 본격적인 근대외교를 시작하였고, 영국, 미국, 프랑스 등 서양 강대국과 조약을 체결하면서 영사관을 설치하고 외교관을 파견하기 시작하였다.

그들의 재외동포(소위 '在留邦人')를 위한 영사관 제도는 1873년에 제정된 영사관령에 의해 정비되었다. 이 법은 재외동포의 생활과 권리를 보호하고, 영사관의 직무와 조직을 규정하였다. 일본은 이러한 영사관 제도를 통해 해외에서의 영향력을 확대하고, 동아시아 지역에서의 침략과 식민지 지배를 강화하였다. 1873년 상하이에 처음으로 영사관이 개설되었으며, 1876년 부산에도 영사관을 개설하는 등 근대적 영사관계를 구축하는 데 힘을 쏟았다.

1885년(메이지 18년)에 내각 제도가 창설되면서 외무성17)(MOFA: Ministry of Foreign Affairs)이 내각의 일원이 되었다. 영사재판권이 규정된 구미제국과의 불평등 조약 개정을 처리하는 문제 그리고 러일전쟁 이후 제국주의 열강으로서 일본이 팽창하게 되는 등 일본의 근대 외교 발전과 더불어 영사·영사관 제도가 발전해 왔다.

1854년에 미국과 영사관계를 맺은 이래 영국, 프랑스, 네덜란드, 러시아 등 다른 서양 국가들과도 영사관계를 맺으며 영사재판권과 최혜국 대우를 인정하였다. 이러한 조약은 전형적인 불평등 조약으로 일본은 이러한 불평등 조약을 타파하기 위해서 메이지 유신을 통해 근대적인 헌법과 정부를 수립하고, 서양의 문화와 기술을 적극적으로 수용하며 군사적이고 경제적인 근대화를 추진하였다.

그 결과 20세기 초반에는 이러한 조약 개정 문제가 완료되고 일본은 국제적인 영향력을 급속히 확대하면서 영사관의 수와 역할도 증가하였다. 그러나 만주 침략을 기점으로 군국주의 길로 본격적으로 나아가다가 결국 제2차 세계대전에서 패망하였고, 1951년 샌프란시스코 조약을 계기로 독립국의 지위를 회복하게 된다. 이후 소위 평화헌법 아래 착실한 국제협조주의를 취해 나가며 현재 일본은 세계 189개 국가와 영사관계를 유지하고 있다. 우리나라하고도 9개의 총영사관을 포함하여 대사관 포함 10개의 공관을 통해 영사 업무를 수행하고 있다.

---

17) 일본의 외무성은 많은 성청의 이름 중에서 단 한 번도 명칭이 바뀌지 않은 유일한 부서이기도 하다.

영사관들은 일본인의 보호와 지원, 비자 발급, 문화 교류 등의 역할을 수행하고 있다. 일본 외무성 내에서는 '영사국'이 이를 담당하는 주된 업무부서이다. 일본은 대규모 공관을 운영하고 영사 업무 등에 힘을 쏟고 있음에 따라 외무성의 총 직원 수가 5,862명에 달하며, 인력 등 외교 인프라 측면에서 우리나라보다 훨씬 큰 규모를 보여주고 있다.

# 영사 제도와 국제 협약

## 1. 외교관계·영사관계의 법제화

참혹한 두 차례의 세계대전을 치른 후 세계 각국은 국제관계의 안정화를 위해 적지 않은 국제 규범들을 만들게 되었다. 그동안 고대 이래 국제 관습에 따라 인정되고 있던 외교사절에 관한 국제 규칙도 제2차 세계대전 후 확립되었다.

외교사절에 관한 국제법은 1815년 비엔나 회의에서 최초로 성문화를 시도했으며, 국제연맹을 거쳐 1957년 유엔의 잠정 초안을 받은 뒤 1961년 4월 18일 오스트리아 비엔나에서 「외교관계에 관한 비엔나 협약」이 채택되었다. 우리나라는 1962년 서명하였다.

아울러 2년 뒤인 1963년에 「영사관계에 관한 비엔나 협약」도 체결되어 영사를 포함해 외교사절 전반에 관한 국제 법규가 탄생되었다. 이로써 각국의 국제관계에 관한 안정적인 질서를 구축하는 기초 인프라를 제공하게 되었다.

여기서 각 규범의 구체적인 조항을 알아본다.

## 2. 외교관계에 관한 비엔나 협약

### 1) 외교관계의 포괄적 성문법화

외교적 면제(diplomatic immunity)는 수천 년 동안 관습법으로 발전되어 왔다. 이것은 법적인 면제로 외교관의 안전한 활동이 보장되고, 소송당하거나 처형당하지 않을 권리다. 외교적 면제는 양국 간의 관계가 악화하거나 분쟁 상태에 들어가더라도 정부 간의 관계를 유지하기 위해 주어지는 것이다. 이러한 면제는 상호주의적(reciprocity)으로 주어졌다. 그러나 원래 양자적 차원에서 그리고 상시적이지 않은 경우에 따라 (bilateral, ad hoc basis) 주어져 왔기 때문에 이로 인한 상호 간 오해도 발생하였고, 약한 국가에게는 압력으로 작용할 수도 있다. 또한 위반 행위가 있어도 누구의 잘못인지 판정하기 어려운 상황을 불러일으키기도 하였다.

이러한 점들을 감안하면서 1961년의 「외교관계에 관한 비엔나 협약」 에서 외교관의 특권과 면제를 규정하고 모든 국가에 적용되는 표준을 만들었다는 것은 큰 의의가 있다.[18] 동 협약은 2018년 현재 192개국이 비준하였고 비교적 잘 지켜지고 있다는 평가를 받고 있다.

---

18) 백주현, 『영사법무학개론』, 글로벌콘텐츠, 2019, pp. 44~45.

## 2) 협약의 주요 내용

### (1) 외교공관의 설치 및 운영

국가 간 합의에 의하여 외교관계가 수립되면 수교국은 상호 간에 상설외교공관을 설치할 수 있다. 그러나 수교하였다 해서 반드시 상주공관을 개설해야 하는 것은 아니다. 즉, 파견국은 접수국의 사정을 감안하여 공관의 규모를 결정하며 접수국은 파견국의 공관 설치 및 운영에 필요한 편의를 제공한다.

**제2조** 국가 간 외교관계의 수립 및 상설 외교공관의 설치는 상호 합의에 의하여 이루어진다.

**제11조 공관규모의 유지 1.** 공관의 규모에 관한 특별한 합의가 없는 경우에는, 접수국은 자국의 사정과 조건 및 당해 공관의 필요성을 감안하여 합리적이며 정상적이라고 인정되는 범위 내에서 공관의 규모를 유지할 것을 요구할 수 있다.

**2.** 접수국은 또한 유사한 범위 내에서 그리고 무차별의 기초 위에서 특정 범주에 속하는 직원의 접수를 거부할 수 있다.

**제21조 1.** 접수국은 그 법률에 따라 파견국이 공관을 위하여 필요로 하는 공관 지역을 접수국의 영토에서 취득함을 용이하게 하거나 또는 기타 방법으로 파견국이 시설을 획득하는 데 있어서 이를 원조하여야 한다.

**2.** 접수국은 또한 필요한 경우, 공관이 그들의 관원을 위하여 적당한 시설을 획득하는 데 있어서 이를 원조하여야 한다.

**제25조** 접수국은 공관의 직무수행을 위하여 충분한 편의를 제공하여야 한다.

## (2) 외교사절의 종류, 파견, 직무종료

외교사절은 상주사절과 임시사절(특별사절)로 구분된다. 이 중에서 중요한 것은 외교에 상주하는 상주사절로, 상주외교사절은 공관장(head of mission)과 공관의 외교직원, 행정 및 기능직원 그리고 노무직원으로 구성된다(협약 1조). 이 중 외교관은 공관장이나 공관의 외교직원을 말한다[협약 1조의 (e)].

파견국은 공관장으로 파견하고자 제의한 사람에 대하여 접수의 아그레망(agrément)이 부여되었음을 확인하고 파견하여야 한다. 또한 신임장을 제출하였을 때 접수국에서 직무를 개시한 것으로 본다.

또한 외교관의 직무가 종료되는 것은 접수국에 통보한 때 혹은 접수국이 당해 외교관을 적합하지 인물로 통보할 때[19]이거나 본국으로부터 소환되었을 때 등의 경우에 종료된다.

> **제4조 1.** 파견국은 공관장으로 파견하고자 제의한 자에 대하여 접수국의 '아그레망(agrément)'이 부여되었음을 확인하여야 한다.
>
> **2.** 접수국은 '아그레망'을 거절한 이유를 파견국에 제시할 의무를 지지 아니한다.
>
> **제9조 1.** 접수국은 언제든지 그리고 그 결정을 설명할 필요 없이 공관장이나 또는 기타 공관의 외교직원이 '불만족한 인물(persona non grata)'이며, 또는 기타의 공관직원을 '받아들일 수 없는 인물'이라고 파견국에 통고할 수 있다. 이와 같은 경우에, 파견국은 적절히 관계자를 소환하거나 또는 그의 공관직무를

---

19) '페르소나 논 그라타(persona non grata)'의 원칙으로 외교적 기피인물이라고 접수국이 통고한 경우, 파견국은 적절히 관계자를 소환하거나 그의 공관 근무를 종료시켜야 한다.

종료시켜야 한다. 접수국은 누구라도 접수국의 영역에 도착하기 전에 '불만족한 인물' 또는 '받아들일 수 없는 인물'로 선언할 수 있다.

　　**제13조 1.** 공관장은 일률적으로 적용되는 접수국의 일반적 관행에 따라 자기의 신임장을 제정하였을 때 또는 그의 도착을 통고하고 신임장의 진정 등본을 접수국의 외무부 또는 합의된 기타 부처에 제출하였을 때에 접수국에서 그의 직무를 개시한 것으로 간주된다.

### (3) 외교공관의 직무

　　외교공관의 직무는 국가를 대표하고, 국가와 국민의 이익을 보호하며 상대 정부와 교섭하는 것으로 정의하고 있다. 또한 주재국 정세를 보고하며 접수국과의 우호증진, 경제, 문화, 과학관계 발전을 위해 일한다고 규정되어 있다.

　　외교공관이 영사 업무도 수행할 수 있음을 규정하여 오늘날 각 대사관 내에 '영사부'를 두는 형식이 일반적인 것으로 되고 있다.

　　**제3조 1.** 외교공관의 직무는 특히 아래와 같은 것을 포함한다.

　　(a) 접수국에서의 파견국의 대표.

　　(b) 접수국에 있어서, 국제법이 허용하는 한도 내에서 파견국과 파견국 국민의 이익 보호.

　　(c) 접수국 정부와의 교섭.

　　(d) 모든 합법적인 방법에 의한 접수국의 사정과 발전의 확인 및 파견국 정부에 대한 상기 사항의 보고.

　　(e) 접수국과 파견국 간의 우호관계 증진 및 양국 간의 경제, 문화 및 과학관계의 발전.

2. 본 협약의 어떠한 규정도 외교공관에 의한 영사 업무의 수행을 방해하는 것으로 해석되지 아니한다.

### (4) 특권과 면제

① 외교특권

외교특권이란 국제법상 외국의 외교사절에게 부여되는 권리로 접수국의 국민이나 외국인보다 특별한 보호, 대우를 받는 것을 말한다. 이러한 특권 및 면제의 근거로서 외교사절이 임무를 능률적으로 수행하기 위하여 필요하다는 '기능적 필요성설'과 국가대표로서의 성격을 가지고 있기 때문에 특권면제를 향유한다는 '대표성설', 외교사절은 접수국의 치외법권하에 영토외적 성질을 가지고 있다는 '치외법권설' 등이 있으나 오늘날에는 주로 기능설의 입장을 따르고 대표성설도 일부 따르고 있다.

외교특권의 내용으로는 공관과 주거의 불가침(22조), 문서의 불가침(24조), 통신의 자유(27조), 신체 및 명예의 불가침(29조)이 있다.

우선 공관과 주거의 불가침(22조)은 외교사절의 동의 없이 접수국의 관헌이 외교공관에 들어갈 수 없으며 특별히 보호해야 할 의무가 있다. 공관 내의 재산은 수색, 징발, 압수, 강제집행의 대상이 될 수 없다.

문서의 불가침(24조)은 외교사절의 공문서, 서류 등을 접수국이 검열하거나 압수할 수 없다. 이와 더불어 외교공관이 통상 암호, 부호 등을 사용할 수 있으며 접수국이 이를 가로채어 해독하는 것을 금지한다.

통신의 자유(27조)는 공관이 자국 정부와 자유롭게 통신할 자유다. 공관은 외교신서사, 암호 또는 부호로 된 통신문을 포함하여 모든 통신 방법을 사용할 수 있다. 다만, 무선통신의 경우는 접수국의 동의를 받아 설치, 사용할 수 있다. 아울러 외교행낭은 개봉되거나 유치되지 않는다고 규정하여 통신의 자유에 포함시키고 있다.

신체 및 명예의 불가침(29조)은 외교사절에 대한 가장 중요한 규정이라고 할 수 있다. 외교사절은 접수국으로부터 강요받거나 체포, 억류, 구금될 수 없다. 접수국으로부터 추방될 경우에도 외교사절의 생명과 건강에 대한 어떠한 위협도 불가능하다. 또한 접수국은 외교사절의 소환, 퇴거를 명령할 수 있지만 처벌은 불가능하다.

**제22조 1.** 공관 지역은 불가침이다. 접수국의 관헌은 공관장의 동의 없이는 공관 지역에 들어가지 못한다.

**2.** 접수국은 어떠한 침입이나 손해에 대하여도 공관 지역을 보호하며, 공관의 안녕을 교란시키거나 품위의 손상을 방지하기 위하여 모든 적절한 조치를 취할 특별한 의무를 가진다.

**3.** 공관 지역과 동 지역 내에 있는 비품류 및 기타 재산과 공관의 수송수단은 수색, 징발, 차압 또는 강제집행으로부터 면제된다.

**제30조 1.** 외교관의 개인 주거는 공관 지역과 동일한 불가침과 보호를 향유한다.

**2.** 외교관의 서류, 통신문 그리고 제31조 제3항에 규정된 경우를 제외한 그의 재산도 동일하게 불가침권을 향유한다.

**제24조** 공관의 문서 및 서류는 어느 때나 그리고 어느 곳에서나 불가침이다.

**제27조 1.** 접수국은 공용을 위한 공관의 자유로운 통신을 허용하며 보호하여야 한다. 공관은 자국 정부 및 소재 여하를 불문한 기타의 자국 공관이나 영사관과 통신을 함에 있어서, 외교신서사 및 암호 또는 부호로 된 통신문을 포함한 모든 적절한 방법을 사용할 수 있다. 다만, 공관은 접수국의 동의를 얻어

야만 무선송신기를 설치하고 사용할 수 있다.

**2.** 공관의 공용통신문은 불가침이다. 공용 통신문이라 함은 공관 및 그 직무에 관련된 모든 통신문을 의미한다.

**3.** 외교행낭은 개봉되거나 유치되지 아니한다.

**제29조** 외교관의 신체는 불가침이다. 외교관은 어떠한 형태의 체포 또는 구금도 당하지 아니한다. 접수국은 상당한 경의로서 외교관을 대우하여야 하며 또한 그의 신체, 자유 또는 품위에 대한 여하한 침해에 대하여도 이를 방지하기 위하여 모든 적절한 조치를 취하여야 한다.

② 외교적 면제의 내용

외교적 면제(diplomatic immunity)에는 재판관할권 및 증언의 면제, 조세·역무와 기부 및 관세의 면제, 사회보장 규정의 면제 등이 있다.

재판관할권의 면제에 따라 외교사절은 접수국에 의한 재판을 받지 않는다. 형사재판은 모두 면제이고 민사재판 및 행정재판은 일부가 면제된다. 따라서 개인으로서의 부동산 소송, 상속, 상업적 활동에 관한 재판은 허용된다고 본다.

**제31조 1.** 외교관은 접수국의 형사재판 관할권으로부터의 면제를 향유한다. 외교관은 또한, 다음 경우를 제외하고는 접수국의 민사 및 행정재판 관할권으로부터의 면제를 향유한다.

(a) 접수국의 영역 내에 있는 개인 부동산에 관한 부동산 소송. 단, 외교관이 공관의 목적을 위하여 파견국을 대신하여 소유하는 경우는 예외이다.

(b) 외교관이 파견국을 대신하지 아니하고 개인으로서 유언집행인, 유산관리인, 상속인 또는 유산수취인으로서 관련된 상속에 관한 소송.

(c) 접수국에서 외교관이 그의 공적 직무 이외로 행한 직업적 또는 상업적 활동에 관한 소송.

2. 외교관은 증인으로서 증언을 행할 의무를 지지 아니한다.

3. 본조 제1항 (a), (b) 및 (c)에 해당되는 경우를 제외하고는, 외교관에 대하여 여하한 강제 집행조치도 취할 수 없다. 전기의 강제 집행조치는 외교관의 신체나 주거의 불가침을 침해하지 않는 경우에 취할 수 있다.

4. 접수국의 재판관할권으로부터 외교관을 면제하는 것은 파견국의 재판관할권으로부터 외교관을 면제하는 것은 아니다.

외교사절은 조세 및 관세의 면제의 권리가 있다. 다만 특정용역에 대한 지불 성격을 가진 유료도로 통행료, 상하수도료, 오물세 같은 것들은 실제 그 용역을 소비한 것으로 보아 면제되지 않는다.

제23조 1. 파견국 및 공관장은 특정 용역의 제공에 대한 지불의 성격을 가진 것을 제외하고는, 소유 또는 임차 여하를 불문하고 공관 지역에 대한 국가, 지방 또는 지방자치단체의 모든 조세와 부과금으로부터 면제된다.

2. 본조에 규정된 조세의 면제는, 파견국 또는 공관장과 계약을 체결하는 자가 접수국의 법률에 따라 납부하여야 하는 조세나 부과금에는 적용되지 아니한다.

제33조 1. 본 조 제3항의 규정에 따를 것을 조건으로 외교관은 파견국을 위하여 제공된 역무에 관하여 접수국에서 시행되는 사회보장의 제 규정으로부터 면제된다.

제34조 외교관은, 다음의 경우를 제외하고는 국가지방 또는 지방자치 단체의 모든 인적 또는 물적 부과금과 조세로부터 면제된다.

(a) 상품 또는 용역의 가격에 통상 포함되는 종류의 간접세.

(b) 접수국의 영역 내에 있는 사유 부동산에 대한 부과금 및 조세. 단, 공관의 목적을 위하여 파견국을 대신하여 소유하는 경우는 예외이다.

(c) 제39조 제4항의 규정에 따를 것을 조건으로, 접수국이 부과하는 재산세, 상속세 또는 유산세.

(d) 접수국에 원천을 둔 개인소득에 대한 부과금과 조세 및 접수국에서 상업상의 사업에 행한 투자에 대한 자본세.

(e) 특별한 용역의 제공에 부과된 요금.

(f) 제23조의 규정에 따를 것을 조건으로, 부동산에 관하여 부과되는 등기세, 법원의 수수료 또는 기록 수수료, 담보세 및 인지세.

**제35조** 접수국은 외교관에 대하여 모든 인적 역무와 종류 여하를 불문한 일체의 공공역무 및 징발, 군사상의 기부 그리고 숙사 제공 명령에 관련된 군사상의 의무로부터 면제하여야 한다.

## (5) 외교사절 면제의 포기

파견국은 외교사절의 특권·면제를 포기할 수 있고 반드시 명시적으로 포기하도록 하고 있다. 그러나 외교사절 개인은 포기할 권한이 없다. 특권과 면제가 국가 간의 원활한 외교관계를 위한 것임을 상기시키는 조항이다.[20]

**제32조 1.** 파견국은 외교관 및 제37조에 따라 면제를 향유하는 자에 대한 재판관할권의 면제를 포기할 수 있다.

**2.** 포기는 언제나 명시적이어야 한다.

---

20) 백주현, 앞의 책, p. 57.

## 3. 영사관계에 관한 비엔나 협약 [21]

「영사관계에 관한 비엔나 협약」은 1963년 4월 24일 비엔나 회의에서 채택되고, 1977년 3월 19일 발효된 영사관계 최초의 일반 조약이다. 당사국은 153개국이며 우리나라에서는 1977년 4월 6일 발효되었다. 영사관계의 규칙은 본래 당사자 간 조약에 의해 발달해 온 것으로 외교관계만큼 국제관습법의 확립이 인정되어 있지 않아 새롭게 입법된 부분이 많았다.

이 협약이 채택됨으로써 접수국에서의 파견국 관할권이 제약되는 한계점을 극복하려는 합의를 하였다. 협약 36조의 영사접견권은 매우 중요한 조항으로 파견국이 접수국 내에서 자국 국민과 소통하며 보호할 수 있는 가능성을 열게 되었고, 이로써 국가 간의 정치·외교관계와 함께 상업적, 경제적, 문화적 교류가 안정적 기반하에 이루어지게 하였다.

교통과 통신의 발달로 국가 간 이동이 과거보다 훨씬 빈번해진 오늘날 우리 국민이 외국에 나가서 곤경에 처하는 경우, 이러한 제도화된 영사접견권이 있기 때문에 영사들이 자국 국민에게 국가가 보내준 가디언(guardian) 역할을 할 수 있다.

영사접견권을 포함한 영사 제도는 세계화의 진전으로 어느 국가나 국외 활동의 규모가 양적·질적 면에서 다양화된 오늘날 자국민 보호를 위해 커다란 의미를 가지고 있는 제도이다.

---

21) 백주현, 앞의 책, pp. 58~59.

## 1) 영사관계 규정

영사관계의 개설 및 설치는 접수국의 동의하에 이루어진다. 접수국이 외교관과 마찬가지로 인가장을 거부하고 영사를 '페르소나 논 그라타'로 통고하는 경우를 규율하고 있다.

양국 간 외교관계 수립에 부여된 동의와 영사관계 수립에 대한 동의를 포함한다는 조항은 외교관계와 영사관계의 상호 근접성을 보여준다. 아울러 영사관계는 외교관계의 단절이라 하더라도 유지될 수 있음을 규정(제2조 3항)하고 있다.

> **제2조 영사관계의 수립** 1. 국가 간의 영사관계의 수립은 상호 동의에 의하여 이루어진다. 2. 양국 간의 외교관계의 수립에 부여된 동의는, 달리 의사를 표시하지 아니하는 한 영사관계의 수립에 대한 동의를 포함한다. 3. 외교관계의 단절은 영사관계의 단절을 당연히 포함하지 아니한다.
>
> **제23조 불만으로 선언된 인물** 1. 접수국은 영사관원이 불만스러운 인물이거나 또는 기타의 영사 직원이 수락할 수 없는 자임을 언제든지 파견국에 통고할 수 있다. 그러한 통고가 있는 경우에 파견국은 사정에 따라 관계자를 소환하거나 또는 영사기관에서의 그의 직무를 종료시켜야 한다.

## 2) 영사 업무의 내용

영사의 임무는 비엔나 협약 제5조에서 상세히 규정하고 있다. (a)~(c)까지는 외교사절과 유사(파견국과 그 국민의 이익 보호, 우호관계 촉진, 정세 확인 보고 및 정보 제공)하나 그 외에는, 즉 (d)~(m)까지는 영사가 행하는 고유의 업무이다.

즉 ① 국민의 보호: 국민의 원조, 상속상의 이익 보호, 무능력자의 이익 보호, 부재국민의 이익 대표 ② 행정적·사법적 임무: 여권의 발급·사증 등 사무, 공증사무, 재판 관련 서류의 송달 ③ 선박과 항공기 및 그 승무원의 보호·감독·검사, 선박서류의 검사, 항행사고 조사, 승무원 간 분쟁 해결 등이 그것이다.

---

**제5조 영사기능**

영사기능은 다음과 같다.

(a) 국제법이 인정하는 범위 내에서 파견국의 이익과 개인 및 법인을 포함한 그 국민의 이익을 접수국 내에서 보호하는 것.

(b) 파견국과 접수국 간의 통상 경제문화 및 과학관계의 발전을 증진하며 또한 기타의 방법으로 이 협약의 규정에 따라 그들 간의 우호관계를 촉진하는 것.

(c) 모든 합법적 수단에 의하여 접수국의 통상 경제문화 및 과학적 생활의 제조건 및 발전을 조사하고, 이에 관하여 파견국 정부에 보고하며 또한 이해관계자에게 정보를 제공하는 것.

(d) 파견국의 국민에게 여권과 여행증서를 발급하며 또한 파견국에 여행하기를 원하는 자에게 사증 또는 적당한 증서를 발급하는 것.

(e) 개인과 법인을 포함한 파견국 국민을 도와주며 협조하는 것.

(f) 접수국의 법령에 위배되지 아니할 것을 조건으로 공증인 및 민사 업무 서기로서 또한 유사한 종류의 자격으로 행동하며, 또한 행정적 성질의 일정한 기능을 수행하는 것.

(g) 접수국의 영역 내에서의 사망에 의한 상속의 경우에 접수국의 법령에 의거하여 개인과 법인을 포함한 파견국 국민의 이익을 보호하는 것.

(h) 파견국의 국민으로서 미성년자와 완전한 능력을 결하고 있는 기타의

---

자들 특히 후견 또는 재산관리가 필요한 경우에, 접수국의 법령에 정해진 범위 내에서 그들의 이익을 보호하는 것.

(i) 접수국 내의 관행과 절차에 따를 것을 조건으로 하여, 파견국의 국민이 부재 또는 기타의 사유로 적절한 시기에 그 권리와 이익의 방어를 맡을 수 없는 경우에, 접수국의 법령에 따라 그러한 국민의 권리와 이익의 보전을 위한 가처분을 받을 목적으로 접수국의 재판소 및 기타의 당국에서 파견국의 국민을 대리행위를 행하거나 또는 동 대리행위를 주선하는 것.

(j) 유효한 국제협정에 의거하여 또는 그러한 국제협정이 없는 경우에는 접수국의 법령과 양립하는 기타의 방법으로, 파견국의 법원을 위하여 소송서류 또는 소송 이외의 서류를 송달하거나 또는 증거조사 의뢰서 또는 증거조사 위임장을 집행하는 것.

(k) 파견국의 국적을 가진 선박과 파견국에 등록된 항공기 및 그 승무원에 대하여 파견국의 법령에 규정된 감독 및 검사권을 행사하는 것.

(l) 본조 세항 (k)에 언급된 선박과 항공기 및 그 승무원에게 협조를 제공하는 것, 선박의 항행에 관하여 진술을 받는 것, 선박의 서류를 검사하고 이에 날인하는 것, 접수국 당국의 권한을 침해함이 없이 항해 중에 발생한 사고에 대하여 조사하는 것, 또한 파견국의 법령에 의하여 인정되는 경우에 선장, 직원 및 속원 간의 여하한 종류의 분쟁을 해결하는 것.

(m) 파견국이 영사기관에 위임한 기타의 기능으로서 접수국의 법령에 의하여 금지되지 아니하거나 또는 접수국의 이의를 제기하지 아니하거나 또는 접수국과 파견국간의 유효한 국제협정에 언급된 기능을 수행하는 것.

## 3) 영사접견권

영사가 우리 재외국민을 보호하는 데 있어서 가장 중요한 권한은 비엔나 협약 제36조의 영사접견권 및 37조의 관련 조항이다.

영사관원은 파견국의 국민과 자유로이 통신할 수 있으며 접촉할 수 있다. 이 조항에 의해 해외에서 체포, 구금된 우리 국민이 우리의 영사를 만나서 사정을 설명하고 도움을 요청할 수 있다. 물론 개인의 선택에 따라서는 본인의 사생활의 보호 등을 이유로 영사를 만나지 않을 수도 있다.

그러나 언어, 문화의 차이 등 해외에서 형사적인 곤란을 당하였을 때 영사접견권은 매우 유용한 수단[22]이 된다. 특히 오늘날에는 국제화가 진전되어 많은 자국민이 해외에 단기 여행을 가거나 장기 거주하면서 유학, 각종 상거래에 종사하는 경우가 많아졌기 때문에 사건·사고가 많이 발생하고 있고, 심지어 어떤 경우에는 예측불가의 사유로 신체의 자유를 구속당하는 경우가 발생할 수 있기 때문에 중요한 의미를 갖는 조항이다.

### 제36조 파견국 국민과의 통신 및 접촉

1. 파견국의 국민에 관련되는 영사기능의 수행을 용이하게 할 목적으로 다음의 규정이 적용된다.

(a) 영사관원은 파견국의 국민과 자유로이 통신할 수 있으며 또한 접촉할 수 있다. 파견국의 국민은 파견국 영사관원과의 통신 및 접촉에 관하여 동일한 자유를 가진다.

(b) 파견국의 영사 관할구역 내에서 파견국의 국민이 체포되는 경우, 또는 재판에 회부되기 전에 구금 또는 유치되는 경우, 또는 기타의 방법으로 구속되

---

22) 2023년 5월18일, 중국 당국에 의해 구금된 축구 국가대표 손준호 선수를 구금 엿새 만에 선양 한국총영사관의 영사가 영사면담을 한 바 있고, 이는 국제법상 인정된 권리로서 변호인의 면담보다 먼저 성사되었다.

는 경우에 그 국민이 파견국의 영사기관에 통보할 것을 요청하면 접수국의 권한 있는 당국은 지체 없이 통보하여야 한다. 체포, 구금, 유치 또는 구속되어있는 자가 영사기관에 보내는 어떠한 통신도 동 당국에 의하여 지체 없이 전달되어야 한다. 동 당국은 관계자에게 본 세항에 따른 그의 권리를 지체 없이 통보하여야 한다.

(c) 영사관원은 구금, 유치 또는 구속되어 있는 파견국의 국민을 방문하며 또한 동 국민과 면담하고 교신하며 또한 그의 법적대리를 주선하는 권리를 가진다. 영사관원은 판결에 따라 그 관할구역 내에 구금, 유치 또는 구속되어 있는 파견국의 국민을 방문하는 권리를 또한 가진다. 다만, 구금, 유치 또는 구속되어 있는 국민을 대신하여 영사관원이 조치를 취하는 것을 동 국민이 명시적으로 반대하는 경우에, 동 영사관원은 그러한 조치를 삼가야 한다.

2. 본조 1항에 언급된 권리는 접수국의 법령에 의거하여 행사되어야 한다. 다만, 동 법령은 본조에 따라 부여된 권리가 의도하는 목적을 충분히 실현할 수 있어야 한다는 조건에 따라야 한다.

**제37조** 사망, 후견, 재산관리, 난파 및 항공사고의 경우에 있어서 통보접수국의 권한 있는 당국이 관계 정보를 입수하는 경우에 동 당국은 다음과 같은 의무를 진다.

(a) 파견국 국민의 사망의 경우에는 그 사망이 발생한 영사관할구역 내의 영사기관에 지체 없이 통보하는 것.

(b) 파견국의 국민으로서 미성년자 또는 충분한 능력을 결하고 있는 기타의 자의 이익을 위하여, 후견인 또는 재산관리인을 지정하는 것이 필요하다고 생각되는 경우에는, 권한 있는 영사기관에 지체 없이 통보하는 것. 다만, 이러한 통보는 상기 지정에 관한 접수국의 법정의 시행을 침해해서는 아니된다.

(c) 파견국의 국적을 보유한 선박이 접수국의 영해 또는 내수에서 난파하거

나 또는 좌초하는 경우, 또는 파견국에 등록된 항공기가 접수국의 영역에서 사고를 당하는 경우에는 사고발생 현장에서 가장 가까운 영사기관에 지체 없이 통보하는 것.

## 4) 영사의 특권과 면제

영사의 업무를 수행하기 위해 현재는 외교사절에 비해 좁지만 과거의 영사 규정에 비하면 상당히 확대되어 있는 일정한 특권·면제가 인정되고 있다. 영사기관에 대한 국기, 국장의 사용(29조), 필요시설의 입수(30조), 공관, 공문서의 불가침(31조, 33조), 과세 면제(32조), 통신의 자유(35조), 파견 국민과의 통신·접촉(36조) 등이며, 본무영사, 영사관 및 영사직원에 대한 신체의 불가침(41조), 재판권 면제(43조), 증언 거부(44조), 외국인 등록·취로허가·사회보장, 과세, 관세 및 세관검사, 인적 및 금전적 부담의 면제(46조~50조, 52조)가 규정된 조항 등이 있다.

이 중에서 외교관과 비교해서 면책특권이 좁게 적용되는 조항을 살펴보면 다음과 같다.

### (1) 영사관원이 외교 업무 수행 시에도 외교특권과 면제는 적용되지 않음

**제17조 영사관원에 의한 외교활동의 수행**

1. 파견국이 외교공관을 가지지 아니하고 또한 제3국의 외교공관에 의하여 대표되지 아니하는 국가 내에서 영사관원은, 접수국의 동의를 받아 또한 그의 영사 지위에 영향을 미침이 없이, 외교활동을 수행하는 것이 허용될 수 있다. 영사관원에 의한 그러한 활동의 수행은 동 영사관원에게 외교특권과 면제를 요구할 수 있는 권리를 부여하는 것이 아니다.

## (2) 외교행낭과 달리 영사행낭의 개방 요구도 가능

### 제35조 통신의 자유

3. 영사행낭은 개방되거나 또는 억류되지 아니한다. 다만, 영사행낭 속에 본조 4항에 언급된 서한, 서류 또는 물품을 제외한 기타의 것이 포함되어 있다고 믿을 만한 중대한 이유를 접수국의 권한 있는 당국이 가지고 있는 경우에, 동 당국은 그 입회하에 파견국이 인정한 대표가 동 행낭을 개방하도록 요청할 수 있다. 동 요청을 파견국의 당국이 거부하는 경우에 동 행낭은 발송지로 반송된다.

## (3) 영사가 중대범죄를 저지른 경우에는 체포 또는 구속될 수 있음을 규정

### 제41조 영사관원의 신체의 불가침

1. 영사관원은 중대한 범죄의 경우에 권한 있는 사법당국에 의한 결정에 따르는 것을 제외하고, 재판에 회부되기 전에 체포되거나 또는 구속되지 아니한다.

2. 본조 1항에 명시된 경우를 제외하고 영사관원은 구금되지 아니하며 또한 그의 신체의 자유에 대한 기타 어떠한 형태의 제한도 받지 아니한다. 다만, 확정적 효력을 가진 사법상의 결정을 집행하는 경우는 제외된다.

3. 영사관원에 대하여 형사소송 절차가 개시된 경우에 그는 권한 있는 당국에 출두하여야 한다. 그러나 그 소송절차는 그의 공적 직책상의 이유에서 그가 받아야 할 경의를 표하면서 또한, 본조 1항에 명시된 경우를 제외하고는, 영사 직무의 수행에 가능한 최소한의 지장을 주는 방법으로 진행되어야 한다. 본조 1항에 언급된 사정하에서 영사관원을 구속하는 것이 필요하게 되었을 경우에 그에 대한 소송 절차는 지체를 최소한으로 하여 개시되어야 한다.

## (4) 외교관과는 달리 영사는 증언을 요청받을 수 있음

### 제44조 증언의 의무

1. 영사기관원은 사법 또는 행정소송 절차의 과정에서 증인 출두의 요청을 받을 수 있다. 사무직원 또는 업무직원은 본조 3항에 언급된 경우를 제외하고 증언을 거부해서는 아니된다. 영사관원이 증언을 거부하는 경우에 그에 대하여 강제적 조치 또는 형벌이 적용되어서는 아니된다.

2. 영사관원의 증언을 요구하는 당국은 그 직무의 수행에 대한 간섭을 회피하여야 한다. 동 당국은 가능한 경우에 영사관원의 주거 또는 영사기관 내에서 증거를 수집하거나 또는 서면에 의한 그의 진술을 받을 수 있다.

3. 영사기관원은 그 직무의 수행에 관련되는 사항에 관하여 증언을 행하거나 또는 그에 관련되는 공용 서한과 서류를 제출할 의무를 지지 아니한다. 영사기관원은 파견국의 법에 관하여 감정인으로서 증언하는 것을 거부하는 권리를 또한 가진다.

제3절

# 재외국민보호(영사조력)의 제도화

「외교관계에 관한 비엔나 협약」이 국가 간의 외교관계를 포괄적으로 정하고 국제관계의 안정화를 꾀한 국제 규정이라면, 「영사관계에 관한 비엔나 협약」은 해외에서 자국민의 안전과 이익을 보호하고 신장해 나가기 위한 구체적인 규정들로, 이것이 성문화됨으로써 해외에서 여행, 유학, 생활, 상행위 등을 함에 있어 각종 사건·사고, 사적이익의 충돌, 구제 등의 근거가 되는 중요한 협약이 만들어진 것이다.

국제화의 영향으로 해외에 체류하거나 여행하는 우리 국민과 기업의 수는 지난 10년 전과 비교할 때 가히 폭발적으로 증가해 왔다. 예를 들면 2019년 해외여행자 수는 약 3천만 명에 달한 것으로 추산되며, 그 후 코로나19의 영향으로 일시적 단절기가 있었으나 2023년에는 약 2,200만에 달하는 등 거의 회복된 수치를 보이고 있다. 또한 재외국민은 250만

명에 달하는 것으로 추산되고 있고 재외동포를 포함하면 750만 명의 수준을 보이고 있다.[23]

해외에서의 접촉이 많다는 것은 우리 국민과 기업이 해외에서 직면하는 각종 사건·사고, 애로사항, 법률적 이익의 충돌 등 관련 업무 등이 증가한다는 의미이다. 따라서 전통적인 외교 업무 이외에도 재외공관을 비롯하여 외교부 본부에 이르기까지 재외국민의 보호, 영사 서비스 등 업무가 급증하고 있다. 국제규범 이외에 국내적으로 이러한 업무 수요의 증가에 정책적으로 대처해 온 부분을 간략히 살펴볼 필요가 있다.

## 1. 헌법상의 재외국민보호 의무

국내 법적으로 재외국민보호 관련 규정의 최상위 규범은 1987년 민주화 이후 마련되고 시행된 현행 헌법[24] 제2조 2항이다. "국가는 법률이 정하는 바에 의하여 재외국민을 보호할 의무가 있다"라고 규정하고 있다. 매우 의미 있고 획기적인 규정이다.

그러나 국가의 의무로서 최고규범을 규정하고 법률에 근거를 마련하라는 유보조항까지 마련하였음에도 오랫동안 법률이 제정되지 못하고 있었다. 그동안 개별적·구체적 사건에서 재외국민의 보호는 국가의 일반적·조리상의 의무에 의해 외교부의 지침 등으로 실현되는 실정이었다.

---

23) 외교부, 「재외국민보호기본계획(2021~2025)」, 2021.
24) 헌법에 재외국민보호 조항이 삽입된 것은 제5공화국 헌법에서부터이다. 당시 헌법 제2조 2항에서는 "재외국민은 국가의 보호를 받는다"라고 추상적으로 규정하였다.

## 2. 영사조력법의 제정

국제화·세계화가 크게 진전되고 교류가 활발해지면서 해외에 있는 재외국민의 안전 등에 관해 체계적인 보호 및 대응의 필요성이 점점 커짐에 따라 헌법의 조항을 구체화하기 위한 노력이 의원 입법 등을 중심으로 전개되었다.

2018년 12월 27일에 이르러 그동안 발의된 4개 입법안의 통합대안 형식으로 「재외국민보호를 위한 영사조력법안」이 국회본회의를 통과하게 되었다. 이 영사조력법의 제정은 재외국민보호를 위한 국가의 의무가 구체적인 법률로 규정되고 체계적이고 통합적인 영사조력이 가능해지는 등 재외국민보호 정책의 획기적인 전환점이 되었다.

이 법에는 국가의 의무뿐만 아니라 재외국민의 책무까지도 담아냄으로써 영사조력법이 균형 있게 적용될 근거를 마련하였고, 사건·사고 유형별로 영사조력의 구체적인 내용을 규정하였다. 그뿐만 아니라 영사조력의 남용에 대한 규정까지 마련함으로써 국가의 책무와 개인의 권리 사이의 균형을 도모하는 등 재외국민보호를 위한 기본적 토대가 마련되었다.

시행준비를 위해 2년간의 유예기간을 두었던 동법에 대한 시행령 및 시행규칙도 마련되어 2021년 1월 16일부터 시행되고 있다.


## 3. 기타 재외국민보호 관련 제도

외교부는 영사조력법 제정 이전부터 현실적인 필요에 의해 내부 업무 처리 규정이나 시스템을 통해 재외국민보호 제도 및 장치들을 발전시켜

왔으며 법령 제정 이후에는 법령에 부합하는 더 정교한 장치를 마련하고 있다. 크게 보면 예방시스템과 대응시스템으로 구별할 수 있는데 이를 각각 기술한다.

## 1) 사건·사고 예방시스템

사건·사고를 미연에 방지하기 위해 두는 다양한 시스템이 있다. 이러한 체계의 목적이 궁극적으로 재외국민의 안전을 위해 만들어진 것은 두말할 나위가 없다.

### (1) 해외안전여행 홍보

외교부 해외안전여행 사이트(www.0404.go.kr)를 통해 국가별 최신 안전 소식, 여행경보 소식, 위기상황별 대처 매뉴얼, 영사조력 범위, 해외안전여행 앱 등에 쉽게 접근하고, 정보를 받아볼 수 있다. 한마디로 해외안전여행에 관한 종합 안내 정보 사이트이다.

또한 YTN에 외교부 담당직원들이 출연하여 해외안전여행에 관한 시의적절한 정보를 제공하고 있으며, KBSWorld Radio 한민족 네트워크, KBSWorld 단신 스크롤 뉴스 등을 통해서도 필요한 정보를 알려준다.

2010년부터는 대학생들로 구성된 '해외안전여행서포터즈' 제도를 운영하고 있다. 반기별로 100명 정도의 규모를 선발하여 운영하고 있으며 외교부와 협업하여 '미래세대가 바라보는 해외안전여행'을 주제로 토론하고 실천하는 과정을 통해 젊은 세대인 그들의 인식 제고뿐 아니라 그들의 해외여행 경험 과정에서의 참신하고 창의적인 아이디어를 얻기도 한다. 이들은 직접 워킹홀리데이, 해외여행, 배낭여행 등 다양한 경험을 앞두기도 하고 경험하기도 한 세대이기 때문이다. 이를 통해 해외안전여행에 대한 대학생의 자발적인 관심을 유도하고, 대학생들의 참신한 아이디어에 기반한 홍보를 통해 해외안전여행에 대한 사회적 관심을 제고하고 있다. 이러한 홍보 활동은 개인의 안전 확보뿐만 아니라 위험을 사전에 회피하고 대응하게 함으로써 우리 사회 전체의 비용을 절

해외안전여행 모바일 앱 화면

감하는 역할을 할 것으로 기대되고 있다.

홍보 및 대국민 인식 제고는 지속적으로 추진해야 할 분야이므로 소통수단의 발전이나 정책의 전개에 따라 향후에도 다양하게 전개될 수 있다.

### (2) 인터넷 등록제(동행서비스)

해외여행자가 해외여행의 일정, 현지 연락처, 국내 연락처, 인적사항을 미리 등록하게 하는 제도이다. 그렇게 되면 방문지의 안전 정보가 자동적으로 제공되며, 연락처가 파악되고 행선지가 알려지므로 사건·사고 발생 시 전 세계 어디서나 신속한 영사조력을 받을 수 있다.

실제로 세계적 견지에서 격오지나 치안이 불안한 지역은 무척 많으며, 유사시 해외에서 영사들이 영사조력을 하고 싶어도 행선지나 연락처가 파악이 되지 않아 초동 조치를 취하지 못하는 경우가 많다. 사회구성원

모두가 협조하여 귀중한 외교력이나 행정력이 낭비되지 않고 피해를 미연에 방지하기 위한 장치들이다.

### (3) 여행경보 제도

여행경보 제도는 여행대상국에 형성된 위험한 정세의 변화나 치안 정세에 따라 우리 국민에게 위험과 그에 따른 행동지침을 알리려는 제도다. 이러한 제도는 미국, 영국, 캐나다, 호주 등 각 선진국에서도 운용 중이다.

우리나라의 여행경보는 4단계로 남색경보(여행주의), 황색경보(여행자제), 적색경보(철수권고), 흑색경보(여행금지)로 구분되어 있다. 이중 여행금지 제도는 우리나라만 운영하는 독특한 제도이다.

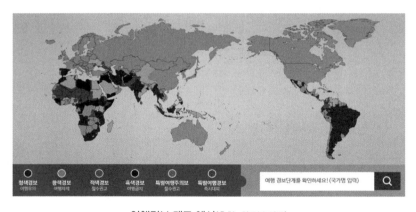

여행경보 제도 예시(출처: 외교부 자료)

한편 4단계 경보 제도를 보완하기 위하여 일시적인 정정 불안이나 자연 재난 등 단기간의 위험에 대하여 발령하는 특별여행주의보가 있는데, 이는 통상 90일 이내에 발령하며 특별여행주의보는 여행경보 2단계(여

행자제) 이상 3단계 이하(출국권고)의 효과가 있다.[25]

### (4) 여행금지 제도

여행금지로 지정된 국가나 지역은 원칙적으로 여행이 금지된다. 다만, 외교부장관으로부터 '예외적 여권사용 등의 허가'를 받으면 방문하거나 체류할 수 있다. 그만큼 위험하기 때문에 허가 시에는 경호나 안전대책이 구비되어 있는지 등 허가신청자의 안전 조치에 대한 충분한 검토 후 정부가 승인을 내주고 있다.

내란과 테러리스트 공격이 빈번히 일어나는 이라크, 아프가니스탄, 시리아, 예멘, 리비아, 소말리아 등이 그 대상이다. 지역적으로는 필리핀 잠보앙가 등 일부 지역, 아르메니아, 벨라루스, 아제르바이잔 일부 지역이 해당된다. 최근에는 러시아-우크라이나 전쟁에 따라 우크라이나 전역과 러시아 일부 지역이 추가되었고, 군벌 간의 다툼으로 인한 정세불안 등으로 2023년에 수단이 추가되었다.

즉, 세계정세 등에 따라 여행금지국가나 지역의 지정은 매우 가변적이다. 따라서 외교부 위험지역을 여행하고자 할 때에는 상시 업데이트되고 있는 해외여행 안전정보를 참고해야 한다.

한편 이라크나 리비아의 경우에서 보듯이 여행금지국가이기는 하나 위험한 와중에도 대규모 재건사업이 진행되고 있거나 해당국 특유의 건

---

25) 여행경보 2.5단계라고도 일컫는다. 2023년 10월 7일 팔레스타인 무장정파 하마스가 일으킨 이스라엘 지역에 대한 대규모 로켓공격으로 심각한 무력충돌이 발생하고 대규모 사상자가 발생하자 같은 해 10월 8일 외교부는 이스라엘 전 지역에 특별여행주의보를 발령하였다.

설 등 사업 수요가 많아서 기업들의 필요에 의해 예외적 여권사용 허가 신청이 많은 국가들도 있다.

우리 정부로서는 해당 지역을 방문해야 하는 국민들의 안전 문제와 기업의 영업활동 보호 사이에서 적절한 균형점을 찾아 방문 허가를 내어주고 있으며 이는 상시 충분히 고려해야 하는 과제라고 할 수 있다.

또 다른 논점은 언론의 취재 허용 문제이다. 시사성을 좇는 언론기관의 속성상, 내전이 발발하거나 현재 우크라이나처럼 전시라는 매우 위험한 상태임에도 그 지역에 대한 생생한 취재와 보도를 추구하는 경우가 많다. 여권사용 허가를 한다면 위험성은 크지만 일반 국민과 달리 알권리 차원에서 언론을 지나치게 통제하는 것은 어렵다. 안전 조치를 확보하고 허용한다든지 하는 균형점을 찾아야 할 것이다.

위반 시 처벌 규정까지 두고 있는 강제적인 여행금지 제도는 대부분의 나라가 동 제도를 권고로써 운영하고 있는 해외 사례에 비추어 보아도 우리나라가 엄격히 운영하는 것은 사실이다.

그러나 호주나 미국의 경우도 여행금지 중에서도 특정국가나 지역을 여행한 경우 처벌하는 조항[26]이 존재하고 있으며, 우리나라도 여행금지를 규정한 여권법 제17조에 대해 여행과 이동의 자유를 규정하고 있는 헌법 조항에 비추어 과연 헌법에 합치하는가의 가부를 구하는 쟁송이 있었으나 이미 헌재의 합헌결정이 내려진 바 있다는 점을 참고할 필요가 있다(2008년 6월).

---

26) 호주는 아주 위험한 특정지역을 공표하고 이곳을 여행하는 경우 강한 형사처벌 조항이 있으며, 미국의 경우도 오토 웜비어 사건 이후 여행금지국가 중 북한을 여행하는 경우 처벌하고 있다.

**제17조(여권의 사용제한 등)** ① 외교부장관은 천재지변·전쟁·내란·폭동·테러 등 대통령령으로 정하는 국외 위난상황(危難狀況)으로 인하여 국민의 생명·신체나 재산을 보호하기 위하여 국민이 특정 국가나 지역을 방문하거나 체류하는 것을 중지시키는 것이 필요하다고 인정하는 때에는 기간을 정하여 해당 국가나 지역에서의 여권의 사용을 제한하거나 방문·체류를 금지(이하 '여권의 사용제한 등'이라 한다)할 수 있다. 다만, 영주(永住), 취재·보도, 긴급한 인도적 사유, 공무 등 대통령령으로 정하는 목적의 여행으로서 외교부장관이 필요하다고 인정하면 여권의 사용과 방문·체류를 허가할 수 있다. 〈개정 2013. 3. 23.〉

**제26조(벌칙)** 다음 각 호의 어느 하나에 해당하는 사람은 1년 이하의 징역 또는 1천만 원 이하의 벌금에 처한다. 〈개정 2014. 1. 21.〉

3. 제17조 제1항 본문 및 제2항에 따라 방문 및 체류가 금지된 국가나 지역으로 고시된 사정을 알면서도 같은 조 제1항 단서에 따른 허가(제14조 제3항에 따라 준용되는 경우를 포함한다)를 받지 아니하고 해당 국가나 지역에서 여권 등을 사용하거나 해당 국가나 지역을 방문하거나 체류한 사람

## (5) 해외안전정보 SMS 발송

영사콜센터에서는 해외로밍 서비스를 신청한 우리 국민이 해외에 도착하는 즉시 국가별 맞춤형 안전정보 문자(SMS) 전송하고 있다. 여기에는 해당 국가나 지역의 ① 여행경보 발령 현황 ② 감염병 정보 및 유의사항 ③ 테러 및 치안 등 위험요소를 휴대전화 문자메시지(SMS)로 제공하며 위험 발생 시 긴급전화를 할 수 있도록 안내한다.

최근에는 이러한 서비스가 분량도 많아 피로감을 느낀다는 국민들도 있으나 안전에 관한 것은 다소 과도할 정도의 조치도 용인되는 분위기다.

다만 이 서비스는 로밍한 사람에게만 적용되므로 유심을 구입하는 경우 등 로밍 이외의 수단을 택하는 여행객에게는 적용되지 않는 서비스다.

### (6) 사건·사고 담당 영사회의 및 도상(圖上) 훈련

전 세계 공관에는 사건·사고를 담당하는 영사[27]가 지정되어 있다. 재외동포영사실[28]에서는 이들을 대륙별 혹은 지역별로 소집하여 새로운 정책 방향도 학습하면서 그동안 발전된 지식과 경험을 공유하여 보다 나은 영사조력을 위한 계기로 삼는다. 날이 갈수록 우리 국민의 해외 활동이 증가함에 따라 사건·사고가 양적으로 많아지고 질적으로 대응이 복잡해지고 있다. 또한 주재국 관할권과의 문제, 유관기관 협조체계 구축, 언론, 가족 대처 문제 등 새롭게 정립해야 할 역량이 많아지고 있다.

한편 재외공관과 외교부 본부는 개연성이 큰 대형사건·사고 위주로 모의 도상훈련을 연 수회 기획하여 추진하고 있다. 매년 실시하는 지역은 다르나 지역별 위난 유형[29]에 유의하여 맞춤형 훈련을 실시한다.

## 2) 사건·사고 대응시스템

사건·사고가 실제로 벌어졌을 때 공관과 외교부 본부에 신속한 대응

---

27) 사건·사고 담당 전담 영사는 연도별 꾸준히 확충되고 있으며 2023년 83명에 달하고 있다(2023 재외국민보호집행계획, 외교부).

28) 재외동포영사실은 2023년 6월 재외동포청 출범으로 재외동포 기능은 동포청으로 이관하고 나머지 기능은 '영사안전국'으로 명칭이 바뀌어 존속하고 있다.

29) 총 7개 위난 유형의 매뉴얼이 존재한다. ① 국외 테러 ② 해외 납치 ③ 정정불안 및 내전 ④ 지진·풍수해 등 자연재해 ⑤ 감염병 또는 가축질병 ⑥ 방사능 누출 등 산업재해 ⑦ 항공기, 선박, 철도 등 대형교통사고 등.

과 조치, 사건·사고의 해결을 위해 두고 있는 다양한 시스템이 있다.

### (1) 영사콜센터

영사콜센터는 2005년 창설되어 24시간 365일 해외에서 생기는 사건·사고 관련하여 초동단계에서 운영되는 제도이다. 주요 업무로는 ▲해외 대형 재난 발생 시 가족 등의 안전 확인 접수 및 현지 안전정보 안내 ▲해외 사건·사고 접수 및 조력 ▲신속해외송금 지원 ▲해외 긴급상황 시 통역서비스(7개 국어 : 영어, 중국어, 일본어, 베트남어, 프랑스어, 러시아어, 스페인어)[30] 지원 ▲여권, 영사확인 등 외교부 관련 민원상담 등을 담당하고 있다.

또한 SNS 기반 카카오톡 상담 서비스(2020년 11월), 위챗 상담(중국지역), 라인 상담(일본, 태국, 대만) 서비스(2021년 11월)가 개시되어 무료로 상담할 수 있는 서비스가 탄생하였다.

국외에서 이용할 때도 로밍 서비스 시 해당 지역·국가별 맞춤형 위험요인에 대한 SMS 메시지를 발송하여 사건·사고를 미리 예방하는 기능을 담당하고 있으며, 로밍 서비스로 받은 긴급전화번호로 통화 시 바로 연결되는 등 여러 서비스를 실시하고 있다. 이들 번호에 따라서 유료 혹은 무료로 연결된다. 특히 최근에는 영사민원 무료전화 앱이 개발 적용되어 발신인 위치 정보에 동의하는 경우 무료로 전화가 가능하게 되었다.

코로나19 이전 민원처리 현황을 살펴보면 해외 사건·사고 발생 시, 영

---

30) 2015년부터 영어 등 6개 국어에 대한 통역서비스가 실시되었고 2019년부터 베트남 관광이 급증하자 베트남어가 추가되었다.

사관계 일반 및 여권 분실 등 다양한 민원처리가 이루어지고 있음을 알
수 있고 처리 건수가 무려 16만여 건[31]에 달하는 등 콜센터로서의 기능
이 왕성하게 이루어지고 있음을 알 수 있다.

2018년 현재 영사콜센터 민원처리 현황

| 민원 유형 | 처리 건수(건) | 비율(%) |
|---|---|---|
| 사건·사고(해외위난) | 4만 9040 | 29.6 |
| 해외안전여행 | 7482 | 4.5 |
| 영사일반 | 4만 1063 | 24.8 |
| 여권 | 1만 7335 | 10.5 |
| 해외 이주 | 9131 | 5.5 |
| 외교부 관련 정보 등 | 4만 1765 | 25.2 |
| 합계 | 16만 5816 | 100% |

(출처: 외교부 영사콜센터)

### (2) 해외안전지킴센터(해외안전상황실)

해외안전지킴센터[32]는 ▲해외 사건·사고 24시간 365일 모니터링 및
초동 대응 ▲재외국민에게 실시간 안전정보 제공 ▲부처 간 협업 및 상황
전파 ▲피해자 및 가족 지원 ▲언론에 실시간 대응 및 정보 제공 등의 역
할을 담당하기 위해 2018년 5월 만들어졌다.

특히, 영사콜센터를 해외안전지킴센터 산하로 편입하여 영사콜센터
를 통한 기존 사건·사고 접수 업무를 지속 수행하되, 콜센터의 기능을 넘

---

31) 최근의 영사콜센터 통계에 의하면 3년간(2021~2023년) 이용 건수는 연평균 31만 건으로 조사
되었다.
32) 재외동포청 신설에 따른 직제 변경으로 2023년 6월 '해외안전상황실'로 명칭을 변경하였다.

어서는 부분의 실제 대응을 위해 해외안전지킴센터를 구축한 것이다.

또한 센터의 구성 면에서 해외에서 발생하는 사건·사고 대응 관련 정부 유관 부처 소속 직원을 파견 받아 근무하도록 함으로써 전문성 있는 현장 대응력을 강화하고, 외교부 본부-재외공관-관계부처 간 범정부적이고 유기적인 협력체계를 구축하여 대응하고 있다.

### (3) 신속대응팀

외교부는 해외 위난상황 등 해외에서 발생한 중대한 사건·사고로 인해 우리 국민이 피해를 입게 되는 경우, 즉각 해외 현지로 파견되어 보호 및 지원 업무를 담당할 비상설 태스크포스(task force)로서 '신속대응팀'을 구성하여 운영하고 있다.

신속대응팀이 최초로 구성되어 운영된 것은 2005년 9월 2일 미국에서였다. 미 동남부에 막대한 피해를 입힌 허리케인 '카트리나'에 대응하기 위하여 루이지애나 뉴올리언스 및 미시시피 지역에 파견되어 현장지휘와 사후대처를 수행한 것이 첫 사례이다.

신속대응팀을 운영하게 된 계기는 2004년 6월 21일 무장테러단체 '유일신과 성전(왈 지하드)'에 의하여 한국인 김선일이 희생된 것을 반면교사 삼아, 2005년 참여정부 시절 반기문 장관 때 신설, 그해 4월 4일 발족했다.

인도네시아 아궁화산 폭발 대응 등 국외 재난 시 다수 편성되었고 2023년 현재 약 70여 회 편성[33]되어 파견된 바 있다. 특히 코로나19를

---

33) 외교부, 「재외국민보호기본계획(2021~2025)」, 2021.

포함하여 헝가리 유람선 사고 대응 등 재난이 빈발했던 최근 5년 사이에 더 잦은 파견을 보이고 있다.

구성은 공관 영사 경험이 있는 본부 과장급 이하 실무직원 약 60명 정도를 평상시 '신속대응팀 예비자'로 지정해 두고 있다가, 실제 상황이 발생하면 동 예비자 중 필요한 만큼의 인원을 신속대응팀원으로 지정하는 구조[34]다.

신속대응팀의 팀장은 사건 규모 및 사안의 중요성 등을 감안하여, 중대 사안인 경우에는 차관보급인 재외국민영사담당대사(재외동포영사실장) 등이 맡고, 상대적으로 경미한 사안인 경우에는 심의관급 간부 직원 중에서 지정해 오고 있다.

기본 임무는 사건·사고 발생 시 신속·정확하게 피해 현황을 파악하고 추가 피해가 예상될 경우에는 예방 조치를 취하며, 생존자에 대한 치료 등이 신속히 이루어지도록 조치한다. 아울러 현지 방문하는 피해자 가족들에게 가능한 지원을 제공하고, 나아가 현지 언론 대응 및 지원도 담당한다.

본래 파견 목적이 해당 공관의 인력을 보완하고 파견기관, 본부와의 원활한 연계를 위해 파견되는 만큼 필수요원만을 공관에 잔류시켜 최소한의 공관 기능을 유지하는 가운데, 신속대응팀과 공조하여 신속한 사건·사고 처리가 이루어지도록 조치하고 있다. 필요시 사건 현장에 설치될 현장지휘본부의 본부장은 신속대응팀장이 겸임하도록 하고 있다.

대표적인 신속대응팀 파견 사례로는 2019년 헝가리 유람선 사고 수

---

34) 당초에는 60명씩 반기별로 구성하였으나 최근에는 100명으로 늘렸다가 '2023 재외국민보호집행계획'에서는 40명 이내로 효율화를 추진하고 있다.

습을 들 수 있다. 당시 사고 규모나 현실적 필요에 의해 구조대(119 구조대, 해군 UDT 등), 경찰 현장감식반, 심리치료반, 유가족대응반, 언론대응반, 총괄반 등 다방면에 걸쳐 60명이 넘는 대규모 신속대응팀이 꾸려져 헝가리 현지에서 활동했고, 다양한 부처에서 신속대응팀이 구성되어 파견기관 간 유기적 연계와 조율이 이루어진 대표적 사례였다.

### (4) 영사협력원

'영사협력원'이라 함은 공관 비상주 국가 또는 영사의 신속한 대응이 어려운 원격지 지역에서 직무수행약정서에 따른 제한적 범위 내의 재외국민보호 활동을 하는 '민간인'을 말한다. 영사(특히 명예영사)와는 다르며 재외국민 관련 사건·사고 발생 시 긴급대처 및 공관장 또는 영사의 지도에 따라 현지 대응 등 재외국민보호에 필요한 조치를 할 수 있다.

인력과 예산의 제한 때문에 모든 공관에 영사를 파견할 수 없는 실정이며, 특히 관할 구역이 방대한 나라나 지역에서 격오지, 원격지 등에서 사건·사고가 발생하는 경우 민간인으로서 영사 업무를 도와줄 수 있는 영사협력원을 위촉하여 초동 조치 등을 수행하고 있다.[35]

### (5) 신속해외송금 제도

해외에서 도난, 절도, 교통사고, 질병, 기타 자연재해 등으로 긴급자

---

35) 일례로 2011년 2월 뉴질랜드 남섬 최대의 도시 크라이스트 처치시에서 발생한 대지진으로 수백 명이 사망하고 그 중 우리 국민 2명이 사망하자, 당시 영사 관할은 북섬에 있는 웰링턴대사관 소관이었으나 남섬에서 일어난 사고 초동 조치를 위해 동시 주재 영사협력원이 먼저 조치를 해낸 경우가 있다.

금이 필요한 경우 본국에서 변제할 지인(대개의 경우 가족)의 확보를 전제로 1회, 3천 달러까지 공관에서 지원하고 국내 지인과의 사이에서 정산토록 하는 제도이다. 위급한 경우 제법 많이 활용되는 제도[36]다.

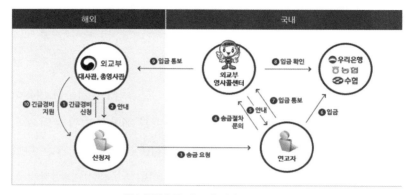

신속해외송금 제도의 절차(출처: 외교부)

### (6) 긴급 구난 활동

대규모 지진, 쓰나미, 전염병 등이 발생한 경우 및 긴급한 재외국민 지원이 필요한 경우 활용된다. 대규모 재난 시 경보시스템의 작동, 피난소의 제공, 긴급식량 및 의약품 제공 등의 조치가 필요하다. 재난 현장에서는 항공편을 비롯한 교통편이 마비되는 경우도 많다. 공관이 지불하는 비용을 수습활동비라고 한다.

그 외 긴급한 처지에 처한 국민을 위한 지원 기준과 비용 지불에 관한 세부 규정이 정해져 있다.

---

36) 외교부 통계에 의하면 연간 1천 건 정도 발생하고 있다.

긴급한 경우라 하더라도 1차적으로는 재외국민이 비용을 부담하는 것이 원칙이다. 그러나 자력으로 수습할 경제적 능력이 없고 다른 기관 또는 연고자로부터 경제적 지원을 받을 가능성이 없다고 판단되는 재외국민으로서 사건·사고가 재외국민의 생명·신체 및 재산에 중대한 위해를 미칠 우려가 있는 경우, 방치하면 체류국 법령을 위반하거나 공공질서를 해할 것이 예견되어 국위를 손상시킬 현저한 우려가 있는 경우에는 긴급지원비 지원을 결정할 수 있다.

**제2조 (정의)** ① 이 지침에서 '긴급구난활동비'라 함은 해외 사건·사고 발생 시 재외공관(이하 '공관'이라 한다)이 사건·사고 수습 활동 또는 긴급한 재외국민 지원에 사용하도록 배정된 예산을 말한다. ② 이 지침에서 '사건·사고'라 함은 다음 각 호의 하나를 말한다.

1. 대형사건·사고

가. 지진, 화산폭발 등의 대규모 자연재해

나. 항공기 추락사고, 선박 사고

다. 전쟁, 정변, 폭동 사태 등 외국의 국가기반체계의 마비

라. 테러, 전염병 확산

마. 기타 「재난 및 안전관리 기본법」 제3조 제1호 상의 '재난'에 준하는 피해를 발생시켜 국가차원의 대처가 필요한 사건·사고

2. 일반 사건·사고

가. 살인, 납치, 강도, 강간, 폭행, 도난 등 강력범죄 사건

나. 화재, 교통사고

다. 행려병자, 정신질환자, 불법체류자, 무전취식자, 강제추방대상자 등의 발생

라. 기타 재외국민보호가 필요한 사건·사고

**제3조 (사용 용도)** 긴급구난활동비는 다음 각 호의 용도로 사용한다.

1. 대형사건·사고 시 사건공관의 사건·사고 수습 활동에 필요한 비용(이하 '수습 활동비'라 한다)

가. 의료진, 시신감식전문가, 유해관리전문가, 구조대원 등 사고 수습에 필요한 인력들의 파견비용

나. 전쟁, 천재지변, 납치, 테러 등의 비상사태 시 재외국민의 위험지역으로부터 안전지역으로의 철수 경비

다. 기타 공관의 사건·사고 수습 활동에 필요하다고 판단되는 비용

2. 일반 사건·사고 시 긴급한 상황에 처한 재외국민 지원 비용(이하 '긴급 지원비'라 한다)

가. 긴급 의료비용

나. 국내 송환 비용(국내 송환 직전 숙식비 포함)

다. 시신 처리비용

라. 기타 재외국민 긴급 지원에 필요하다고 판단되는 비용

**제7조 (긴급 지원비 지원 원칙)** ① 제3조 제2호 상의 긴급 지원비 용도에 해당하는 비용은 1차적으로는 사건·사고를 당한 재외국민에게 그 부담 책임이 있다.

② 제1항의 규정에도 불구하고 공관 및 본부는 사건·사고의 발생으로 긴급한 상황에 처하여 자력으로 수습할 경제적 능력이 없고 다른 기관 또는 연고자로부터 경제적 지원을 받을 가능성이 없다고 판단되는 재외국민(이하 '지원대상자'라 한다)에 대하여 긴급 지원비를 지원하기로 결정할 수 있다.

**제8조 (지원 기준)** ① 제7조 제2항의 '긴급한 상황'이라 함은 사건·사고가

다음 각 호의 어느 하나에 해당한다고 공관이 판단하는 경우를 말한다.

1. 사건·사고가 재외국민의 생명, 신체 및 재산에 중대한 위해를 미칠 우려가 있는 경우

2. 사건·사고를 당한 재외국민을 계속 방치하면 체류국 법령을 위반하거나 공공질서를 해할 것이 예견되어 국위를 손상시킬 현저한 우려가 있는 경우

3. 기타 재외국민 긴급 지원비의 지원이 필요한 경우

② 제7조 제2항의 '지원대상자'라 함은 다음 각 호의 기준 모두에 해당하여 공관의 긴급 지원비의 지원이 아니면 사건·사고를 수습할 수 없는 상황에 처한 재외국민을 말한다.

1. 장애, 부상, 질병 등으로 인하여 근로능력이 현저히 떨어지는 사람

2. 연간소득금액 및 금융재산이 지원필요액을 넘지 않는 사람(단, 연간소득금액 및 금융재산이 있음이 확인되는 경우 지원필요액에서 동 금액을 차감한 금액만을 지원한다)

## (7) 법률전문가 자문 지원

재외공관은 명망 있는 우리 변호사를 자문 변호사로 위촉하고 있으며 사건·사고의 사안에 따라 필요한 변호사 명단을 확보하고 있다. 피해 국민들에게 이 명단을 제시하거나 도움을 받도록 권유할 수 있다.

통상 피해 국민이 해외에서 조력을 받을 변호사를 신속하게 파악하는 것은 어려운 일이다. 따라서 유사시에 변호인 위촉, 명단관리를 하고 있는 것이고 필요시 공관은 사전설명회[37] 등을 통해 정보를 제공하기도 한다.

---

37) 예를 들면 워킹홀리데이로 입국하여 체류하는 경우 현지 문화나 생활 사정에 생소하여 사건·사고

### (8) 해외 수감자 관리 제도

해외에 수감 중인 우리나라 국민[38]에 대해 우리 공관은 방문, 면회[39] 등 정기적인 접촉을 하고 있다. 이러한 접촉을 통해 가혹행위 등 인권침해 사실이 있는지, 불리한 대우를 받지 않는지, 건강 상태, 수형자 이송 희망여부, 기타 애로사항 등을 살피고 있다.

수감 중인 우리 국민이 언어와 문화적인 차이, 현지법에 대한 몰이해 등으로 불리한 대우를 받지 않도록 하는 것이다. 또한 미결수의 경우는 신속하고 공정한 재판을 받을 수 있도록 주재국에 요청을 하고 있다.

## 3) 대국민 인식 제고

지금까지 살펴본 대로 우리나라의 재외국민보호 제도는 이제 상당히 발전해 왔고 우리의 재외국민보호 수준이 다양성과 서비스 수준 측면에서 세계적으로도 높은 편으로 알려져 있다. 예를 들면 해외 위난 현장에 우리 국민의 보호를 위해 전세기나 군용기를 파견한다든지, 납치 사건들을 해결하기 위해 국가가 총력을 기울이는 모습, 테러나 전쟁 혹은 재해 등 위난 지역에서 군용기나 군함의 파견 등 국민의 구출을 위한 정부의 노력도 전례 없이 많이 이루어지는 편이다.

그러나 국가의 시스템이나 보호 노력에 대해 우리 국민의 인식은 알지

---

에 휘말리는 경우가 많아 워홀러를 대상으로 법률설명회 등을 자주 개최하고 있다.

38) 2023년 현재 1,065명이며 이중 마약(292명), 살인(131명), 사기(185명), 절도(99명)의 통계를 보이고 있다(외교부 통계).

39) 영사면회 실시 현황은 2021년 기준 1,126회로 대상자의 약 83%를 실시하였고 미실시 사유로는 본인이 원치 않는 경우가 57%를 점유하고 있다(외교부 통계).

못하거나 여전히 기대에 미치지 못하거나 기대가 높아져 있는 등 다양한 요인에 의해 괴리 현상을 보이고 있다. 이러한 괴리 현상을 개선하기 위해서는 시스템 개선의 노력뿐만 아니라 국민의 해외안전여행에 대한 인식 제고를 위해 부단한 노력이 필요하다.

### (1) 지금까지의 홍보 노력

외교부 해외안전여행 사이트(www.0404.go.kr)를 통해 해외안전여행에 관한 종합정보 안내를 하고 있다. 또한 YTN에 외교부 담당직원들이 직접 출연하여 해외안전여행에 관한 시의 적절한 정보를 알려주는 등 필요한 정보를 제공하고 있다.

2010년부터는 대학생들로 구성된 '해외안전여행 서포터즈' 제도를 운영하며 오프라인 홍보(공항, 대학가 캠페인), 온라인상의 동영상 제작 등을 통한 홍보 등을 해오고 있다.

2022년 해외안전여행 서포터즈 모집 공고(출처: 외교부)

## (2) 입체적 대국민 인식 제고

### ① 홍보 수단의 업그레이드와 다양화

최근 외교부는 인플루언서를 활용하여 해외 사건·사고 유형별 행동요령 홍보(2022년 11월, 유튜브 2,300만여 회 조회)를 실시하고 있으며 해외안전여행 유튜브 등을 통하여 2021년 대국민 공모전 수상작[40] 들의 동영상을 지속적으로 홍보하고 있다.

기존보다 홍보 플랫폼을 다양화하여 대학생 외교 연수 및 청소년 외교 배움터 과정 내 해외안전여행을 홍보하고 재외국민보호 정책도 소개할 예정이다.

### ② 재외국민보호 생태계 구축(인력 양성, 중앙·지방 부처 간 연계, 국제 협력)

우선 정부와 민간의 협업 사례를 통해 생태계가 구축되는 것은 바람직한 모습이다. 지금까지 동·하계 '여행 성수기 대비 유관기관 및 여행업체 안전간담회' 개최, 위험지 진출 '기업과의 안전관련 간담회', 해외파송 '선교단체 대상 안전교육' 등을 해온 바, 기타 필요한 부문이 있다면 더욱 강화되어야 한다.

최근 새로운 움직임으로 국내 대학에 영사 분야 교육 및 전문 인력 양성을 위해 영사법무학 혹은 영사행정 관련 강의를 확대 추진하고 있다. 2023년 국내대학 중 '영사 인력 양성 중점대학' 6개를 선정하여 교육과정 설치, 커리큘럼 과정 운영 등을 위해 학교당 최대 3천만 원을 지원하는

---

40) 제1회 해외 사건·사고 경험담 공모전 수상작 홍보(2022년 총 유튜브 조회수 3,200만여 회 달성, 2021년 조회수 대비 1,600만여 회 증가 중)중이며 제2회 공모전도 2022년 5월 실시하였다.

사업을 실시하고 있다. 이렇게 되면 양성된 인력이 실제 영사 분야에 근무할 역량을 갖추게 되고 이것은 보다 나은 영사 서비스로 연결되는 선순환적인 생태계가 조성이 되기 때문에 이러한 과정이 재외국민보호 정책의 대국민 인식 제고에도 크게 도움이 될 것이다.

외교부와 지자체, 부처 간 협력을 더욱 강화하면 긍정적 생태계 구축에 도움이 된다. 무자력자인 재외국민을 긴급 지원하게 될 경우, 이들이 귀국하면 지자체와의 협력이 필요하고 부처 간에도 해외 위난상황 및 사건·사고 예방·대응을 위한 공조 체계 강화가 필수적이다.

2022년만 해도 대만 해역 우리 선원 탑승 선박 침몰 관련 사망자 신원확인(외교부-경찰청), 기니만 우리 선박 해적 피해 공조(외교부-해수부), 러시아의 우크라이나 침공 당시 우크라이나 현지에 체류 중인 우리 국민의 안전한 대피·철수 방안 협의 체제 구축(2022년 2월, 외교부-국방부)등 많은 부처 협업 사례 등이 발생하고 있다.

나아가 국가 간 영사협업도 대국민 인식 제고에 기여할 수 있다. 즉, 해외 체류 중인 우리 국민의 편익 증진 및 영사 관련 현안을 협의하는 양자 영사협의체를 운영 및 확대하고, 양자 영사협의회 계기와 재외국민보호 분야의 주요 현안 관련 의제를 검토해 나간다. 아울러 다자 협의체인 세계영사포럼(Global Consular Forum)을 통해 영사 분야 국제적 이슈 논의에 적극적으로 참여하고 있다. 재외국민 대상 긴급 상황 발생 대비 국가 간 협력 MOU 체결[41] 추진을 강화하는 것도 영사협업의 모습이다.

---

41) 해외재난관리의 선진국인 프랑스와 재난협력에 관한 MOU가 이미 체결되어 있다.

③ 국민 참여 및 소통 강화

국민외교라는 관점에서 더욱 소통을 강화하는 다양한 국민 참여 플랫폼을 마련하고 있는 바, 대학생 외교 연수 과정 계기 해외안전여행 홍보 및 우리 재외국민보호 정책 소개(2022년 1월 21일), 2학기 청소년 외교 배움터 과정 내 재외국민보호 관련 강의를 개설하였다(2022년 10월 27일).

2023년에는 '재외국민보호 정책 토크콘서트', '재외국민보호 제도 및 해외안전여행 관련 온라인 강의 개설', 국민외교아카데미 '청소년 외교 배움터' 과정 내 재외국민보호 및 영사 관련 강의가 포함(최소 연 1회)될 예정이다.

코로나19로 인해 비대면·디지털 교육이 활성화됨에 따라 교육 프로그램 운영 방식의 다양화가 검토되고 있다.

# 영사외교의
# 이론과 실제

영사행정의 길라잡이

# 제2장

## 재외국민보호의
## 이론과 실제

# 재외국민보호(영사조력) 제도의 탄생 및 의의

## 1. 제도 탄생의 경과

우리 현행헌법 제2조 2항은 "국가는 법률이 정하는 바에 의하여 재외국민을 보호할 의무가 있다"라고 규정하고 있다. 국가의 재외국민보호 의무가 규정되었고 동시에 구체적인 보호방안은 법률로 정하도록 유보되어 있는 형태다.

1987년 입법 당시에 매우 획기적인 조항이 삽입되었다고 볼 수 있는데, 이 조항의 유래를 살펴보면 우리 헌법에 처음 등장한 것은 제5공화국 헌법에서부터다. 동 헌법의 제2조 2항에서 "재외국민은 국가의 보호를 받는다"라고 규정한 것이 최초인 바, 재외국민보호 의무가 직접적으로 규정되지 못하였고 법률을 상정한 유보조항도 없는 선언적 형태의 조항이었다.

현행 헌법에서 좀 더 구체적 조항이 들어간 것은 "재외국민의 참정권 논의 및 통일 정책의 지지 확보 등의 배경으로 입법을 통한 해외교민에 대한 지원이라는 취지로 신설이 되었다"[42]고 알려지고 있다.

헌법에 동 조항이 신설되었음에도 불구하고 이를 구체화할 법률안 제정은 논의만 분분[43]하고, 다수의 입법안이 발의되었다가 회기 만료로 그냥 폐기되기도 하였다. 2018년에 이르러서야 「재외국민보호를 위한 영사조력법」이라는 이름으로 관련법이 제정되었다.

그동안 외교부의 지침 형태로 운영되던 영사조력의 구체적인 내용이 법률로 상향되었고, 의원입법안과 정부안을 합쳐서 위원회 대안[44]으로 만들어 역사적인 입법이 이루어졌다. 구체적인 시행은 공포 후 2년간의 준비를 거쳐 2021년 1월 16일부터 시행(시행령 및 시행규칙 제정)되었다.


## 2. 의의

어렵사리 마련된 영사조력법은 여러 가지 의미를 지닌 법이다.

첫째로 법률이 제정되어 이에 근거해서 보다 체계적이고 강화된 영사조력시스템을 구축할 수 있으며, 해외에서 사건·사고에 처한 우리 국민이 법률에 근거하여 보다 투명하고 예측가능한 영사조력을 제공받을 수

---

42) 백주현, 『영사법무학개론』, 글로벌콘텐츠, 2019, p. 76.
43) 2004년, 2010년, 2012년 3차례의 재외국민보호법 제정관련 공청회가 개최되어 논의되기도 하였다.
44) ('18년 12월) 국회 외교통일위원회에서 이석현, 설훈, 김정훈 의원이 각각 대표 발의한 재외국민보호 관련 3개 법안을 통합·조정한 위원회 대안 가결(12.7.), 본회의 통과(12.27.).

있다는 것이다.

둘째로 사건·사고 유형별로 영사조력의 구체적인 내용이 규정됨으로써 영사조력의 범위가 구체화되고 관련 법적 의무가 명확해졌다.

셋째로 동법은 국가의 책무와 국민의 의무를 균형 있게 규정하고 있다. 즉, 국가가 재외국민보호의 의무를 지기도 하고 관련 정책을 추진하거나 인력·예산을 확보토록 되어 있으나 국민들도 방문지의 정보숙지 의무나 관습 문화를 존중하는 주의 의무가 있으며, 국가의 조치에 협조토록 되어 있어 국가의 책무와 국민의 의무 사이에 균형을 잘 잡았다고 할 수 있다.

넷째로 영사조력의 기본원칙을 천명하였고 영사조력의 남용 등도 규정하여 영사조력이 국가의 서비스를 무한정 제공하는 것이 아니며 국가의 보호 의무와 자기책임 원칙 간의 균형을 도모하도록 규정하고 있는바, 여타 외국의 예와 비교해도 매우 선진적인 규정이라고 할 수 있다.

# 영사조력법 총론

## 1. 적용 대상

영사조력법의 적용 대상은 외국에 단기·장기로 체류하는 대한민국 국적자(영주권자, 이중국적자 포함)다. 따라서 외국 시민권자, 즉 외국국적자는 원칙적으로 영사조력의 대상이 아니다. 그러므로 750만 재외동포 중 우리 국적으로 가진 자로 추산되는 250만여 명의 재외국민만이 영사조력의 대상임은 명확하다.

## 2. 국가와 국민의 책무

제3조에서는 국가의 책무조항을 통해 국가의 재외국민보호 의무, 정책수립 의무, 영사조력에 필요한 인력과 예산의 확보 의무를 규정하고 있다.

제4조에서는 재외국민이 방문 지역의 정보를 숙지할 의무, 주의할 의무 등이 있고 거주·체류하는 국가 지역의 법령과 제도를 준수하도록 의무를 설정하고 있으며, 2항에서는 국가의 조치에 협조 의무를 규정하여 국가의 책무도 있지만 국민의 의무도 규정함으로써 두 가지 책무가 조화롭게 설정되어 있다.

이 법 제정 전에는 재외국민보호 의무를 국가의 의무로 규정하는 것에 대해서 국민들의 과도한 요구나 국가의 의무 법제화에 따른 손해배상 청구 등 법률적 다툼이 생길 우려 때문에 법제정의 반대 요인으로도 작용하였으나 국가와 국민의 책무가 조화롭게 규정됨으로써 이러한 우려를 상당히 불식시키는 조항이 되었다.

**제3조(국가의 책무)** ① 국가는 영사조력을 통해 사건·사고로부터 재외국민의 생명·신체 및 재산을 보호하기 위하여 노력하여야 하며, 이를 위하여 필요한 재외국민보호 정책을 수립·시행하여야 한다.

② 국가는 제1항에 따른 책무를 수행하기 위하여 필요한 인력과 예산을 확보하여야 한다.

**제4조(재외국민의 책무)** ① 재외국민은 거주, 체류 또는 방문하는 국가 및 지역의 법령과 제도를 준수하고 문화 및 관습을 존중하며 해당 국가 및 지역에 관한 안전정보를 숙지하는 등 자신의 안전을 확보하기 위한 모든 주의를 다하여야 한다.

② 재외국민은 재외국민의 안전을 도모하기 위한 국가의 조치에 최대한 협조하여야 한다.

# 3. 정부의 정책적 책무

동법 7조는 외교부장관이 5년 단위로 '재외국민보호 기본계획'을 수립하여야 하며 매년 기본계획에 근거하여 '집행계획'을 세우도록 규정하고 있고 2항에서는 기본계획에 포함되어야 할 내용을 규정하고 있다.

이로써 처음으로 국가적 차원에서 중장기 재외국민보호계획을 수립하게 되었으며 5년이라는 중장기 시계와 정부 내외의 여러 추진 주체를 망라하고 예산투입계획까지 포함한 체계적이고 종합적인 계획수립이 가능해졌다.

아울러 6조에서는 이러한 기본계획과 집행계획 그리고 재외국민보호에 관한 중요정책사항 등을 심의하기 위해 외교부장관을 위원장으로 하고 민관 위원 합동으로 구성되는 '재외국민보호위원회'를 두게 하였고, 동위원회의 심의사항도 나열하여 규정하고 있다.

제1회 재외국민보호위원회 개최(출처: 2021.10.19. 외교부)

한편 외교부장관은 법 8조에 의거, 여행경보발령 등 안전정보를 제공해야 한다는 의무가 법제화 되었다. 법 제정 이전에도 실제적으로 해오던 업무이긴 하나 법적 의무로 격상된 것이다.

**제6조(재외국민보호위원회)** ① 재외국민의 보호에 관한 사항을 심의하기 위하여 외교부장관 소속으로 재외국민보호위원회(이하 '위원회'라 한다)를 둔다.

② 위원회는 다음 각 호의 사항을 심의한다.

1. 재외국민의 보호에 관한 중요 정책에 관한 사항

2. 제7조에 따른 재외국민보호 기본계획 및 집행계획에 관한 사항

3. 그 밖에 위원장이 회의에 부치는 사항

③ 위원회는 위원장 1명을 포함한 20명 이내의 위원으로 구성한다.

④ 위원장은 외교부장관이 되고, 위원은 관계 중앙행정기관의 차관급 공무원 또는 재외국민보호에 관한 학식과 경험이 풍부한 사람 중에서 외교부장관이 임명 또는 위촉한다.

⑤ 그 밖에 위원회의 구성과 운영에 필요한 사항은 대통령령으로 정한다.

**제7조(재외국민보호 기본계획의 수립 등)** ① 외교부장관은 5년마다 재외국민보호 기본계획(이하 '기본계획'이라 한다)을 수립하고, 위원회의 심의를 거쳐 확정한다.

② 기본계획에는 다음 각 호의 사항이 포함되어야 한다.

1. 재외국민보호 정책의 기본 방향

2. 재외국민보호 업무의 지역별·성질별 중점 추진 방향

3. 재외국민보호에 필요한 인력 및 예산에 관한 사항

4. 해외안전여행 홍보 등 재외국민 사건·사고 예방에 관한 사항

5. 재외국민보호를 위한 국제협력체제의 구축에 관한 사항

6. 재외국민보호 업무에 대한 평가 및 개선에 관한 사항

7. 그 밖에 외교부장관이 재외국민보호를 위하여 필요하다고 인정하는 사항

③ 외교부장관은 기본계획에 따라 매년 재외국민보호에 관한 집행계획(이하 '집행계획'이라 한다)을 수립하고, 위원회의 심의를 거쳐 확정한다.

④ 외교부장관은 기본계획 및 집행계획을 수립한 때에는 이를 재외공관의 장에게 통보하여야 하며, 재외공관의 장은 그 시행을 위하여 필요한 조치를 하여야 한다.

⑤ 외교부장관은 기본계획 및 집행계획을 효율적으로 수립하기 위하여 재외국민 사건·사고에 관한 통계를 작성·관리하여야 한다.

**제8조(해외안전정보의 제공)** ① 외교부장관은 거주, 체류 또는 방문에 주의가 요구되는 국가 및 지역과 그 위험수준, 행동요령 등 재외국민의 보호에 필요한 정보를 국민에게 알리기 위하여 여행경보의 발령 등 필요한 조치를 하여야 한다. ② 제1항에 따른 여행경보의 발령 등 해외안전정보의 제공에 필요한 사항은 대통령령으로 정한다.


# 4. 영사조력의 기본원칙

영사조력은 국가의 무제한적인 서비스 제공을 의미하는 것은 아니며 국가의 보호 의무와 개인의 자기책임 원칙 간의 균형을 도모하고 있다. 이러한 기본원칙을 천명한 것이 영사조력법 제정의 커다란 의의라고 할 것이다. 즉, 법규준수의 원칙, 지역특수성 고려의 원칙, 보충성의 원칙,

형평성의 원칙, 비용자기부담의 원칙 등이 그것이다.

영사조력의 기본원칙(법제 10조)을 열거해 보면, 영사조력은 우선 「영사관계에 관한 비엔나 협약」 등 관련 조약, 일반적으로 승인된 국제법규 및 주재국 법령을 준수하여 제공되어야 한다(법규준수의 원칙).

또 영사조력의 구체적인 범위와 수준을 정함에 있어서는 주재국의 제도 및 문화 등 특수한 상황을 고려해야 한다(지역특수성 고려의 원칙).

아울러 영사조력은 재외국민이 사건·사고에 처하여 스스로 또는 연고자의 지원을 받거나 주재국 정부의 지원을 받는 등 다른 방법으로 해결할 수 없는 경우에 한하여 제공(보충성의 원칙)되어야 하며, 국내에서 발생하는 유사 상황 시 정부가 국민에게 제공하는 보호의 수준을 초과해서는 안 된다(형평성의 원칙)는 원칙이다.

예를 들면 동일 사건·사고에 대해 국내에서 국민을 보호하는 수준을 초과하여 해외에서 자국민을 보호해야 한다면 이는 체류 지역에 따라 동일 국민 간 차별 문제를 야기할 수 있기 때문에 영사조력의 원칙으로 규정하게 되었다.

마지막으로 법 19조 1항에서 재외국민은 자신의 생명, 신체, 재산의 보호에 드는 비용을 스스로 부담해야 한다고 하여 '비용의 자기부담 원칙'을 밝히고 있다. 다만, 단서 조항에서 이에 대한 예외로서 무자력 상태의 재외국민에게는 국가가 비용을 부담할 수 있음을 밝혀두었다.


## 5. 영사조력의 범위

영사조력의 대상과 기본원칙 등을 고려하여 영사조력의 유형은 ▲재외국민 접촉 ▲연고자 파악·고지 ▲정보제공 ▲관계기관 협조 조치 노력 등으로 구분할 수 있다. 외교부에서는 실무적으로 영사조력으로써 할 수 있는 일과 할 수 없는 부분을 다음과 같이 구분하고 있다.

〈영사조력의 범위(예시)〉

| 구분 | '이런 도움을 드리겠습니다' | '이런 도움은 드릴 수 없습니다' |
|---|---|---|
| 재외국민 접촉 | • 재외국민 체포·구금·수감 시 접촉 (영사 접견)<br>• 수감된 재외국민에 대한 정기적인 방문·면담을 통한 접촉 등 | • 수감된 재외국민의 연고자 면회에 소요되는 비용 지원 등 |
| 연고자 파악·고지 | • 재외국민 사망·실종 및 미성년자·환자인 재외국민에 대한 사건·사고 발생 시 연고자 파악·고지 등 | • 재외국민 본인 의사에 반하는 연고자 파악 및 고지 등 |
| 정보 제공 | • 우리 재외국민이 체포·구금·수감 시 변호사·통역인 명단 제공 및 형사재판절차 안내 등<br>• 재외국민 범죄 피해 시 구제를 위한 주재국 제도·절차 안내 등<br>• 재외국민 환자 발생 또는 범죄 피해 시 의료기관에 관한 정보 제공 | • 통·번역 또는 법률자문 직접 제공<br>• 통·번역비, 소송비, 의료비 등의 지불·보전·보증<br>• 사적 민사 분쟁의 해결 및 이에 대한 지원 또는 개입 등 |
| 관계기관 협조 요청 | • 우리 재외국민이 체포·구금·수감 시 국제법과 주재국 국내 법령에 따라 인도적 대우 및 신속하고 공정한 수사·재판을 받을 수 있도록 주재국 관계기관에 협조 요청 등<br>• 우리 재외국민이 범죄 피해 시 주재국 관계기관에 신속하고 공정한 수사 요청 | • 주재국 수사 또는 사법 절차에 해당하는 업무 수행<br>• 주재국의 수사·사법 절차에 대한 부당한 개입 또는 압력 행사 등<br>• 범죄 수사, 범인 체포, 직접적인 신변 보호 등 |

| | | |
|---|---|---|
| 긴급조치<br>노력 | • 시급한 환자 발생 시 연고자 및 관계기관과 협의하여 치료를 받을 수 있도록 노력<br>• 긴급구조 요청 접수 시 주재국 관계 기관에 구조 요청 등 가능한 모든 조치 | • 각종 신고서 발급 및 제출 대행<br>• 사건·사고 관련 상대와의 보상 교섭 등 |
| 유실물<br>관리 | • 유실물 습득 시 2개월간 재외공관 보관(2개월간 반환 요청이 없을 시 경찰청에 이송)<br>• 국내 경찰청 홈페이지에 유실물 관련 정보 게시 등 | • 유실물의 무기한 보관<br>• 유실물 보관 및 반환에 필요한 비용 부담 등 |
| 기타 | • 여권 분실 시 여권 재발급 또는 여행증명서 발행<br>• 필요시 긴급여권 발급 지원<br>• 신속해외송금 제도 이용 지원 등 | • 공관 근무시간 이후 무리한 영사서비스 제공(심야, 휴일 등)<br>• 예약 대행(숙소·항공권 등)<br>• 금전대부, 지불보증, 벌금대납, 비용 지불, 비용 관련 교섭 등(의료비, 변호사비, 보험료 등)<br>• 구금자의 석방 또는 감형을 위한 외교 협상 등 |

## 6. 법 시행에 따른 과제

### 1) 시행령 및 시행규칙의 제정

영사조력법에서 시행단계로 위임한 규정들이 있다. 영사조력의 범위 혹은 영사조력의 남용 및 한계에 관한 규정, 안전정보제공 등이 그것이다. 당초 법에 규정한 2년 유예기간의 시행에 따라 법적 완비를 거쳐 시행령 및 시행규칙도 기한 내 제정[45])이 되었다.

## 2) 영사 인프라의 확충

이 법이 원활히 시행되기 위해서는 영사 인력의 확충[46]과 관련 예산 등 영사 분야 인프라 확충이 요구된다. 이와 함께 국내 대학 등 교육기관과의 협력 체계 구축을 통해 전문 영사 인력을 양성할 필요[47]가 있다. 영사행정직 공무원으로 충원되는 경우 교육기간이 짧고 영사 실무에 대한 이론적인 교육이 충분하지 않다는 지적이 있었다. 날로 복잡해지는 재외국민보호 업무를 효과적으로 수행하기 위해서는 영사법무 및 영사행정에 대한 충분한 교육이 절실한 것이다.

전문 영사 인력 확충을 위한 대학과의 업무 협력 약정(출처: 2023.4.12. 외교부)

---

45) 시행령은 2020년 12월 29일, 시행규칙은 2021년 1월 13일 제정되었다.

46) 전문 영사 인력은 꾸준히 확충되어 왔으나 2022년 기준 114개 공관 151명이 근무하고 있다. 크게 구별하면 경찰청 파견 경찰영사(69명, 59개 공관), 일반임기제영사(82명, 81개 공관)로 나뉘며 영사조력법과 관련하여 일반임기제 영사의 증원이 대폭 이루어졌다[39명('18)→13명('19)→15명('20)→8명('21)→7명('22)].

47) 2019년 2개 대학과 인력양성 MOU가 체결되었고, 2023년에는 6개 대학과 MOU를 체결('23.4.12.)하여 각 대학 내에 영사인력양성트랙을 설치하고 소요비용을 지원하고 있다.

그동안 영사조력법 제정과 시행을 위하여 상당한 영사 인력의 확충이 있어왔으나 현재도 이를 포함한 외교 인력의 전반적인 증원 필요성은 여전히 논의 과제이다. 우리나라의 외교 인력은 이웃나라 일본과 비교[48]해서도 그렇고 그 밖에 OECD 국가 중에서도 가장 작은 규모로 알려져 있다.

### 3) 재외국민(보호 대상)의 정확한 파악 등 인프라 구축

이 법상 보호 대상은 재외국민이다. 그러나 외교부가 매년 조사하는 재외국민의 파악은 추정치일 뿐 정확한 숫자는 아니다. 또한 이를 관리해야 하는 공적인 장부인 '재외국민등록부'는 사망, 귀국, 이민 등 관련 사항을 업데이트하고 있지 않아 현행화가 불비되어 허수도 많다는 지적이다.

이러한 문제점을 극복하고자 2018년 12월 재외국민등록법 일부 개정 법률안이 통과되어 재외국민 등록 정보의 정확성이 제고될 것으로 기대되고 있다.

그렇다고 해도 등록이 의무화되어 있는 것은 아니어서 완벽을 기하기는 어렵고, 실제에 가깝도록 공관과 외교부 본부가 꾸준히 노력해야 할 문제다.

그러한 점에서 2021년 수립된 재외국민보호 계획에서 동 내용들이 향후 추진할 중점 정책 과제에 반영된 것은 바람직하다.

---

48) 국회예산정책처에 따르면 외교부 인력은 2021년 현재 2,045명이고 일본 외무성(6,358명)과 비교해서 정확히 1/3에 해당한다고 분석하고 있다(2021.2.14. 연합뉴스).

## 4) 주재국가와의 유기적 협력 강화

영사조력이 원활히 이루어지기 위해서는 주재국 및 주재 당국과의 영사협력이 중요하다. 주재국의 경찰, 이민청 등 관계기관과의 네트워크가 필요하다. 특히 한해 100만 명 이상 방문하는 중국, 미국, 일본, 베트남, 필리핀 등과는 적극적인 재외국민보호 관련 교섭이 필요하다.

따라서 관련국의 치안 관계자를 초청하는 사업, 세계 각국의 명예영사 초청사업, 양자 간 영사협의체의 확대 및 영사 협정 확대, 세계영사회의(GCF, Global Consular Forum) 참여 등이 주재국과의 협력 강화에 도움이 될 것이다.

## 5) 정부 내 유관기관 간 협업체계 구축

재외국민보호 관련 신속한 대응을 위해서는 국내의 관련기관 간 유기적인 협업체계 구축이 중요하다. 외교부뿐만 아니라 행정안전부, 국방부, 보건복지부, 법무부, 국토교통부, 해양수산부, 검찰청, 경찰청, 관세청, 국가정보원 등 유관부처가 많다.

그러한 의미에서 재외국민보호위원회에도 유관부처의 차관이 위원으로 참여하는 것이고, 해외 사건·사고 시 파견되는 신속대응팀에도 유관부처가 같이 파견되는 경우가 많은 것은 자연스러운 일이다.

## 6) 주재국 특성에 맞는 맞춤형 재외국민보호대책 수립

주재국 특성에 맞는 재외국민보호방안을 수립·실천하여야 한다. 우선 해당 지역의 문화와 언어에 대한 이해가 깊은 지역 전문가를 장기 근무 영사 인력으로 활용하는 것이 좋다. 그러한 의미에서 2018년부터 채용하기 시작한 일반임기제 영사인력[49]은 해당 언어 및 문화에 능통한 사람들이 많다.

또한 지역별 법률 전문가의 충원도 고려할 필요가 있는데 각 공관에서 자문 변호사 제도를 적극 활용할 필요가 있다. 자문 이상의 법률 지원 등 필요하면 고용하는 형태로 재외국민보호를 강화하는 것도 필요하다.

현지의 네트워크를 활용하는 것도 방안인데, 그러한 측면에서 '영사협력원' 제도를 적극적으로 활용하여야 한다. 주재국의 면적이 크거나 인구밀도가 낮아 원격지나 격오지가 존재할 때 영사의 신속한 대응이 어려울 수가 있다. 영사협력원이란 이 경우 그 지역에서 재외국민보호 활동에 조력하는 '민간인'을 말하는 바, 이 제도는 재외국민보호에 있어서 고질적인 인력난을 해소할 수 있는 현실적인 대안이 될 수 있다. 2007년 도입되었는데 당시 96명으로 시작하였고 이후 필요성이 인정되어 2021년 8월 말 현재 192명으로 증가[50]하였다.

---

49) 영사 인력의 확충이라는 과제를 해결하고 이들의 전문성을 확보하기 위해 외교부와 행안부 간 2018년부터 확충된 영사 인력은 일반임기제로 하기로 하였다. 이들의 임기는 최대 10년까지 연장이 가능하여 임기의 연속성을 확보할 수 있다.
50) 2021년 8월 말 기준, 아태 34개 공관(91명), 미주 18개 공관(32명), 유럽·CIS 27개 공관(39명), 아중동 18개 공관(30명)에 운영 중이다.

제3절

# 영사조력법의 주요 내용

## 1. 유형별 영사조력

### 1) 형사절차상의 영사조력

재외국민이 체포·구금·수감되었다는 사실을 인지한 경우, 재외공관에서는 방문, 면담, 전화통화, 서신교환의 방법으로 접촉을 시도한다(법 제11조). 특히 재외국민 대상 인권침해를 확인한 경우, 재외공관에서는 주재국 관계기관에 사실 확인을 요청하고, 사실로 확인되었을 경우 시정·재발 방지를 요구할 수 있다.

또한 재외국민(또는 연고자)의 요청이 있는 경우, 재외공관에서는 ▲주재국 변호사·통역사 정보 ▲주재국 내 변호사 선임절차 ▲주재국의 형사재판 절차 등을 안내한다.

영사조력 과정에서 재외국민(또는 연고자의)의 요청이 있는 경우 등에는, 가능한 범위 안에서 수사 또는 재판 진행 상황을 확인하여 재외국민 또는 연고자에게 알려준다.

한편 재외국민이 금고 이상의 형을 선고받거나 형이 확정되어 수감된 경우, 재외공관에서는 연 1회 이상 정기적인 방문·면담을 실시한다(시행령 제10조). 다만 ▲당사자가 거부하거나 ▲천재지변 등 부득이한 사유로 방문이나 면담이 어려운 경우 등 인정할 만한 사유가 있는 경우에는 전화 통화 또는 서신교환으로 갈음할 수 있다.

> **제11조(형사절차상의 영사조력)** ① 재외공관의 장은 관할구역에서 재외국민이 체포·구금 또는 수감 중인 사실을 인지한 때에는 그 사실을 지체 없이 외교부장관에게 보고하고 해당 재외국민과의 접촉을 시도하여야 한다.
>
> ② 재외공관의 장은 재외국민이 국제법과 주재국의 법령에 따라 인도적 대우 및 신속하고 공정한 수사·재판을 받을 수 있도록 주재국 관계기관에 협조를 요청하고, 필요한 경우 가능한 범위 내에서 변호사 및 통역인 명단 제공 등 조력을 제공하여야 한다.
>
> ③ 재외공관의 장은 재외국민이 금고 이상의 형을 선고받고 수감된 경우 정기적인 방문·면담 등을 통하여 해당 재외국민과 접촉하여야 한다.
>
> ④ 제1항부터 제3항까지의 규정에 따른 형사절차상의 영사조력의 구체적인 내용·제공 방법 및 절차 등에 필요한 사항은 대통령령으로 정한다.

## 2) 범죄 피해를 입은 재외국민에 대한 영사조력

재외국민의 범죄 피해를 인지할 경우, 재외공관에서는 피해를 입은 재외국민에게 ▲변호사·통역인 정보 ▲주재국 내 변호사 선임 절차 ▲범죄 피해 구제를 위한 주재국 내 제도·절차를 안내한다(영 제12조).

재외공관에서는 재외국민 또는 연고자의 요청이 있을 경우 등에는, 가능한 범위 내에서 범죄사건에 대한 수사 또는 재판 진행 상황을 확인하게 된다. 해당 재외국민의 요청이 있을 경우, 재외공관에서 확인한 수사 또는 재판 진행 상황을 연락이 가능한 가족 등 연고자에게 알려준다.

## 3) 재외국민 사망 시의 영사조력

재외국민이 사건·사고로 사망한 사실을 인지할 경우, 재외공관에서는 ▲사망자의 인적사항 ▲사망일시 및 장소 ▲사망원인 등 사망 사건·사고와 관련된 중요한 사항을 확인하여 연락이 가능한 가족 등 연고자에게 알리게 된다(영 제13조).

또한, 재외공관에서는 가능한 범위 내에서 사망한 재외국민의 가족 등 연고자에게 ▲시신 처리 ▲국내로의 운구 ▲현지 방문 등을 위한 절차를 안내한다.

아울러 재외공관에서는 연고자의 요청이 있거나 사망원인이 범죄와 관련된 것으로 의심할 만한 정황이 있는 경우에는 주재국 관계기관에게 사망원인의 조사를 요청할 수 있다. 특히 사망한 재외국민의 시신 처리에 관한 사항에 대해서는, 주재국 법령이 허용하는 범위 내에서 연고자의 의사가 최대한 반영될 수 있도록 노력한다.[51]

---

51) 시신의 화장·매장, 국내 운구 등 처리 방법이 현지의 문화나 관습에 따라 다르고, 비용이나 시간, 행정 절차가 다르게 소요되므로 그 처리 방법에 있어 연고자의 의사가 제일 중요한 준거가 되고 있다.

### 4) 재외국민 미성년자에 대한 영사조력

미성년자인 재외국민의 사건·사고를 인지할 경우, 재외공관에서는 법정대리인 또는 연고자에 알려준다(영 제14조). 연고자에게 알릴 수 없거나 연고자가 인도를 거부하는 경우, 재외공관에서는 주재국 관계기관의 보호 조치 등 필요한 조치가 이루어지도록 노력한다.

### 5) 재외국민 환자에 대한 영사조력

시급한 치료를 요하는 재외국민인 환자를 인지할 경우, 재외공관에서는 의료기관 정보 등을 제공하는 한편, 가족 등 연고자 및 주재국 관계기관과 협의하여 치료를 받을 수 있도록 노력한다(법 제14조).

### 6) 재외국민 실종 시 영사조력

재외국민의 소재 파악 요청을 접수할 경우, 재외공관에서는 이를 요청한 자에게 경찰 신고 절차를 안내해 주며, 주재국 관계기관과 협력해서 재외국민의 소재 파악을 위해 노력한다(법 제15조). 해당 재외국민의 소재가 파악될 경우, 재외공관에서는 지체 없이 연고자에게 알려준다.

### 7) 해외 위난상황 발생 시의 영사조력

법 제16조는 재난, 전쟁, 내란, 폭동, 테러 등 해외 위난상황이 발생하거나 발생할 우려가 현저함을 인지할 경우, 재외공관에서는 관할구역 재외국민에게 상황을 전파하며 관할구역 내에서의 재외국민 소재 파악 및 안전 확인을 위해 노력하여야 함을 규정하고 있다.

전세기 파견과 같은 수단의 강구, 신속대응팀의 파견, 공관 내 비상대책반의 설치, 주재국에 대한 조치, 가족 등 연고자에 대한 고지 등 현실적으로 위난상황이 발생할 때 이루어지는 조치를 법규정화 하였다.

**제16조(해외위난상황 발생 시의 영사조력)** ① 재외공관의 장은 관할구역에서 해외위난상황이 발생하거나 발생할 우려가 현저함을 인지한 경우 이를 지체 없이 외교부장관에게 보고하고 관할구역의 재외국민에게 알려야 한다.

② 제1항에 따른 보고를 받은 외교부장관은 「재난 및 안전관리 기본법」 제14조의2에 따른 수습지원단과는 별도로 신속대응팀을 파견하거나 재외국민을 안전한 지역으로 이동시킬 수 있는 수단을 투입하는 등 필요한 조치를 할 수 있다.

③ 재외공관의 장은 관할구역에서 해외위난상황이 발생하거나 발생할 우려가 현저함을 인지한 경우 관할구역 내 재외국민의 소재 파악 및 안전 확인을 위하여 노력하여야 하며, 필요한 경우 비상대책반을 설치할 수 있다.

④ 해외위난상황에 처한 재외국민은 재외공관의 장에게 긴급구조를 요청할 수 있다.

⑤ 재외공관의 장은 제4항에 따른 긴급구조 요청 등으로 재외국민이 해외위난상황에 처하여 긴급한 구조가 필요함을 인지한 때에는 주재국 관계기관에 구조를 요청하는 등 가능한 조치를 하여야 한다.

⑥ 재외공관의 장은 다음 각 호의 어느 하나에 해당하는 경우 관할구역 내 재외국민의 소재 및 안전에 관한 정보를 해당 재외국민의 가족 등 연고자에게 제공할 수 있다.

1. 연고자로부터 요청이 있는 경우
2. 해당 재외국민이 스스로 연고자에게 연락하는 것이 곤란할 경우

⑦ 제1항부터 제6항까지의 규정에 따른 해외위난상황 발생 시 영사조력의 구체적인 내용·제공 방법 및 절차 등에 필요한 사항은 대통령령으로 정한다.

## 2. 영사조력의 남용과 한계

법 18조는 '영사조력의 거부 및 중단'이라는 조문 명칭하에 영사조력의 한계를 규정하였고 이것은 국가의 의무나 조치해야 할 사항을 명시한 것을 넘어서서 매우 획기적인 규정이다.

영사조력을 거부할 수 있는 사유로 ▲ 재외국민의 명백한 거부▲ 폭행·협박 등으로 영사조력 제공에 현저한 지장을 초래하는 경우▲ 허위로 영사조력 요청하는 경우▲ 영사조력을 남용 또는 악용하는 경우를 들고 있다. 대부분 일반 조리상으로도 수긍이 가는 사유로 규정이 되어있다.

다만, 마지막의 영사조력을 남용 또는 악용하는 경우에 대해 무엇이 남용이고 악용인지에 대한 명확한 기준은 제시되어 있지 않다. 따라서 이 부분은 향후 법의 해석이나 조리, 판례에 맡기게 되었다.

**제18조(영사조력 제공의 거부 및 중단)** 재외공관의 장은 다음 각 호의 어느 하나에 해당하는 경우 영사조력의 제공을 거부하거나 중단할 수 있다. 다만, 재외국민의 생명·신체에 대한 위해가 중대하여 긴급히 보호할 필요가 있는 경우에는 그러하지 아니하다.
　1. 재외국민이 영사조력을 명백하게 거부하는 경우
　2. 재외국민이 폭행, 협박 등의 행위를 하여 해당 재외국민에 대한 영사조력의 제공에 현저한 지장을 초래하는 경우

3. 재외국민이 허위로 영사조력을 요청한 사실이 밝혀진 경우

4. 재외국민이 영사조력을 남용 또는 악용하는 경우

## 3. 영사조력의 비용 부담

법 제19조는 영사조력에 있어서의 비용 부담에 관한 일반적 원칙을 규정하고 있는 바, '원칙적으로 본인 부담이라는 점'을 천명하고 있다. 그러나 구체적으로 국가가 부담할 수 있는 경우를 규정하였는데 2가지로 나뉜다. 첫째, 재외국민이 무자력인 경우 그리고 둘째로 해외 위난상황에서 안전한 지역으로 대피할 수단이 없어서 국가가 이동수단을 투입하는 경우다.

그동안 실무에서는 이를 이미 적용한 사례가 쌓이고 있다. 즉, 우선 재외국민이 무자력이어서 엄격한 기준하에 귀국송환비용 등을 제공한 다수의 사례가 있다.

두 번째에 해당하는 사례는 사이판 태풍 '위투' 사건(2018년)때 사이판공항 폐쇄에 따라 약 2천 명의 우리 국민이 사이판에 고립되자 정부가 군용기를 파견하여 사이판에서 괌까지 순차적으로 우리 국민을 이송 후 괌에서 민항기를 이용토록 한 사례[52])가 있었고, 이때 사이판-괌 간 군용기 이용에 관한 비용 문제에 있어 '해외 위난상황에서 안전한 지역으로 대피할 수단이 없어서 국가가 이동수단을 투입하는 경우'로 인정하여 비

---

52) 당시 괌공항은 정상적으로 민항기가 운항되고 있었으므로 사이판에서 괌 구간(비행시간 약 40분 남짓)만을 군용기로 이송하도록 융통성을 발휘한 것이다.

용 청구를 하지 않았다.

반면 2017년 아궁화산 폭발 시 아시아나 항공기를 투입한 사례에서는 인천공항까지의 탑승한 비용을 징수하였다. 이 경우는 19조 3항에서 기술하는 '1항 단서에 해당되지 아니하고 비용을 즉시 지불하기 곤란한 경우로서 수단을 투입한 것은 비용을 국가가 대신 지불하고 상환청구를 할 수 있다'라는 규정에 해당되는 경우였다.

전세기 등 국가제공 이동수단(법 19조 2항)을 이용하고도 정산하지 않는 경우, 즉 비용 상환 청구에 납부하지 않은 경우 국세 체납 처분의 예에 따라 징수하도록 규정하여 비용의 국고 환수 시 적용하는 일반적인 기준을 적용하도록 합리적으로 규정하였다.

이는 미국 등 여러 선진국의 경제적 영사조력 제도, 즉 대출 제도에서도 일반적으로 보이는 모습으로 해외에서 경제적 어려움을 당하였고 국가로부터 대출을 받은 경우 비용 상환이 안 될 경우에는 국세청에 통보하는 부분을 참고한 것이다.[53]

> **제19조(경비의 부담 등)** ① 재외국민은 영사조력 과정에서 자신의 생명·신체 및 재산의 보호에 드는 비용을 부담하여야 한다. 다만, 재외국민을 긴급히 보호할 필요가 있는 경우로서 다음 각 호의 어느 하나에 해당하는 경우에는 국가가 그 비용을 부담할 수 있다.
> 1. 사건·사고에 처한 재외국민이 본인의 무자력(無資力) 등으로 인하여 비

---

53) 미국의 경우 대출 신청 시 신청자의 여권을 단수여권(유효기간 7~10일)으로 전환하며, 상환 불이행 시 여권 발급/갱신 불허 및 긴급구난비 재신청이 불가하고 미상환 1년 도과 시 법무부 소송부서로 회부하고, 국세청을 통해 모든 계좌번호를 확보하여 채무 불이행을 통보한다.

용을 부담하기 어렵다고 판단되는 경우

　2. 해외위난상황에 처한 재외국민이 안전한 지역으로 대피할 수 있는 이동수단이 없어 국가가 이동수단을 투입하는 경우

　③ 외교부장관은 제1항 단서에 해당하지 아니하는 재외국민이 제1항 본문에 따라 자신이 부담하여야 할 비용을 즉시 지급하기 곤란한 경우로서 해외위난상황으로부터 해당 재외국민을 안전한 지역으로 이동시키기 위한 수단을 투입하는 경우에는 그 비용을 대신하여 지급할 수 있다. 이 경우 해당 재외국민은 외교부장관이 합리적인 범위 내에서 청구하는 비용을 상환하여야 한다.〈개정 2021. 4. 20.〉

　④ 외교부장관은 제3항에 따른 상환의무자가 해당 금액을 상환하지 아니하는 때에는 국세 체납 처분의 예에 따라 징수할 수 있다.

제4절

# 재외국민보호(영사조력)의
# 해외 정책 사례

## 1. 최근 재외국민보호 정책의 흐름

유럽 국가에서는 19세기 산업혁명과 제국주의 시대를 거치면서 영사
단의 확대가 이루어져 왔다. 당초 유럽 국가 내에서 상호 간 설치되다가
오스만투르크 지역과 레반트 지역(시리아, 요르단, 레바논, 팔레스타인)
까지 점점 확대 양상을 보였고, 서세동점(西勢東漸)에 따라 아시아, 라틴
아메리카까지 확장되는 모습을 보인다. 유럽 국가에 이어 러시아는 피터
대제 시기 이후, 미국은 독립 이후, 일본은 근대화, 중국은 개혁개방 이후
영사단을 크게 확대 설치하였다.

최근에는 정보통신 기술의 발달로 영사 업무에도 변화가 생기고 있다.
피해자나 가족들은 SNS 등을 통해 영사 당국이나 언론에 피해 사실을 신
속하게 알릴 수 있게 되었다. 생생한 사건·사고 보도, 실시간 보도, 더욱

이 SNS를 통해 가능해짐으로써 보도의 양적, 질적 증가가 엄청나게 빠른 시대가 되었다. 모든 것이 공개되고 알려지는 환경하에서 위난에 처한 자국민의 보호를 제대로 하고 있는지 여부는 국가수반이나 정치 지도자들의 지지율에까지 영향을 미칠 수 있는 요소가 될 수 있다. 따라서 개별 사건·사고들이 빠른 속도로 각 국가의 최고의 관심사로 비화되는 경우가 종종 발생한다.

납치 사건이나 테러 사건 피해 등이 그러한 대표적인 예라고 할 수 있다. 이러한 가장 극적인 예는 미국의 9.11 테러일 것이다. 또 그 이후 런던 테러(2017년), 마드리드와 니스 테러(2016년), 뉴질랜드 크라이스트처치 모스크 테러[54] 등에서 보듯이 그러한 사태 수습이 즉각적이며 상당한 기간 동안 그 나라 정치 지도자에게 최우선의 과제가 되곤 한다. 대응조치를 위해 많은 인력과 예산이 투입되기도 한다.

따라서 각국에서 외교 본령보다 부수적인 업무로 취급되어왔던 영사 업무가 최근에는 관심의 중심으로 급부상했다. 캐나다, 네덜란드, 스웨덴 등 국가에서 영사 조직이 확대된 것도 그러한 이유에서다.

우리나라도 2000년대 들어 발생한 일련의 대형사건[55] 여파로 재외국민보호 예산이 급증했고 영사 인력의 확충도 이루어지게 되었다. 2018년에는 담당부서가 국 단위에서 실 단위로 격상[56]되었으며, 2023년 6월에

---

54) 뉴질랜드의 크라이스트처치 이슬람 사원에서 일어난 총기 난사 사건은 2019년 3월 15일에 발생한 테러 공격으로 51명이 사망하고 49명이 부상 당한 뉴질랜드 역사상 가장 큰 총기 테러. 당시 저신다 아던 뉴질랜드 총리는 신속하고도 공감에 기반한 사태 수습을 하여 뉴질랜드뿐 아니라 전 세계 국민들에게 위기 속 리더십의 사례로서 깊은 인상을 남겼다.

55) 김선일 피살사건(2004년 5월), 샘물교회사건(2007년 7월)을 대표적으로 꼽는다.

는 재외동포청이 개청하면서 재외동포영사실은 영사안전국과 재외동포청으로 확대 분리되었고, 재외동포 업무가 제외된 재외국민보호 업무는 영사안전국이 전담하면서 보다 전문성을 기하게 되었다.

한편 다른 현상으로는 영사 조직 확대의 한계가 있다. 영사의 행정적 부담이 폭주하는 경우 그 조직 확대로 대응하기보다는 그 처리를 아웃소싱하기도 한다. 이를 영사업무의 전문화(professionalization) 또는 민영화(privatization)라고 한다.[57]

납치 사건을 전담하거나 전략을 마련하는 것, 현지 법률 전문 수요에 부응하는 법률서비스 등은 아웃소싱이 필요할지도 모른다. 그러나 업무가 아웃소싱되었다고 하여 이들이 영사접견권이나 기타 국제법 또는 국내 법적으로 부여된 영사의 법적 능력까지 가지고 있는 것은 아니어서 한계가 있다고 볼 수 있다.

세계화의 진행이 심화되면서 어느 나라든 해외여행을 하는 자국민이 테러나 자연재해 등의 위험에 노출될 가능성은 점점 높아져 가고 있으므로 영사 분야에 있어서 국제협력의 필요성도 높아져 가고 있다.

양자 간의 영사협의체 구성 확대, 다자간 영사협력 등도 논의 되고 있다. 이를 예방적 영사외교(preventive consular diplomacy)라고 부를 수 있다. 우리나라의 경우도 사증면제, 운전면허 상호인증 및 사건·사고 예방과 효율적 처리를 위해 양자 간 영사 업무 협조체계 구축은 전 세계

---

56) 2018년 3월 재외동포영사국에서 재외동포영사실로 개편되었고 해외안전관리기획관실, 재외동포영사국의 2개국을 관장하였다.
57) 백주현, 『영사법무학개론』, 글로벌콘텐츠, 2019, p. 93.

공관과 더불어 외교부 본부 차원에서 상시 주요한 업무로 추진 중이다.

지구적 관점에서 보면 이 세계는 지리적 문화적인 것은 물론이고 변동성이 강한 정세적 측면에서 혹은 테러 등과 같이 위험성 측면, 기후변화로 인한 극단적 자연재해 등과 같은 측면에서 불가측성이 높고 미지의 영역도 아직은 많다고 할 수 있다. 따라서 각국 관할하에서 전문성을 살려가며 영사 업무의 국제 공조를 추진하는 일은 매우 중요하다.

예를 들면 우리나라 여행객이 아프리카 사헬 지역이나 여행금지국에 들어간다든지 유사한 지역에서 테러나 납치를 당할 경우, 그 해결을 위해 가장 전문성을 가진 나라와 국제 공조를 하는 것이 가장 효과적이며 필수적이다.

2019년 당시 부르키나파소에서 피랍된 한국인 여성 등 일행 2명의 구출 과정이나 귀국 과정 등에서 그 지역을 잘 알고 이해관계가 크게 걸쳐 있던 프랑스[58] 측의 절대적인 도움이 있었다. 또한 대표적으로 2019년 리비아 우리 국민 피랍 사건 때도 리비아 내의 내전상황이 여전히 계속되고 부족 단위로 얽힌 복잡한 치안 사정, 피랍 지역이 광대한 내륙 오지여서 통합정부의 관할권이 미치지도 않는 상황에서 사건의 해결을 위해 그 지역에 정통한 UAE의 도움을 받았던 사례가 있고, 2023년 4월 수단 내전으로 인해 우리 국민들이 긴급하게 철수하는 과정(일명 '프로미스 작전')에서 UAE의 지원은 받은 것이 그러한 사례라고 할 수 있다.

---

58) 프랑스는 과거 식민지 경영의 경험을 통해 세계적으로도 치안이 가장 취약한 지역으로 꼽히는 사하라 남부의 사헬 지역(나이지리아, 니제르, 부르키나파소, 차드, 말리, 수단 등)에 대테러부대를 운용할 정도로 뛰어난 전문성과 정보력, 기동성을 갖춘 나라이다.

## 2. 주요국의 재외국민보호 정책의 비교[59]

각국의 영사조력 체계를 비교하자면 영사조력 근거 법률의 유무, 재외국민보호 관련 국가의 책무와 국민의 책무, 영사조력 시 발생하는 비용 부담의 구조 등을 중심으로 비교해 볼 수 있다. 주요국과의 비교 결과는 다음 표와 같다.

| 국가 | 영사조력 근거, 국가 및 국민의 책임 구조 |
| --- | --- |
| 브라질 | • 외교부 지침에 의거한 영사조력<br>• 경제적 영사조력은 ① 국적자인지 ② 경제적 곤란의 원인이 자신의 귀책이 아닌 경우 ③ 재외공관의 보고를 근거로 종합적으로 검토하여 결론 고의적 중복지원 요구자는 미지원<br>　－지원범위는 단기간의 숙식지원이나 항공편이며 국민에게 구상권은 미청구<br>• 여행경보는 5단계로 법적의무는 아니고 권고사항임<br>－ 따라서 위반 시 벌금이나 여권무효화 조치 없음 |
| 중국 | • 근거 법률은 없으며 '중국 영사보호 및 협조가이드'에 의거 영사조력<br>• 영사조력 남용에 대한 강제조치의 법적 근거 없으며, 법을 제정하더라도 남용에 대한 규정의 모호성 때문에 영사조력 거부나 중단은 쉽지 않다고 판단하고 있음<br>• 예멘 등에서 군용기를 이용하여 철수한 사례가 있었고, 비용은 개인 부담 원칙이나 군용기 이용의 경우, 비용 부담 산출이 곤란하여 개인에게 상환청구를 하지 않음 |
| 이스라엘 | • 법률은 없으며 정책결정으로 영사조력 제공<br>• 탈무드에 "유대인들은 어려움에 처한 동족들에게 최소한의 필수적 음식, 의복 및 피난처를 제공해야 한다"는 것을 지침으로 삼고 긴급상황 발생 시 1차적으로 국가보다는 유대인 간의 인적 상호원조 제공<br>• 경제적 영사조력은 무연고자에 대해 영사가 최대 100달러 이내의 지원 |

---

59) 외교부 정책자료; 백주현, 앞의 책, pp. 96~100.

| 국가 | 영사조력 근거, 국가 및 국민의 책임 구조 |
|------|-----------------------------------------|
| | 을 하되 지원 사실을 여권에 기재하여 본국에 입국한 후 또는 여권재발급 시 변제토록 함이 원칙 |
| 프랑스 | • '국가대외활동에 관한 법'에 따라 영사조력 제공<br>• 경제적 영사조력은 ① 예외적으로 매우 중대한 사안 ② 상황 증명이 가능한 경우 등의 요건으로 검토하여 결정<br>　-우선 재정 지원 후 구상권 청구함 |
| 뉴질랜드 | • 외교부 내부 가이드라인에 따라 영사조력<br>• 경제적 영사조력은 제공하지 않으며 예외적으로 공공기금에서 대출을 통해 지원하되 30일 이내 미상환시 채권추심업체를 통해 환수 |
| 네덜란드 | • 근거법률 없음<br>• 경제적 영사조력은 제공하지 않는 것이 원칙<br>　- 긴급상황 발생 시 여행자보험이나 가족이나 연고자가 지원 |
| 덴마크 | • 외국서비스법(Law on Foreign Service)에 따라 영사조력<br>• 영사조력 유형에 따라 시간당 서비스 비용을 정해 개인 또는 개인의 보험회사에서 지불하는 것이 원칙<br>　- 지불할 능력이 없거나 연고자도 없는 경우, 서약서를 작성하고 추후 지불 가능<br>　- 추후 미상환시 국세청에서 강제징수<br>• 납치, 피난, 중범죄 피해, 폭력 피해, 구금, 긴급상황에서의 통역 서비스 (1회) 등에 대해서는 서비스 비용 부과하지 않음 |
| 벨기에 | • 근거 법률은 없고 외교부 가이드라인에 의거하여 영사조력<br>• 경제적 영사조력 여부는 ① 국적자인지 ② 자력구제가 어려운 경우 ③ 벨기에로의 귀국 등의 요건을 검토하여 결정<br>　-국내 거소 확인 및 서약서 작성 후 선지급 후상환 방식으로 지원 |
| 독일 | • '영사인력 임무 및 권한에 관한 법'에 의거한 영사조력<br>• 경제적 영사조력은 ① 생명에 위협 또는 신체에 위해 상황인지 여부 ② 무연고 ③ 이중국적자 여부 등의 요건을 검토하여 결정<br>　- 선지급 후상환 방식으로, 상환 불이행시 가족이 대신 상환<br>　- 예외적으로 경제적 상환 능력이 없는 경우에는 상환 의무 제외 |

| 국가 | 영사조력 근거, 국가 및 국민의 책임 구조 |
|------|-------------------------------------------|
| 캐나다 | • 법률은 없으며 외교부 '영사서비스 헌장'에 따라 영사조력 제공<br>• 경제적 영사조력은 ① 자력구제 및 연고자 지원 불가 ② 생명의 위협 존재 등의 요건 필요<br>　－ 선지원 후상환 방식으로 긴급자금을 지원(대출)<br>　지원범위는 항공료는 가능하나 보석금, 법절차 비용, 치료비, 체재비 등은 불가 |
| 오스트리아 | • 근거 법률은 없고 「영사관계에 관한 비엔나 협약」에 따라 영사조력<br>• 경제적 영사조력여부는 ① 본인 책임 없고 ② 비상상황 등의 요건을 검토하여 종합적으로 결정<br>　－선지급 후상환 방식으로 하고 서약하에 최소의 귀국 비용만 지원<br>　－단, 동 비용은 출국 전 여행일정 정보를 시스템에 등록한 사람에 한해 지원<br>• 일반 송금이 불가한 비상시에는 외교부 해외송금이 이용가능하나, 휴가 연장·여행 지속·쇼핑 등을 위한 송금은 불가 |
| 이탈리아 | • 「영사사무소의 조직 및 기능에 관한 법률」을 기본으로 외교부령 '재외 이탈리아인과 이민정책 사무총국'으로 세부사항을 정해 영사조력 제공<br>• 경제적 영사조력은 긴급상황 시 상환이 불필요한 지원금과 상환이 필요한 대여금 등 2가지로 구분하여 지원<br>　－ 전쟁, 소요, 대규모 재난 등 예외적인 상황에서의 대피 비용은 정부가 부담하고 구상권은 미청구<br>　－ 일반적인 귀국 비용은 비용 상환 각서를 징구 받고, 「항해법전」에 정해진 절차에 따라 선지급 후상환 방식으로 상환<br>• 여행경보로는 '여행만류' 제도를 운용중이나 법적 구속력이 없고, 권고사항에 불과 |

## 3. 평가와 향후 방향성

상기에서 본 바와 같이 영사조력의 상황을 국제적으로 비교해 보면 우리나라의 영사조력법처럼 성문화된 근거법을 가진 나라가 얼마 되지 않고, 지침이나 가이드라인으로 처리하고 있음을 알 수 있다.

따라서 우리나라의 영사 업무 제도화 수준은 매우 높다는 것을 알 수 있고 비용 부담에 있어서도 비용을 보전해 주는 것은 예외적인 경우이며 자기 부담의 원칙이 엄격히 지켜지고 있음을 알 수 있다.

우리나라가 비교적 선진적인 제도를 가지고 있고 잘 운영된다고 해도 우리의 여건에 맞는 제도를 더욱 발전시켜 나가고 현재 진행되고 있는 양자 간 영사협력[60]과 다자간 영사협력 등을 활발히 추진하여야 한다.

다자간 협력체로는 2013년 GCF(Global Consular Forum), 즉 글로벌 영사포럼이 출범하였다. 비엔나 협약 이후 세계화가 진행되면서 국경 간 이동 증가, 자국민 관광객 및 이주노동자의 문제, 행려병자 등 취약계층에 대한 대응, 테러, 대규모 자연재해 대응 등 영사 업무가 확장되고 복잡해지는 것에 대응을 위한 것이다.

영국 주도로 33개 국가의 다자협의체로 출범하였으나 현재는 코로나19 사태를 거치면서 활발한 형편은 아니기는 하지만 향후 협력가능성이 많은 협의체이다.

---

60) 우리나라는 일본, 중국, 러시아, 영국, 베트남, 인니 등 13개국과 양자협의체를 운영 중이다.

# 재외국민보호와 관련된 개별 이슈

## 1. 테러

### 1) 테러 행위의 대두와 최근 동향

A. Heywood는 그의 저서 『국제정치와 세계정치』에서 "테러리즘의 핵심적 특징은 두려움과 불안의 분위기를 조성하여 목적을 달성하려는 정치적 폭력의 한 형태이다. 테러리즘은 살해와 파괴를 하는 것이 아니라 미래에 살해와 파괴 행위가 일어날지 모른다는 불안감을 조성하는 것이다"[61]라고 했다

현재도 세계 곳곳에서 테러가 발생하고 있으며 사용되는 무기는 총기류, 폭탄, 항공기, 생화학무기 등이 있다. 최근의 뚜렷한 특징으로는 사이버 테러가 신종 테러로서 점점 정도가 심해지고 있고 그 은밀성, 접근 용

---

61) A. Heywood 지음, 김계동 옮김, 『국제정치와 세계정치』, 명인문화사, p. 294.

이성 등으로 인해 피해 규모가 확산되고 있으며 국제안보협력에 있어서 중요한 테마가 되고 있다.

　세계적으로 볼 때 냉전의 종식으로 국가 간의 이념 대결이 줄어들고 이에 따라 분쟁이 현격하게 감소하리라고 예상했으나 최근 들어서는 국가보다는 무장단체 등의 극단적인 행동에 대한 우려가 증가하고 있다. 테러리즘은 그중에서도 가장 위협적인 것이고 국가안보망을 교묘히 파고들어 예측 불가능의 행태를 보이고 있다. 냉전시대의 분쟁이 국경 지역을 중심으로 이루어졌다면 테러리즘은 과거에는 상상하기 힘들었던 각국의 수도나 주요 도시의 인구 밀집 지역에서 발생하여 심리적 공포감이 극대화되고 있다.

　2016년 글로벌 테러리즘 인덱스(Global Terrorism Index)에 따르면 테러로 인한 총 사망자 수는 23개국 29,376명(2015년 기준)이다. 이는 다소 감소 추세에 있어 2019년 기준으로 사망자 수는 20,309명이다. 이 중 아프가니스탄에서의 사망자 수가 41%인 8,249명이나, 2021년 아프가니스탄을 탈레반이 최종적으로 접수하였으니 수치는 다소 줄어들 것으로 보인다. 그러나 테러 주체의 다양성 측면에서 볼 때 여전히 테러의 위험성은 잠재되어 있다고 보아야 한다.[62]

　예를 들어 이슬람 국가(IS)의 경우 시리아로 입국하여 외국인 전사들이 합류하고 있으며, 아프리카와 아랍 국가들의 내전 때문에 유럽 국가들에 대량 유입된 난민으로 인한 사회·경제적 문제들도 테러리즘의 원인으로 부각되고 있다. 군사 작전으로 이슬람 국가(IS)를 격퇴하고 있다고 하

---

62) 백주현, 『영사법무학개론』, 글로벌콘텐츠, 2019, p. 129.

나 잔존 세력들이 북아프리카 등 전 세계로 흩어져 재결집을 노리고 있다는 분석이다.

폭력적 극단주의에 의한 테러가 전 세계로 확산되고 있어 이스탄불, 방글라데시의 다카 등 제3세계 국가나 지역뿐만 아니라 런던, 파리, 뮌헨, 브뤼셀 등 선진국 주요 도시에서도 다양한 형태로 테러가 발생하고 있다. 또한 고국을 떠나 이라크, 시리아 등 여러 나라에서 알카에다와 이슬람 국가(IS)의 전투원으로 가담하고 있는 외국인 테러 전투원(FTF: Foreign Terrorist Fighters)[63]들의 수가 100개국 이상 2만 5천여 명에 육박한다고 알려져 있다.

호주 시민을 공포로 몰아넣었던 시드니 도심 카페 인질극을 계기로 지구촌 전역에서 이슬람 지하디스트(성전주의자)의 영향을 받은 자생적 테러리스트인 '외로운 늑대(Lone Wolf)'의 테러가 새로운 위협으로 부상하고 있는데 시드니, 오타와, 뉴욕에서도 발생하고 있다.

이라크 등 근거지에서 열세에 놓인 IS가 존재감 과시 및 공포심 극대화를 위해 관광객 등 소프트타깃(불특정다수 민간인 등)을 대상으로 대형 테러를 지속 자행하고 있다.

## 2) 우리 정부의 대책: 테러방지법 제정 등

우리 정부는 국외 테러에 대비하여 재외국민들을 보호하기 위해 예방,

---

63) 외국인으로서 테러단체에 가입하여 활동하는 사람을 말하는 바, 유엔결의안 2178호(2014년 9월)에 의해 외국인 테러 전투원의 이동과 입국·경유 등을 방지하고자 하고 있으며 정보 공유를 통한 국제 공조도 취하도록 하고 있음.

홍보 활동을 강화하고 있고 여행하는 국민에게 로밍 서비스를 통한 자동 SMS를 발송하는 등 각 지역별 테러 경보를 맞춤형으로 시의적절하게 제공하고 있다.

재외공관도 상시 국외 테러 대응 시스템을 강화하고 있다. 주재국 주요 안전 당국과의 정보 공유는 물론이고 제보에 의한 테러 동향 정보를 종합적으로 제공하고 있다.

재외공관, 한인회 등이 테러 상황을 가정한 모의 훈련을 실시하기도 하며, 한인회, 여행사 등과 단체 대화방을 구성하고 테러 발생 시에 대비해 주요 병원 리스트도 작성해 둔다. 외교부는 위기관리 협력 네트워크 강화 작업도 추진하고 있다. 테러에 취약할 가능성이 있는 해외 선교 행위에 대해서는 파송 선교 단체와 매년 주기적 안전간담회를 개최하고, 국제 위기 대응 민간회사와 자문 용역도 체결하여 만일의 상황에 대비하고 있다. 테러방지법이 발효됨에 따라 '국외 테러 위기 대응 매뉴얼', '재외국민보호 위기관리 표준 매뉴얼'도 작성하였다.

한편 우리나라는 국가 차원의 테러 예방 및 대응체계를 공고화하고 국제 테러 방지 네트워크에 적극적인 참여를 통해 국제사회의 일원으로서 역할을 제고하기 위해서 국내적으로 「테러방지법」을 제정하였다. 이 법의 제정으로 외국인 테러 전투원(FTF)에 대한 규제 조치와 테러 자금 차단을 통한 대테러 국제 공조에 적극적으로 참여가 가능하고 테러 범죄 처벌조항 마련 및 테러 관련 범죄 수사가 가능해졌다.

유엔은 9.11 테러 이후 테러 근절을 위해 국제 공조를 결의하고, 테러 방지를 위한 국제 협약 가입과 법령 제정 등을 각국에 권고하여 OECD 국가 대부분이 '테러방지법'을 제정한 바 있고 우리나라도 2016년 3월 마침내 동법을 제정하게 되었다.

이 법에 따라 국무총리를 위원장으로 하는 '국가테러대책위원회'와 보좌기관으로 총리실에 '대테러센터'가 설치되었으며, 테러 위험인물에 대한 정보 수집이 가능해지고 외국인 전투원으로의 출국이 의심되는 경우 90일 이내의 기간으로 출국금지를 요청할 수 있도록 법에 규정되었다.

또한 획기적인 것은 국내외에서 불특정 다수를 대상으로 하는 테러의 특성상, 테러로 사망 혹은 장애등급에 해당하는 부상을 입은 경우 특별위로금을 지급할 수 있는 근거를 마련하였다는 점이며 실제로 지급대상자[64]들이 나오고 있다.

> **테러방지법(국민보호와 공공안전을 위한 테러방지법) 주요 조항**
>
> **제1조(목적)** 이 법은 테러의 예방 및 대응 활동 등에 관하여 필요한 사항과 테러로 인한 피해보전 등을 규정함으로써 테러로부터 국민의 생명과 재산을 보호하고 국가 및 공공의 안전을 확보하는 것을 목적으로 한다.
>
> **제5조(국가테러대책위원회)** ① 대테러활동에 관한 정책의 중요사항을 심의·의결하기 위하여 국가테러대책위원회(이하 '대책위원회'라 한다)를 둔다.
>
> ② 대책위원회는 국무총리 및 관계기관의 장 중 대통령령으로 정하는 사람으로 구성하고 위원장은 국무총리로 한다.
>
> ③ 대책위원회는 다음 각 호의 사항을 심의·의결한다.
>
> 1. 대테러활동에 관한 국가의 정책 수립 및 평가

---

64) 정부는 2018년 1월 19일 국가테러대책위원회(제5차)를 개최하고 런던 테러 피해자 지원금 지급안을 의결함으로써 2017년 3월 발생한 런던 테러로 피해를 입은 우리 국민에게 치료비와 특별위로금을 지급하는 최초의 사례가 되었다.

2. 국가 대테러 기본계획 등 중요 중장기 대책 추진사항

3. 관계기관의 대테러활동 역할 분담·조정이 필요한 사항

4. 그 밖에 위원장 또는 위원이 대책위원회에서 심의·의결할 필요가 있다고 제의하는 사항

**제6조(대테러센터)** ① 대테러활동과 관련하여 다음 각 호의 사항을 수행하기 위하여 국무총리 소속으로 관계기관 공무원으로 구성되는 대테러센터를 둔다.

1. 국가 대테러활동 관련 임무분담 및 협조사항 실무 조정

2. 장단기 국가대테러활동 지침 작성·배포

3. 테러경보 발령

4. 국가 중요행사 대테러안전대책 수립

5. 대책위원회의 회의 및 운영에 필요한 사무의 처리

6. 그 밖에 대책위원회에서 심의·의결한 사항

**제9조(테러위험인물에 대한 정보 수집 등)** ① 국가정보원장은 테러위험인물에 대하여 출입국·금융거래 및 통신이용 등 관련 정보를 수집할 수 있다. 이 경우 출입국·금융거래 및 통신이용 등 관련 정보의 수집은 「출입국관리법」, 「관세법」, 「특정 금융거래정보의 보고 및 이용 등에 관한 법률」, 「통신비밀보호법」의 절차에 따른다. 〈개정 2020. 6. 9.〉

② 국가정보원장은 제1항에 따른 정보 수집 및 분석의 결과 테러에 이용되었거나 이용될 가능성이 있는 금융거래에 대하여 지급정지 등의 조치를 취하도록 금융위원회 위원장에게 요청할 수 있다.

③ 국가정보원장은 테러위험인물에 대한 개인정보(「개인정보 보호법」상 민감정보를 포함한다)와 위치정보를 「개인정보 보호법」 제2조의 개인정보처리자와 「위치정보의 보호 및 이용 등에 관한 법률」 제5조 제7항에 따른

개인위치정보사업자 및  같은 법  제5조의2 제3항에 따른 사물위치정보사업자에게 요구할 수 있다. 〈개정 2018. 4. 17.〉

④ 국가정보원장은 대테러활동에 필요한 정보나 자료를 수집하기 위하여 대테러조사 및 테러위험인물에 대한 추적을 할 수 있다. 이 경우 사전 또는 사후에 대책위원회 위원장에게 보고하여야 한다.

**제13조(외국인테러전투원에 대한 규제)** ① 관계기관의 장은 외국인테러전투원으로 출국하려 한다고 의심할 만한 상당한 이유가 있는 내국인·외국인에 대하여 일시 출국금지를 법무부장관에게 요청할 수 있다.

② 제1항에 따른 일시 출국금지 기간은 90일로 한다. 다만, 출국금지를 계속할 필요가 있다고 판단할 상당한 이유가 있는 경우에 관계기관의 장은 그 사유를 명시하여 연장을 요청할 수 있다.

③ 관계기관의 장은 외국인테러전투원으로 가담한 사람에 대하여 「여권법」 제13조에 따른 여권의 효력정지 및 같은 법 제12조 제3항에 따른 재발급 거부를 외교부장관에게 요청할 수 있다.

**제16조(특별위로금)** ① 테러로 인하여 생명의 피해를 입은 사람의 유족 또는 신체상의 장애 및 장기치료가 필요한 피해를 입은 사람에 대해서는 그 피해의 정도에 따라 등급을 정하여 특별위로금을 지급할 수 있다. 다만, 「여권법」 제17조 제1항  단서에 따른 외교부장관의 허가를 받지 아니하고 방문 및 체류가 금지된 국가 또는 지역을 방문·체류한 사람에 대해서는 그러하지 아니하다. 〈개정 2020. 6. 9.〉

② 제1항에 따른 특별위로금의 지급 기준·절차·금액 및 방법 등에 관하여 필요한 사항은  대통령령으로 정한다.

## 2. 납치

### 1) 피랍 사건 증가

세계화의 진전에 따라 우리 국민의 해외 활동의 폭과 깊이가 다양화되고 있다. 구체적으로는 해외여행의 폭발적인 증가, 수산업이나 건설기업 등 전 세계를 무대로 한 적극적인 해외 진출, 중동 등 위험 지역의 선교 활동, 국제사회의 파병 요청 및 파병의 증가 등으로 인해 해외에서 우리 국민의 피랍 사건이 일어나는 경우가 자주 발생하고 있다.

피랍 사건이 발생하면 그 특성상 해결에 시간이 걸릴 뿐 아니라 납치를 자행한 세력의 복잡한 동기, 지난하고 오래 걸리는 협상 과정, 금전적(ransom, 즉 몸값을 포함하여) 문제 등이 얽혀 해결 프로세스가 매우 복잡하게 전개된다.

납치 및 인질사건이 발생하는 경우 정부는 인질의 안전한 석방을 위해 다양한 방법을 동원하게 되는데, 해당 국가나 지역에 직접 관할권이 미치지 않고 동원할 수단이 마땅치 않아 해당국이나 이해관계국의 지원[65]을 얻어서 처리하는 경우가 많다.

### 2) 피랍 사건 대응 지침

외교부 본부는 피랍 사건이 발생하면 재외국민보호대책본부를 즉시 구성, 가동하여 관계부처[66] 협의, 대응전략 마련, 가족 대응, 언론 대응

---

65) 2018년 가나어선 납치 사건의 경우, 미국이나 유럽의 우방국 자산을 활용하기도 했다. 2018년 7월에 발생한 리비아 우리 국민 납치사건의 경우 초기 단계에는 우방국의 정보 자산을 활용하기도 하였고 석방 과정에서는 지역 사정을 잘 아는 UAE의 도움이 컸다고 알려져 있다.

등에 나서게 된다.

재외공관도 재외국민보호대책반을 자체적으로 즉시 구성하고 피랍 국민의 신속하고 안전한 구출을 위해 해당국 정부와 실시간 정보를 공유하고 구출방안 대책 등을 신속하게 협의해야 한다.

우선 납치단체를 특정하는 등 확인과정이 필요하며, 납치 동기와 요구사항 파악, 피랍 국민의 안전 여부 확인이 매우 중요하다. 주재국 정부와 협의하고 구출작전 전개 시에는 우리 정부와 사전 협의토록 하여, 주재국의 무리한 계획으로 인해 우리 국민의 생명이 위협 받지 않도록 해야 한다.

피랍자를 구출하기 위해 대응전략을 치밀하게 마련하여 동원 가능한 자원을 최대한 활용하여야 한다. 먼저 주재국 정부의 협조가 최우선이다. 그리하여 정보의 제공 및 전개할 자산(군함, 항공기, 병력 등 각종 가용한 자산)과 같은 다양한 우방국 자원이 있다면 이를 최대한 활용해야 한다.

협상이 필요할 경우 '정부는 납치 단체와 직접 협상하지 않는다'가 국제사회의 일반 원칙인 이상, 정부가 직접 협상에 나서지는 않는다. 다만 피랍인의 대표자(예를 들어 회사 소속이라면 법인대표 등 고용주)와 납치세력이 협상을 할 경우, 측면 지원은 할 수 있다. 이를 위해 정부는 납치 협상전문가들과 자문 계약67)을 통해 협상 전략을 조언하기도 한다.

---

66) 관계 부처는 피랍 사건의 성격에 따라 다른 바, 예를 들면 해상피랍의 경우는 해수부, 해경, 국방부, 합참, 국정원 등이 참여할 수 있다.

67) 세계적으로 테러, 납치 등 위험요인이 폭증함에 따라 이러한 위기에 대응 전략, 협상 전략, 솔루션 등을 자문하는 매우 전문적인 민간 용역 회사들이 존재하고 있다.

## 3) 피랍자 가족 지원

피랍자의 가족들에게 우선 피랍 관련된 상황을 알려주고, 진행에 따라 정부 입장이나 조치사항을 수시로 알려주고 위무하는 것이 필요하다. 또한 사건이 장기화하는 경우가 종종 있기 때문에 정부와 가족 간에 긴밀한 협력 체제를 구축하는 것이 필요하다.

납치 단체가 협상을 유리하게 하기 위해 피랍자의 가족에게 직접 위협하거나 언론 매체를 통해 공개적인 위협을 가하는 경우도 있으므로 심리전에 말리지 않도록 잘 상의하고 설명한다.

사건이 발생한 현지에 가족이 체류하는 경우에는 담당 영사가 가족을 직접 방문하고 면담한다. 가족이 본국에서 현지 방문하는 경우, 현지 체류를 지원하고 관계자와의 면담 주선, 진행상황 및 공관 조치 사항 등을 성실히 설명한다.

피랍 사실을 적절한 시기에 비상연락을 통해 한인사회에 전파하고 신변안전에 유의할 것을 당부한다. 본부는 피랍 지역 및 국가에 대한 적절한 여행경보 상향을 검토해서 우리 국민의 여행을 자제하도록 하여 재발방지에 노력한다.

사건이 장기화하는 경우, 정부의 '특사'를 파견하는 등 주재국 정부의 관심을 촉구하고, 주재국에 철저한 대응을 요청하며 방문 결과 등을 가족들과 공유한다.

## 4) 언론 대응의 문제

피랍 사건의 경우 사안의 성격상 언론과의 협조가 중요하다. 언론의 적극적인 보도가 자칫 우리 국민의 안전에 위해요소가 될 수도 있고 납치 단체에게 잘못된 신호를 보낼 수도 있다.

따라서 무엇보다도 우리 국민의 안전을 최우선으로 하면서 언론의 알 권리도 고려하는 언론 대응[68]이 중요하다. 그러한 의미에서 공관에서 대응하기보다는 본부로 언론 대응을 일원화 하는 것이 일반적이다.

## 3. 마약

### 1) 현황

1990년 이후 우리나라에서 거래되고 있는 불법 마약류는 메스암페타민이 대부분인데, 최근에는 해외여행자 수가 급격히 증가하면서 외국산 마약류가 국제화물 특송 및 해외여행객을 통해 밀반입되어 국내에 유통되고 있다.

마약 남용계층도 종전의 일부 특정계층에서 일반 국민으로 확산되고 최근에는 어린 청소년·학생들에게까지 손길을 뻗치는 움직임도 가시화되고 있다.

국내 마약사범은 1997년 이후 계속 증가 추세를 보이다가 2010년 이후 일시적으로 안정된 추세를 보였다. 하지만 최근 5년간 급격히 증가하고 있으며, 더욱이 최근에는 수사권 조정의 여파로 마약사범 수사 능력이 약화하지는 않을까 우려하는 목소리도 있다.

---

68) 일반적으로 피랍 사건의 경우 알 권리와 피랍자의 인권, 공개 시 위험성 등을 종합적으로 고려하여 일정기간 국내 언론기관에 엠바고(embargo)를 요청하는 경우가 많다.

우리 정부는 지금까지 마약의 제조 및 유통에 대한 강력한 통제 체제를 유지하고 있고 그 성과도 성공적이라고 알려져 있다. 그러나 마약의 국제상거래 방법이 다양화되는 상황에서 마약류 거래도 점점 지능화·다양화되고 있다. 2019년 버닝썬이라는 나이트클럽에서 마약류를 사용한 사건은 사회에 큰 충격을 주었다. 우리나라가 마약 청정 국가라는 믿음에 근본적인 의문을 갖게 만든 사건이다. 또한 2023년 통계에 의하면 마약사범이 전년 동기 대비 약 50% 증가, 공급사범은 87% 증가하고 있으며 마약사범 중 30% 이상이 10대, 20대로 나타나고 있어 심각성을 안겨주고 있다.

우리 정부는 재외공관에서도 우리 국민의 마약 범죄가 발생하지 않도록 마약 유입 경로로 추정되는 지역을 중심으로 교민간담회나 홍보물 배포 등의 예방 활동은 물론, 관련부처(외교부·국정원·식약처·대검찰청·관세청·경찰청·해경청)와의 긴밀한 협력으로 효율적인 공조 방안을 적극 추진하고 있다.

마약사범 증가의 원인은 다양하다. 인터넷, SNS 상의 불법거래 확산, 농어촌 지역 양귀비 재배 사범 증가, 해외유입 마약류의 증가, 국내 체류 외국인의 증가, 우리 사회의 쾌락과 한탕주의 만연, 중국·캐나다·미국·독일 등지에서 밀반입된 신종 마약류의 확산 등을 원인으로 들 수 있다.

또한 한국이 마약류의 청정국이라는 점을 악용하여 한국을 마약의 세탁을 위한 중간 경유지로 이용한다거나 의료용 마약류의 체계적 관리 미흡, 마약사범의 높은 재범률 등도 원인이 되고 있다.

## 2) 대책

우리 정부는 특송화물, 휴대물품에 대한 통관 검사를 강화하고 있다. 통관(유통) 단계에서 마약류 유입 및 불법거래를 차단하고 마약류 오남용 예방을 위한 대국민 홍보 강화 등을 중점적으로 추진하고 있다.

국제선이 취항하는 공항, 항만 등에 배치한 '마약탐지조' 운영을 보다 내실화하고 있다. 인터넷을 통한 마약류 광고 행위나 제조방법 공유 행위 등도 처벌이 가능하도록 법적 근거를 마련하여야 한다. 신종 마약류가 유통되는 것을 신속히 차단하기 위해 신종 마약류 물질의 분석 평가 방법도 개선하고 있다. 마약사범의 재범방지를 위해 보호관찰 대상자를 집중적으로 관리하고 '마약전담 보호관찰제'를 시행하는 보호관찰소를 대폭 확대하고 있다.

## 3) 마약 소지 및 거래 대처를 위한 정부의 권고[69]

정부는 될 수 있도록 마약 관련으로부터의 위험을 회피하기 위한 권고를 마련하여 공항 등지에서 적극 홍보하고 있는데 이는 국민을 위험에 빠뜨리지 않게 하는 매우 중요한 부분이다.

다음은 홍보 문건 내용이다.

> 가. '낯선 사람의 물건 전달은 거절하세요': 공항에서 긴급한 용무로 탑승이 어렵다며 국내 가족이나 친구에게 줄 선물 전달을 요청하는 수법은 마약밀수범이 자주 사용하는 수법이므로 거절하여야 합니다.

---

69) 백주현, 앞의 책, p.142.

나. 마약취약 국가 여행 시 조심하세요: 특히 중국이나 태국, 필리핀 등 마약취약 국가를 여행하는 경우 마약과 연루되는 일이 발생하지 않도록 조심하세요. 전 세계적으로 마약 관련 범죄를 중범죄로 다루고 있습니다. 중국에서는 특정량 이상의 마약 판매, 운반, 소지 시 사형에 처하게 됩니다(중국 형법 제347조).

※ 만약 귀하께서 운반한 가방에서 마약이 발견 되었을 경우 마약 운반으로 간주하고 마약사범과 동일하게 처벌될 수 있습니다.

※ 마약 운반 등 중범죄로 처벌을 받게 될 경우 우리나라 공관이 취할 수 있는 조치는 매우 한정되어 있습니다.

다. 수하물에 마약을 은닉할 수 있으니 반드시 자신의 수하물을 잘 챙기셔야 해요! 공항이나 호텔 프론트에서 자신의 수하물을 항상 가까이에 둡니다.

라. 복용하는 약이 있다면, 마약사범으로 오해받지 않도록 미리 의사의 처방전을 받아 꼭 소지하세요!

마. 마약에 대한 규제가 점점 강화되어 전 세계 대부분의 국가에서 마약범죄를 중범죄로 다루고 있고, 소지 사실만으로도 중형에 처하는 나라가 있으므로 주의해야 합니다.

※ 중국의 경우, 헤로인 50g 또는 아편 1kg을 제조, 판매, 운반, 소지 시 사형에 처하고 있습니다.(중국 형법 제347조)

바. 아이들의 장난감 등을 통해 마약이 운반되기도 하므로, 모르는 사람에게서 선물을 받지 말아야 합니다.

사. 자신이 모르는 사람과 도보나 히치하이킹을 통해 국경을 같이 넘지 마십시오.

영화 〈집으로 가는 길〉에 나오는 소재도 결국 마약 불법 운반에 관련된 것에서 볼 수 있듯이 국내와 마약 단속의 기준이나 형편이 다르므로 잘못하면 마약류 소지·운반에 쉽게 휘말릴 수 있어 각별한 주의가 요구된다. 아울러 정부 권고문에도 있듯이 한번 휘말리면 중범죄로 처벌되는 나라가 많으므로 우리 정부가 영사조력을 하고 싶어도 한계가 있게 되는 것이다.

한편 우리나라를 제외한 동남아, 미국, 중남미 등은 마약 관련 환경이 전혀 다르므로 한국인들이 특히 동남아에서는 셋업범죄[70] 등에 피해를 입기도 한다. 우리나라에서는 불법인데 다른 나라에서는 합법인 경우가 있고, 미국에서는 주[71]별로도 차이가 있으니 이러한 부분도 매우 주의를 요한다.

## 4) 외국의 마약통제 시스템과 주의 사항[72]

중국은 청나라 말기에 아편을 통제하지 못해 나라가 아편전쟁 등 망국으로 간 아픈 기억이 있으므로 중국 정부는 마약사범에게 사형을 집행하는 등 강력한 통제책을 시행중이다.

싱가포르의 경우도 마약류 15g이상의 거래 및 운반에 관여한 자에 대

---

70) 실제 범죄 행위를 만들어내 상대방을 범죄자로 만드는 것을 뜻한다. 예를 들면 가는 차 앞에 사람을 던져 치여 죽이게 한 뒤 그것을 빌미로 협박을 하면 셋업 범죄다. 동남아에서 마약을 매개로 셋업 범죄에 당한 한국인이 범죄자로 몰리는 경우가 종종 있다.

71) 미국에서는 주별로 마리화나(대마초) 규제가 다르다. 2021년 4월 현재 이미 뉴욕주 등 16개주가 합법화한 바 있다.

72) 백주현, 앞의 책, pp.143~145.

해서 엄격한 처벌을 가하고 있다. 한해 평균 30명 이상이 마약사범으로 사형을 당하고 있다. 외국인 마약사범에 대해서도 사형을 선고하고 해당 국 총리가 단교를 위협해도 그대로 집행한 경우가 있다.

중남미 국가들은 국가의 통치자금까지 마약업자들의 자금이 연루되어 국가적인 위기를 겪고 있다. 콜롬비아와 멕시코의 피해가 심각한데 콜롬비아가 1990년대 미국 정부와 공조하여 마약조직 분쇄에 일정 부분 성공을 거두자 오히려 멕시코에 마약사범이 집중되는 효과를 가져왔다. 미국으로 유입되는 마약의 90% 이상이 멕시코로부터 유입되고 있다. 최근에는 멕시코 정부도 대대적인 검거 작전에 나서고 있으나 마약조직도 막강한 화력을 갖추고 있어 그 충돌로 인해 연간 8만 5천 명이 희생되고 있다고 알려지고 있다.

멕시코가 마약과의 전쟁에 나서자 마약조직들이 과테말라로 이동하여 정정 불안을 야기하기도 하였다. 과테말라는 치안력이 마약 마피아를 감당하지 못해 정부 전체가 흔들리는 위기를 겪기도 하였다.

## 참고문헌

해롤드 니콜슨, 신복룡 옮김, 『외교론』, 평민사, 1998.

백주현, 『영사법무학개론』, 글로벌콘텐츠, 2019.

정인섭, 『국제법입문』, 박영사, 2018.

김영석 편역, 『국제법의 약사(아르투어 누스바움)』, 박영사, 2019.

배종인, 「국가의 재외국민보호의무의 범위와 한계」, Vol. 615, 《법조》,
　　　 2007.12.

안문석, 『글로벌 정치의 이해』, 한울, 2020.

Andrew Heywood 지음, 김계동 옮김, 『국제관계와 세계정치』, 명인문
　　　 화사, 2017.

Jan Mellisen, Ana mar Fernandez, 『Consular Affairs and
　　　 Diplomacy』, Leiden, Boston, Martinus Nijhoff Publishers,
　　　 2011.

**외교부 공표자료**

2022년 재외국민보호 집행계획 추진 및 2023년 집행계획

재외국민보호에 관한 집행계획(2021~2022)

제1차 재외국민보호 기본계획(2021~2025)

# 영사외교의
# 이론과 실제

영사행정의 길라잡이

제3장

# 외교 현장에서의
# 영사조력과 사례 분석

# 우리 국민의 해외 체류와 여행 시 사건·사고와 재외국민보호

## 1. 들어가는 글

코로나가 잠잠해지면서 해외 출국자가 급증하고 있다. 이런 추세로 가면 코로나 발발 이전인 2019년 약 3천만 명의 해외 출국자 수를 따라 잡을 것 같다. 해외 출국자가 많아지면서 해외에서의 사건이나 사고도 자주 발생하고 있다. 해외 사건·사고 및 위난 요인도 다양화·복합화 되고 있다. 사회적 요인(테러리즘, 내전·종교분쟁, 경제 위기)과 자연적 요인 (지진·쓰나미·대형 산불, 전염병, 기후변화 등)이 자주 발생하여 재외국민보호 업무의 중요성이 더욱 커지고 있다.

2023년 4월, 내전이 격화한 북아프리카 수단에서 우리 국민 28명을 철수시킨 '프로미스(promise·약속)' 작전은 우방국과 협조한 우리 정부의 외교력, 긴박한 탈출 순간 현지 공관과 탈출 교민의 합심으로 빚어낸

결과물이다. 2023년 8월, 하와이주 마우이섬 내 산불 및 도심 화재가 발생하자 외교부는 현지 상황 및 우리 국민 피해 현황을 파악하고, 재외국민보호 조치를 점검하였다.

하지만 해외에 여행하는 사람들이 늘어나면서 국가가 모두를 보호할수는 없다. 여행하는 사람들은 여행하는 국가의 법을 준수해야 하며 그 나라 관습을 잘 이해하고 대응해야 불의의 사고를 예방할 수 있다. 예를 들면 인도네시아에서는 악수하거나 물건을 주고받을 때는 오른손 또는 두손을 모두 사용하며, 왼손 사용은 불경한 것으로 간주한다. 또한, 머리에는 영혼이 담겨 있다고 생각해 어린아이라도 머리는 만지지 않아야 한다.

필리핀에서 주의할 점이 있는데 바로 히야(HIYA) 문화다. 히야는 수치심 또는 체면으로 해석되는데 필리핀 사람들은 체면을 잃는 일이 생기거나 당한다면 참지 못한다. 따라서 필리핀에서는 일단 큰소리로 항의하거나 남들 다 보는 곳에서 공개적으로 망신 주는 것은 위험한 일이다. 베트남에서는 베트남 사람과 사진을 찍을 때 어깨동무를 하는 것은 물론 어깨에 손을 대는 것은 큰 실례가 될 수 있다. 왜냐하면, 베트남 사람들은 어깨에 그 사람의 수호신이 있다고 여기기 때문에 어깨에 손을 대거나, 어깨를 건드리는 행동은 절대 하지 말아야 한다. 그리고 해외를 여행하는 우리 국민은 방문하는 국가별 안전소식, 여행경보 소식, 위기상황별 대처 매뉴얼, 영사조력 범위 등의 내용이 상세하게 수록된 외교부 해외안전여행 사이트(www.0404.go.kr)를 참조할 필요가 있다.

정부는 국가별로 안전 여부에 따라 여행경보 제도를 1단계 남색경보(여행유의), 2단계 황색경보(여행자제), 3단계 적색경보(철수권고), 4단계 흑색경보(여행금지)로 운영하고 있다. 2023년 1월에 개봉했던 영화

〈교섭〉에 나오는 아프가니스탄을 포함하여 전쟁, 내란과 테러 공격이 잦은 이라크, 시리아, 소말리아, 예멘, 리비아, 수단, 우크라이나를 여행금지 국가로 지정하고 있다. 예외적으로 취재, 긴급한 인도적 사유, 공무 등 외교부장관이 필요하다고 인정하면 방문을 허가하고 있지만, 외교부장관의 승인을 받지 않고 방문하는 사람은 징역이나 벌금을 받게 되어 있다.

대표적인 예가 해군특수전전단 출신인 이근 전 대위이다. 이근 전 대위는 외교부의 여권 사용 허가를 받지 않고 우크라이나에 입국한 혐의로 2023년에 징역 1년 6개월, 집행유예 3년을 선고받았다. 재판부는 "우크라이나에 체류하며 의용군으로 참여한 것은 본인의 의도와 달리 국가에 과도한 부담을 줄 우려가 있다"라고 판단했다.

해외 사건·사고 시 우리 국민을 더욱 잘 보호하기 위해서는 첫째, 영사조력법의 원활한 이행과 대국민 현장 서비스 강화를 위한 필수 인력 확보가 절실하다. 사건·사고의 초동 조치를 하는 영사협력원도 증원하고 중장기적으로 전문 영사 인력 양성이 필요하다.

둘째, 4차 산업혁명 시대에 걸맞게 챗봇 기반 상담시스템을 구축하고, 빅데이터를 활용하거나 인공지능 기반 영사콜센터 차세대 서비스를 확대할 필요가 있다. 예를 들면 테러나 내전 등 고위험 국가를 대상으로 맞춤형 안전 문자를 제공하기 위해 대테러본부 등 관계 부처와 데이터 분석 자료를 공유할 필요가 있다.

셋째, 복잡·다변화되고 있는 위난 유형과 함께 그간의 대응 사례와 경험을 적극적으로 반영하여 현실성 있는 해외 위난 대응 체계를 수립할 필요가 있다. 이를 위해서는 감염병, 피랍, 정정 불안 등에 대한 설명서를 보완하고 해외 위난상황 발생 시 즉각적이고 효과적인 대응 태세를 마련하는 것이 중요하다.

재외국민보호는 헌법 2조에도 명시될 정도로 국가의 중요한 의무이다. 하지만 해외를 여행하는 모든 사람이 사건·사고를 당하지 않도록 최대한 예방하고 주의를 기울이는 것 역시 필요하다. 유비무환의 말처럼 미리 사건·사고 예방을 위해 민관이 함께 노력하면 해외 사건·사고는 줄어들 수 있을 것이다.[73] 이 글에서는 재외국민보호에 대한 법적 근거, 재외국민보호를 위한 외교부의 주요 조치사항과 향후 정책 과제에 대해 구체적으로 살펴보고자 한다.

## 2. 우리 국민의 해외 출국 증가에 따른 사건·사고 급증

최근 10년간 해외 사건·사고는 급증하였으며, 코로나19 이후 출국자는 급감했지만, 사건·사고는 상대적으로 크게 줄지 않은 것이 특징이다. 2021년 살인, 강도 등 해외에서 사건·사고 피해를 본 우리 재외국민이 6,498명에 달하는 것으로 나타났다. 2023년 9월 26일 국회 외교통일위원회 소속 태영호 의원이 외교부로부터 받은 '재외국민 사건·사고 통계' 자료에 따르면, 2022년 한 해 동안 해외 우리 국민 사건, 사고 피해자 숫자는 1만 1,323명에 달하는 것으로 집계됐다. 이는 2021년 6,498명보다 75% 가량 증가한 수치다. 최근 5년 간 사건, 사고 피해자 수를 연도별로 살펴보면, 2019년 1만 6,335명, 2020년 9,113명, 2021년에는 6,498명, 2022년 1만 1,323명 순이었다.[74]

---

73) 한동만, "해외여행을 안전하게 하려면", 내일신문, 2023년 9월 8일.

재외국민 사건·사고는 늘고 있지만, 외교부 해외안전여행 홈페이지 등 서비스에 대한 인지도는 여전히 낮은 상황이다. 2021년 9월 26일 국회 외교통일위원회 소속 태영호 의원실 자료에 따르면 해외안전여행 모바일 애플리케이션에 대한 대국민 인지도는 2019년 24.7%에서 16.1%로 8.6% 줄었고 애플리케이션의 사용현황은 2019년 44.3%에서 2020년 25.2%로 현저히 감소하였다.[75]

앞으로 해외여행객이 급증할 것으로 예상되므로 재외국민의 사건·사고 피해에 적극적으로 예방하기 위해 재외국민보호 서비스의 인지도를 높이고 국가별 맞춤형 안전·범죄 정보 제공을 더욱 확대해 나갈 필요가 있다.

## 3. 재외국민보호에 대한 법적 근거

헌법 제2조 2항은 "국가는 법률이 정하는 바에 의하여 재외국민을 보호할 의무를 진다"라고 규정되어 있으며, 외무공무원법 제5조(외무공무원의 임무)는 "외무공무원은 대외적으로 국가의 이익을 보호·신장하고, 외국과의 우호·경제·문화 관계를 증진하며, 재외국민을 보호·육성하는 것을 그 임무로 한다"라고 되어 있다.

그러나 헌법에 "… 법률이 정하는 바에 의하여…"라고 규정되어 있음에도 재외국민보호에 관한 법률이 부재하여 그동안 국회에서 수년간에 걸친 논의 후 「재외국민보호를 위한 영사조력법」(이하 영사조력법)이

---

74) 최지영, "태영호 "지난해 재외국민 사건사고 피해자 1만1323명, 전년 대비 75% 증가"", 문화일보, 2023년 9월 26일.

75) 임철영, "재외국민 사건·사고 피해 5년간 2배 ↑", 매일경제, 2021년 9월 26일.

2018년 12월 27일 국회 본회의를 통과하였고, 2019년 1월 15일 공표한 후에 이를 2021년 1월 16일부터 시행하게 되었다.

영사조력법의 주요 내용은 영사조력, 사건·사고, 해외 위난상황 등 주요 용어 정의(제2조), 국가의 재외국민보호 노력, 재외국민보호정책 수립·시행 및 필요한 인력과 예산 확보 책무, 재외국민 자신의 안전을 확보하기 위한 주의 및 재외국민 안전 도모를 위한 국가의 조치 협조 책무(제3조 및 제4조), 재외국민보호 기본계획 수립(제7조)이 포함되어 있다.

그리고 해외에서 사건·사고를 당한 재외국민을 보호하기 위해 ▲형사절차상 영사조력을 신속히 제공하고 신속한 수사 재판을 받을 수 있도록 지원 및 변호사와 통역인 명단 제공, 금고 이상의 형이면 정기적으로 방문, 면담 시행, 재외국민 범죄피해 시의 영사조력, 재외국민 사망 시의 영사조력, 미성년자·환자인 재외국민에 대한 영사조력, 재외국민 실종 시의 영사조력, 해외 위난상황 발생 시의 영사조력에 관하여 규정(제11조~제16조)하고 있다.

예를 들면 2023년 5월 축구 국가대표 손준호 선수가 중국 공안에 체포되자 주선양 총영사관의 영사가 손 선수를 면회하였는데 이는 영사조력법 11조에 "재외국민이 형사 사건으로 체포된 경우 지체 없이 접촉을 시도해야 한다"라고 명시되어 있기 때문이다.

영사조력법의 대상은 재외국민이다. 재외국민(在外國民, expatriate, expat 또는 citizens residing abroad)은 해외에 거주하고 있으나 대한민국 국적을 유지하고 있는 사람을 지칭한다. 여행객, 유학생, 지상사 주재원 등 전 세계에 대략 250만 명이다. '재외국민'과 '외국국적 동포'를 합하여 '재외동포'라고 정의하는데 그 수는 2022년 12월 기준 약 708만 명이다.

## 4. 재외국민보호를 위한 기본계획 수립

재외국민보호위원회(위원장: 외교부장관)는 2021년 10월 19일 제1차 회의에서 재외국민보호 기본계획(2021-2025)을 심의·의결 후 확정하였다. 외교부장관 소속인 재외국민보호위원회는 외교부, 법무부, 국방부 등 13개 부처 차관급 공무원과 민간위원 6명으로 구성되며, 재외국민보호와 관련된 중요 정책 사항 등을 심의한다.

제1차 재외국민보호 기본계획은 '국민의 안전을 최우선으로 하는 재외국민보호 일류국가' 비전 아래 3개 정책목표, 4개 정책과제, 12개 중점 추진과제로 구성되었다. 제1차 재외국민보호정책 기본 방향으로는 중장기·종합적 정책 수립·추진, 중장기 인력·예산 투입 계획을 통해 정책 추진체계 강화, 국내 중앙부처·지자체·민간 및 국제사회와 긴밀한 협업체계 구축, 국민 참여 및 소통 강화로 재외국민보호 제도에 대한 공감대 확산, 외부 환경 변화에 대응하기 위해 비대면·디지털 기반 영사 서비스 확대를 설정하였다.

재외국민보호를 위한 3대 정책 목표로는 ① 국민 누구나 안심하는 재외국민보호정책 구현 ② 재외국민보호 기반 강화를 통한 폭넓고 두터운 안전망 구축 ③ 국민 참여 및 소통 확대를 통한 신(新) 재외국민보호 환경 조성을 설정하였다. 그리고 12대 정책과제로서 우선 재외국민보호 기반 강화를 위해 ① 재외국민보호를 위한 제도 정비 ② 재외국민보호 분야 전문 인력 양성 기반 공고화 ③ 재외국민보호를 위한 인력 및 예산 확충 ④ 디지털 기반 영사 서비스 혁신을 추진하기로 하였다. 해외 위난 및 사건·사고 대응 체계 고도화를 위해서는 ① 해외 위난 시 재외국민보호 대응 체계 강화 ② 해외 사건·사고 대응 역량 제고 ③ 해외 우리 국민 환자 보호

체계를 정비하기로 하였다.

국내외 협업·협력체계 강화를 위해 ① 국내 유관 부처 간 협업·협력 활성화 ② 양·다자 간 국제협력을 확대하기로 하였다. 또한, 국민 참여 및 소통 강화를 위해 ① 우리 국민의 해외안전여행 인식 제고 ② 재외국민보호 업무에 대한 평가 체계 구축 ③ 디지털 정보 제공 기반 확충 및 쌍방향 소통 강화를 추진하기로 하였다.[76]

2022년 12월 20일 외교부는 제2차 재외국민보호 위원회 회의를 개최하였다. 이 회의에서 박진 외교부장관은 글로벌 중추 국가로서 국가 위상과 국민 기대에 걸맞은 재외국민보호정책과 제도 구현을 위해 위원회의 역할을 당부했다.

## 5. 재외국민보호를 위한 정책 과제

### 1) 영사조력 범위의 명확화와 자력구제의 원칙

영사조력의 범위를 구체화, 세분화하는 과정에서 국민적 공감대를 형성해야 한다. 국내 유사사례에서 정부가 제공하는 보호 수준과 형평성을 고려하여 영사조력을 제공해야 한다. 이런 차원에서 영사조력법은 재외국민이 폭행, 협박 등의 행위를 하여 영사조력의 제공에 현저한 지장을 초래할 때는 영사조력 제공을 거부하거나 중단할 수 있도록 규정하였다. 그리고 자력구제의 원칙에 따라 재외국민은 영사조력 과정에서 자신의

---

76) 2022년 재외국민보호집행계획, 추진 실적 및 2023년 집행계획, 외교부 재외국민보호과 (2022.12.)

생명, 신체 및 재산의 보호에 드는 비용을 부담하고 예외적으로 재외국민을 긴급히 보호할 필요가 있는 경우 또는 비용을 부담하기 어려운 사정에 있다고 판단되는 경우 국가가 부담하도록 하고 있다.

해외 위난상황에 부닥친 재외국민이 안전한 지역으로 대피할 수 있는 이동수단이 없어 국가가 이동수단을 투입하는 경우엔 국가가 그 비용을 대신 지급할 수 있다. 이 경우 자력으로 비용을 부담할 수 없는 경우를 제외하고는 해당 재외국민은 외교부장관이 합리적인 범위 내에서 청구하는 비용을 상환해야 한다. 2017년 9월 인도네시아 발리에 있는 아궁화산 분화로 우리 국민을 대피시키기 위해 정부는 전세기를 파견하였다. 하지만 17명이 전세기 비용을 지불하지 않자, 외교부는 민사소송을 한 끝에 1년 4개월이 지난 2020년 3월 모두 상환을 받은 바 있다.

## 2) 재외국민보호를 위한 인력 및 예산 확충 필요

해외에서 사건·사고나 분쟁, 자연재해가 증가함에 따라 재외국민보호를 위한 영사 인력과 관련 예산 등 영사 분야 인프라 확충이 필요하다. 외교부는 기존 영사 외에 사건·사고를 전담하는 해외안전담당 영사(舊 사건·사고 전담 영사)를 주요 공관에서만 운영하고 있지만, 이들의 임기는 최대 10년에 불과하므로 업무의 전문성과 연속성을 유지하기 어렵다.

영사조력법의 원활한 이행과 대국민 현장 서비스 강화를 위한 필수 인력 확보가 절실하다. 해외안전 담당 영사 인력[77]과 경찰 영사 증원을 통해 사건·사고 예방 및 대응 능력을 높이고, 우리 국민의 안전한 해외 방문

---

77) 재외공관 사건·사고 전담 인력 확충: 2021년 75명 → 2022년 82명(+7명) → 2023년 83명(+1명).

및 체류에 이바지하도록 하여야 한다. 아울러 공관 비상주 국가 또는 대사관이나 총영사관으로부터 원격지, 도서 지역 등 영사의 신속한 대응이 어려운 지역에서 사건·사고 처리 등 재외국민보호를 위해 현지 실정에 밝은 교민을 영사협력원으로 위촉하여 사건·사고의 초동 조치를 하고 있는데 이러한 영사협력원도 확대하고, 중장기적으로 영사 전문 인력 양성을 위해 영사외교 과목을 가르치는 대학과 연계한 협력을 더욱 확대하는 것이 필요하다.[78]

아울러 사건·사고 데이터베이스 구축 및 디지털 영사 민원 서비스 고도화 예산을 중점 확보하고 지속적인 환율 상승으로 공관 지원 규모가 축소될 우려가 있으므로 재외국민보호 예산을 더욱 확충할 필요가 있다.

## 3) 주재국과 유기적 협력 강화

해외에서 사건·사고나 자연재해, 또는 폭동이나 내란 등 정치적 소요가 발생하면 우리 국민 보호를 위해서는 주재국의 주권을 존중하면서 주재국 경찰, 소방당국 등과 긴밀한 협력관계를 구축하는 것이 필요하다. 특히, 치안 당국과 24시간 연락 가능한 '핫라인'을 구축하는 것이 중요하다. 영화 〈범죄도시 2〉에서 금천경찰서 소속 형사(마동석)가 베트남으로 도주한 용의자를 인도해 오라는 임무를 수행하는 과정에서 베트남 경찰

---

78) 외교부는 영사 인력의 전문적·체계적인 양성을 위한 교육 기반을 마련함으로써 재외국민보호 서비스를 강화해 나가고자 '영사 인력 양성을 위한 대학교와의 협력사업'을 2023년도 신규 사업으로 편성하고, 2023. 4. 12.(수) 해당 사업에 선정된 6개 대학교(가톨릭대학교, 숭실대학교, 성신여자대학교, 연세대학교 미래 캠퍼스, 인하대학교, 제주대학교)와 '영사 인력 양성을 위한 대학교와의 업무협력 약정'을 체결하였다.

과 상의 없이 범죄 소탕 작전을 벌이자 베트남 경찰이 항의하는 모습이 나오는데 해외에서 사건·사고 처리의 기본 책임은 주재국 경찰이다.

## 4) 디지털 기반 영사 서비스 혁신 및 해외 위난 대응 체계 수립

4차 산업혁명 시대에 걸맞게 챗봇 기반 상담 시스템을 구축하고, 빅데이터를 활용하거나 인공지능 기반 영사콜센터 차세대 서비스를 확산할 필요가 있다. 예를 들면 테러나 내전 등 고위험 국가를 대상으로 맞춤형 안전 문자를 제공하기 위해 대테러본부 등 관계 부처에 데이터 분석 자료를 공유할 필요가 있다.

복잡·다변화되고 있는 위난 유형에 대해, 그간의 대응 사례와 경험을 적극적으로 반영하여 현실성 있는 해외 위난 대응 체계를 수립할 필요가 있다. 이를 위해서는 감염병, 피랍, 정정불안, 증오범죄 등에 대한 설명서를 보완하고 재외공관별 테러, 지진, 감염병 등 주재국 내 위난 상황을 상정하여 한인회·현지 지상사와 함께 연 1회 이상 합동 도상훈련을 확대함으로써 해외 위난상황 발생 시 즉각적이고 효과적인 대응태세를 마련하는 것이 중요하다. 또한, 신속한 해외안전정보 제공 플랫폼을 구축하여 관계 부처, 지방자치단체, 여행사나 선교단체 등 이해관계자와 정보를 공유하여 쌍방향 소통이 신속히 이루어지도록 노력해야 한다.

## 5) 해외 재난 발생 시 국내외 협업 네트워크 구축 및 제도화 필요

해외 위난 발생 시 중앙-지자체-시민 범정부 차원 협업 시스템을 강화할 필요가 있다. 현재 해외 위난상황이 발생하면 외교부장관이 총괄본부장이 되어 위난상황 해결을 위해 노력하고 있지만 해외 위난상황에 따라 전문성을 가진 해당 부처와 지방자치단체의 협력이 절실히 필요하다. 또한, 신종 감염병이나 기후변화로 인한 태풍 등 자연재해가 해외에서 발생하는 빈도가 잦아지고 있어 새로운 환경 변화에 따른 영사조력 업무가 증가할 것에 대비하여 전문 영사 인력을 확대 운영하고, 해외 위난 상황이 발생하면 외교부 해외안전상황실에 관계 부처 전문가가 즉각 파견되어 협업하는 체제가 구축되어야 한다.

## 6) 영사 분야에 대한 양·다자 간 국제협력 강화

우리 국민의 피해가 많은 국가를 대상으로 양자 영사 협정을 체결하거나 기존 체결된 내용을 보완하여 재외국민보호 체계를 정비하고 제도화해 나가는 노력이 필요하다. 그리고 양자 영사 협정을 기초로 해외 체류 우리 국민 편익 증진 및 영사 관련 현안을 협의하는 양자 영사협의체를 확대 운영하여야 한다.

아울러 우리나라가 의장국이 되어 2016년 10월에 인천 송도에서 성공적으로 개최한 제3차 세계영사 포럼(Global Consular Forum)의 결과물인 '서울 선언문'을 구체적으로 이행하기 위해 운영위원회 소속 국가로서 국제적인 지도력을 발휘해야 한다. 그리고 세계영사 포럼이 상설적으로 운영되도록 사이버 영사사무국을 수임하여 운영하는 방안도 적극적으로 검토해 나갈 필요가 있다.[79]

---

79) 한동만, "우리 국민의 해외 체류와 여행 시 사건, 사고와 재외국민보호", 《외교》, 제147호, 한국외교협회, 2023년 10월, pp. 41~57.

# 해외에서의 사건·사고 발생 시
# 주요 영사조력 사례

## 1. 샌프란시스코 항공기 착륙 사고와 신속대응팀

### 1) 사건의 개요

2013년 7월 6일 오전 11시 28분, 인천발 샌프란시스코행 아시아나항공 214편이 샌프란시스코 국제공항 28L 활주로에 착륙 중 활주로 앞 방파제에 충돌한 사고다. 사고기에는 승객 291명, 승무원 16명 등 총 307명이 탑승하고 있었다. 승객 중 한국인은 77명, 중국인 141명, 미국인 64명, 인도인 3명, 캐나다인 3명, 프랑스인 1명, 일본인 1명으로 확인되었다.

중국인 탑승객이 많은 이유는 중국과 미국 간 직항 노선이 부족했기 때문이다. 그 때문에 대다수가 인천 환승객이었다. 이 사고로 인해 아시아나항공은 국토교통부의 징계를 받았고, 2013년 7월 7일부터 2014년

2월 29일까지 45일 동안 인천~샌프란시스코 운항이 일시 중단됐다가 12월 30일부터 재개되었다.

사고 직후 2명이 사망했고, 현지 시각 7월 12일에 치료 중이던 한 명이 추가로 사망해서 총 사망자는 3명이었다. 외교부의 브리핑 결과 사망자 중 신원이 확인된 두 명 모두 중국인이며, 어학 캠프에 참여하기 위해 미국에 가려던 십 대 소녀들이었다. 181명이 부상을 입어 여러 병원에서 치료받았으며, 그중 49명이 중상이었고 특히 샌프란시스코 종합병원에 입원한 5명은 위독한 상태였다. 나머지 123명은 무사했다.

YTN 뉴스 보도에 의하면 아시아나항공은 보도자료를 통해 사고의 주원인이 조종사 과실이라는 미국 국가교통안전위원회 발표에 대한 책임을 통감한다고 밝혔다. 또한, 국민께 심려를 끼쳐 드린 점에 대해서도 거듭 사과드린다고 전했다.

## 2) 정부(국토부, 외교부)의 조치와 주 샌프란시스코 총영사관의 영사조력

### (1) 초동 대응

2013년 7월 7일(일) 오전 3시 27분(한국 시각) 항공기 사고가 발생하자 상황 접수와 신속 전파를 위해 24시간 근무 부서인 항공사 종합통제실에서 운항정책과 담당자에게 사고 발생을 보고하고(3시 50분) 주 샌프란시스코 총영사관의 이동률 영사가 외교부 재외국민보호과장에게 유선으로 사고 발생을 보고하였다(4시). 비상 근무체제로 신속 전환을 위해 국토교통부는 사고수습본부를 설치하고 국토교통부 항공정책실 전 직원

비상소집을 발령하였다(4시 30분).

국토부 항공정책실장이 일차적으로 세종시 인근에 거주하는 직원을 중심으로 긴급 사고수습본부 구성을 지시하고(4시 50분) 국토부 2차관은 사고 수습을 빈틈없이 하도록 관계자에게 지시한 데 이어(5시) 항공사별 재발 방지 대책 및 과거 유사사례 등을 파악하여 대처토록 하고, 아시아나항공에 사고 수습을 빈틈없이 하도록 지시하는 한편, 8개 국적 항공사에 유사사례 재발 방지를 지시하였다(7시 30분).

이어 서울 등 원거리 거주 직원 포함 전 직원에 대해 비상소집을 완료하고 '항공사고 위기대응 실무 매뉴얼'에 따라 국토교통부 2차관을 본부장으로 하는 '아시아나항공 사고 수습본부'를 설치했다(8시). 국토부 장관은 외교부 등 관련기관 간 긴밀한 협업체계를 구축하여 사고 수습을 빈틈없이 하고 현장에서 피해 승객 지원을 철저히 할 것을 당부하였다(8시).

### (2) 사고 원인 규명: 사고조사반 현장 급파

2013년 7월 7일 오후 13시 30분 국토교통부 사고 조사관(6명), 외교부 신속대응팀(2명), 항공사 현지 지원 요원(12명), 기자단(39명)을 포함한 사고 조사단이 아시아나 항공기 특별기편으로 샌프란시스코로 향했다.

국토교통부 사고 조사팀은 한미 합동 조사 시, 미국의 일방적인 정보 공개를 예방하기 위해 언론 브리핑 이전에 관련 정보를 우리 측에 사전 제공을 요청하여(7월 9일) 미국이 수용하였으며(7월 10일), 국토교통부 사고조사반(6명: 사고조사관 4명, 안전감독관 2명)은 운항, 관제, 정비, 블랙박스 등 7개 분야별 현장조사 완료 후 7월 17일 귀국하였다.

### (3) 부처 간 협업체계 강화

정홍원 국무총리는 오전 11시 30분쯤 대책본부를 방문해 "국토부, 외교부 등 관계기관이 긴밀한 협력을 하고 사고 파악 및 피해자 수습에 온 힘을 기울여 달라"고 당부했다. 그리고 국토부가 사고 원인 조사 및 대책 총괄을 하고, 외교부는 재외국민보호를 맡는 등 역할을 분담했다.

이에 따라 사고 당일부터 총리실, 외교부, 안전행정부(소방방재청), 국토교통부 등 관계기관 간 인력을 서로 파견하여 합동 근무를 수행하는 등 부처 간 협업체계를 강화하고자 총리실 1명, 외교부 2명(1명 사고수습본부, 1명 샌프란시스코 현지 신속대응팀 파견), 소방방재청 2명을 국토교통부 사고수습본부에 파견하고, 국토교통부는 외교부에 1명을 파견하였다. 한편 국토부는 사고 당일(7월 7일) 언론 브리핑(7회), 보도자료 배포(2회) 등 사고 수습 동향 및 정부 조치를 신속 보도하도록 하였다.

### (4) 피해 승객과 가족 지원

정부(주 샌프란시스코 총영사관, 외교부)와 아시아나 직원 등(92명)을 부상자가 입원 중인 미국 현지병원(14개)에 분산 배치하여 현장 지원 활동을 하였다. 샌프란시스코 현장에서는 현지 의료, 귀국, 송환, 체류, 식사 등을 제공하였고, 가족 방문 및 피해자 가족 현지 체류 관련 사항 전반을 지원하였으며, 별도로 아시아나항공은 피해자 가족 지원을 위한 가족지원센터를 운영하였다. 또한, 국토교통부와 소방방재청이 협업하여 사고 항공기 탑승객 등 희망자를 대상으로 관련 전문가의 심리상담을 지원하였다.

한편, 7월 7일 국토교통부 2차관은 항공사에 피해자 가족 수송용 항공기 조기 투입을 지시하였다(14시 12분). 이에 따라 아시아나항공은 자사 항공편으로 피해 승객 가족 76명(한국인 37명, 중국인 39명)이 샌프란시스코를 방문하도록 하였고, 사고 항공기 탑승객과 승무원 185명(한국인 71명, 중국인 110명, 인도인 3명, 태국인 1명)의 귀국을 지원하였다.

### (5) 정 총리 "아시아나기 사고 중국 사망자 애도"

정홍원 국무총리는 2013년 7월 8일 "아시아나항공 여객기 사고로 숨진 중국인 사망자에 대해 애도를 표하고 유가족에 대한 위로의 말씀을 드린다"라고 밝혔다. 정 총리는 이날 정부서울청사 별관 국제회의장에서 열린 총영사 회의 개회식에 참석해 아시아나기 사고 피해자와 사고를 수습 중인 외교 인력들에 위로와 격려의 뜻을 각각 전달했다.

정 총리는 "우리 국민뿐 아니라 외국인 피해자에 대해서도 대한민국 재외공관이 마음에서 우러나오는 지원과 모든 노력을 다한다는 것을 보여 줄 때"라며 중국 등 외국인 피해자에 대한 지원을 당부했다. 이번 사고와 관련해 정 총리는 "앞으로 일어나서는 안 되겠지만 혹시라도 재발한다면 (재외공관이) 모든 역량을 최대한 발휘해야 한다는 것을 염두에 두는 계기로 삼기를 바란다"라고 말했다.

### (6) 외교부 재외국민보호대책본부 가동 보도자료 배포(7월 7일)

아시아나 항공기(OZ214)의 샌프란시스코공항 착륙 중 충돌사고와 관련하여 외교부는 재외국민보호대책본부(본부장: 이정관 재외동포영사 대사)를 즉시 설치하고, 주 샌프란시스코 총영사관에 ▲피해 상황 파악 ▲샌프란시스코시 당국 및 소방 방재 기관 등과의 협의 ▲우리 국민 치료 병원 방문 등을 지시하였다.

사건 당시 현장에 나가 있던 한동만 주 샌프란시스코 총영사는 사고 현장에서 즉각적으로 대응 조치를 지휘하는 한편, 현장을 방문한 에드윈 리(Edwin Lee) 샌프란시스코 시장 및 현지 경찰·소방 고위 당국자들에게 우리 국민 피해자에 대한 신속한 조치와 각별한 배려를 당부하였다. 아울러, 주 샌프란시스코 총영사관은 소속 직원들을 우리 국민이 후송된 인근 병원(서울 시각 오전 8시 현재 7개 병원)에 파견하여 구체적인 피해 범위를 파악하였다.

### (7) 윤병세 외교부장관, 조속한 사고 수습을 위해 노력할 것

윤병세 외교부장관은 2013년 7월 6일(현지 시각) 미국 샌프란시스코 공항에서 발생한 아시아나 항공기 착륙 사고와 관련, "외교부는 조속한 사고 수습을 위해 최대의 노력과 지원을 다 해나갈 것"이라고 7월 8일 밝혔다. 윤 장관은 이날 오전 서울 외교부 청사에서 진행된 2013년도 총영사 회의에 참석해 "우리 국적기의 예기치 못한 사고에 대해 사상자분들과 그 가족에 깊은 조의와 위로의 말을 전한다"라며 이같이 말했다.

윤 장관은 "현재 국토교통부를 중심으로 안전행정부 등 관련 부서 간 효과적인 협업을 진행하고 있으며 미국 및 관련 국가와도 긴밀히 공조하고 있다"라며 "아울러 미국 주재 유관 공관들의 역량도 총동원하고 있다"고 강조했다. 이어 "국민의 안전은 정부가 책임의식을 가져야 할 최우선의 책무"라며 "모든 재외공관은 현지에서 우리 국민의 안전과 권익을 최일선에서 보호하는 파수꾼이라는 확고한 인식을 가슴 깊이 새겨 주시기를 당부드린다"라고 말했다.

한편 정부는 이날 50여 명의 총영사와 분관장들이 참석한 가운데 새 정부의 첫 총영사 회의를 개최했다. 한동만 주 샌프란시스코 총영사는 아시아나 항공기 사고 수습을 위해 회의에 참석하지 못했다.

### (8) 박근혜 대통령, 아시아나 항공기 피해자 위로

박근혜 대통령은 7월 7일 미국 샌프란시스코 국제공항에서 발생한 아시아나 항공기 착륙 사고와 관련, "예기치 못한 이번 사고로 인해 피해를 본 탑승객과 가족 분들에게 깊은 위로의 말씀을 드린다"라고 밝혔다며 김행 청와대 대변인이 전했다. 박 대통령은 이어 "정부는 이번 사건 처리에 있어 관련된 모든 부처가 합심해 조속한 사고 수습을 위해 필요한 노력과 지원을 다 해나갈 것"이라고 약속했다.

### (9) 주 샌프란시스코 총영사의 조치 사항

사고가 일어난 2013년 3월 6일 오전 11시 36분(현지 시각) 당시 공항에 나가 있던 한동만 주 샌프란시스코 총영사는 사고를 목격한 뒤 현장에서 총영사관에 연락해 즉각 대응 조치를 명령하고, 사고 현장을 방문한 에드윈 리 샌프란시스코 시장(최초의 중국계 시장)과 경찰·소방 관련 책임자들에게 한국인 피해자에 대한 신속한 조치와 각별한 배려를 당부했다.

이어 한 총영사는 총영사관 직원들을 비상소집하고 주 샌프란시스코 총영사관에 '재외국민보호 비상대책반'을 설치, 직원들과 행정원들이 각각 조를 짜서 사고수습반, 가족지원반, 언론대책반으로 나누어 활동하게 하고 무엇보다도 우리 국민 부상자 치료에 최선을 다하도록 지시하였다. 또한, 한 총영사는 사고 이후 부상자 면회·사망자 신원확인을 위해 국토안보부·미연방수사국(FBI), 미 국무부 지부 등 연방기관과 샌프란시스코 시청, 경찰서, 소방서 등과 긴밀한 외교 채널을 가동하도록 하였으며, 전 직원이 공유하는 카카오톡 정보방을 만들어 각각 맡은 역할에 대한 처리결과, 협조 요청 사항, 부상자 치료 현황을 실시간으로 공유토록 하였다. 한편, 샌프란시스코 지역 한인회장들에게 피해자에 대한 지원과 더불어 안전에 최선을 기울여 달라고도 당부하였다.

그리고 지갑·여권 분실 탑승객에 대해 무료, 무서류 여행 증명서 출장 발급서비스 등 입원환자별 요구사항을 처리하도록 지시한 결과, 부상자 중 19명에 대해 수수료는 받지 않고 서류는 종전 여권 발급 신청 시 제출한 것으로 대체하는 한편, 사진은 행정직원이 병원에 방문하여 촬영하는 등 최대한의 편의를 제공하도록 하였다.

### (10) 여객기 사고 부상자에 대한 브리핑 실시

한동만 총영사는 7월 7일(현지 시각) "한국인 77명 가운데 44명이 병원에서 치료를 받았고 지금은 8명이 입원 중"이라며 "중상자는 있지만 모두 생명에는 지장이 없다"라고 밝혔다. "8명 가운데 2명은 다리가 부러졌고 5명은 가슴, 허리, 목 등에 통증이 심해 치료를 받고 있다. 나머지 1명은 머리를 다쳤지만, 상처가 심하지 않아 퇴원했다가 통증으로 다시 입원한 경우다"라고 언론 브리핑을 통해 밝혔다.

샌프란시스코 총영사관은 사고가 나자 긴급 대책반을 꾸려 샌프란시스코 시청, 소방국, 경찰국 그리고 연방 정부 국토안보부 등과 긴밀하게 협력한 끝에 한국인뿐 아니라 미국 국적 한인 동포 부상자를 모두 파악했다. 부상자는 동포사회의 지원에 따라 완벽한 통역 서비스를 받아 원활하게 치료가 이뤄졌으나 부상자의 신원은 의료진과 본인 동의 없이는 공개하지 않았다.

미국 국적 한인 동포 역시 8명이 입원해 치료를 받았으나 모두 생명에는 지장이 없었다. 사고기에 탑승했던 승무원 4명도 다친 것으로 확인됐다. 아시아나항공 김영헌 미주본부장은 "4명이 다쳐 2명이 입원 중이며 1명은 다소 중상"이라며 "그래도 생명에는 지장 없는 상태"라고 말했다.

### (11) 샌프란시스코 동포들과 부상자 지원 활동 전개

한편, 샌프란시스코 인근 한인 단체와 총영사관은 효율적인 지원 활동을 위해 2013년 7월 8일 오후 한국 총영사관에 모여 종합적인 방안을 마련했다. 특히 주 샌프란시스코 총영사관과 한인 단체, 한국 기업 현지법인 등은 이번 사고에 중국인들의 피해가 큰 점을 고려해 이날 중으로 현지 중국인 커뮤니티를 방문해 조의를 표하고, 단체별로 성금을 모금해서 현지 적십자사와 중국 총영사관을 통해 희생자 유가족 등에게 전달했다.

한동만 총영사는 제인 김(Jane Kim) 한국계 샌프란시스코 시의원을 중심으로 한인 1.5, 2세들도 별도의 성금 활동을 하기로 했다고 전했다. 샌프란시스코 한인회와 실리콘밸리 한인회는 이날 부상자들을 포함해 사고기 탑승객들에게 전달할 운동복과 속옷, 양말 등 생필품 200여 명분을 구입했다.

한인회들은 사고 첫날부터 자원봉사자를 배치하여 퇴원 절차 등을 포함한 통역 서비스도 함께 지원하였다. 이정순 미주 총련 회장은 사고 직후 공항과 병원 등을 돌며 부상자나 가족들을 위로하고 일부 부상자에게 옷가지 등을 제공했다. 이 회장은 "아시아나가 우리나라 항공기인 만큼 우리 동포뿐만 아니라 중국인 등 탑승객 모두를 상대로 효율적으로 돕는 방안을 찾고 있다"라고 말했다.

미국 샌프란시스코 현지 내과 의사 유고명 씨(68세)는 아시아나항공 착륙사고 소식을 듣는 순간 서둘러 자신이 일하는 세인트메리병원으로 향했다. 말이 안 통해 제대로 치료를 받지 못하는 환자들이 있을까 걱정이 됐기 때문이다. 병원에는 이미 7명의 한국인이 고통을 호소하고 있었다. 유 박사는 "심하게 아픈 사람은 4명 정도 됐다. 나이 드신 분도 있고 몸 전체에 타박상을 입은 분들도 있었다. 허리를 심하게 다쳐서 움직일 수 없는 분들도 있었다. 너무 가슴 아픈 장면이었다"라고 회상했다.

사고 소식을 듣자마자 병원이나 공항으로 향한 샌프란시스코 인근 지역에 거주하는 한인은 유 박사뿐만이 아니다. 인근 지역 간호사들도 자발적으로 병원에 나와 한인은 물론 중국인 환자들을 치료했으며, 변호사들은 혹시 발생할 수 있는 법률 문제 등을 돕기 위해 한인 부상자들을 찾아갔다. 현지 동포사회도 각종 생필품 제공, 부상자 통역 서비스 등 사고 수습 지원에 적극적으로 나섰다. 샌프란시스코 한미노인회가 주최한 푸드뱅크 서비스에는 샌프란시스코 총영사관에서 한동만 총영사를 비롯한 직원들이 행사에 참여하여 음식을 배급받는 중국인들과 만나 위로의 뜻을 전했다.

## (12) 사고 수습에 대한 감사 표시 및 향후 긴급사태 발생 시 협조체제 구축

사망자 장례식 및 가족의 출국, 부상자 퇴원이 거의 마무리 된 2013년 7월 31일, 한동만 총영사는 사고 수습에 공헌한 미국 기관(시청, 경찰, 소방, 병원 등) 관계자를 오찬에 초청하여 감사의 뜻을 전달하고 후속 조치를 협의하였다. 아울러 샌프란시스코에서 가장 큰 일간지인《샌프란시스코 크로니클(SF Chronicle)》과《문화일보》에는 사고 수습에 도움을 준 데 대해 감사의 인사를 전했다.

아래 내용은 필자가 2013년 7월 31일 자《문화일보》에 "샌프란시스코의 작은 영웅들"이라는 제목으로 기고한 글이다.

샌프란시스코에서 항공기 착륙사고가 발생한 것이 엊그제 같은데 벌써 20여 일이 지났다. 무엇보다도 이번 사고로 목숨을 잃은 희생자와 가족들에게 깊은 조의를 표하고 부상자들이 하루 속히 쾌유하기를 간절히 기원한다. 사고 이후 샌프란시스코 총영사관은 24시간 비상체제로 운영하면서 사고로 여권을 분실한 승객들에게 신속하게 무료 여권을 발급하고, 필자는 물론 모든 공관 직원이 각 병원을 돌면서 부상자들을 위로하고 필요한 물품을 지원하는 등 맞춤형 서비스를 제공했다. 또한, 중국 총영사관과 매일 긴밀히 협력하면서 병원을 같이 찾아다니고 유족들을 만나 위로하기도 했다.

샌프란시스코 총영사로 부임한 지 40일 만에 발생한 갑작스러운 사고를 수습하면서 필자는 샌프란시스코 시청, 공항과 경찰, 소방 관계자, 병원과 미국 적십자, 한인사회의 활동을 통해 각 분야의 작은 영웅들을 보면서 깊은 감동과 함께 감사를 느꼈다.

첫 번째 영웅은 프로정신을 갖고 마지막까지 최선을 다한 승무원들이다. 비상구 입구에서 50명을 대피시킨 벤저민 레비 씨는 필자에게 자신이 한 것은 영웅적인 행동이 아닌 당연한 일이었으며 오히려 작은 체구에도 프로답게 끝까지 승객들을 대피시킨 승무원이 아니었으면 더 큰 피해를 보았을 것이라고 하면서 다음번 한국 방문 기회에 같이 승객들의 피신을 도왔던 승무원을 꼭 만나게 해 달라고 했다.

두 번째 영웅은 샌프란시스코 시장과 시청 관계자, 소방서와 경찰 관계자들이다.

짐 커닝엄 샌프란시스코 경찰 국장이 "내가 할 수 있는 모든 것은 부상자를 구하고 돕는 일이다"고 말한 것처럼, 사고가 나자마자 현장에 도착한 소방관과 경찰들은 한 명이라도 신속히 부상자들을 병원으로 이송하기 위해 최선을 다했다. 또한, 최초의 중국계 시장인 에드윈 리 시장은 이번 항공기에 중국인과 한국인이 다수 탑승한 것을 알고 공항과 병원에 신속히 통역 서비스를 제공했다.

세 번째 영웅들은 의사와 간호사 등 병원 관계자들이다.

경찰과 마찬가지로 국적에 상관없이 그들은 부상자들을 안심시켜 가면서 전력을 다해 치료하고 필자가 방문할 때마다 항상 친절하게 부상자들의 상황을 설명해 준, 백의의 천사들이었다.

샌프란시스코에서 40년 넘게 내과병원을 운영하는 유고명 박사는 사고가 나자마자 세인트메리병원에 가서 부상자들을 치료하고 갈 곳이 막막한 부상자 두 명을 자신의 집으로 데리고 가 치료하고 다음 날 공항까지 손수 데려다줬다. 무료 의료봉사 기관인 유데모니아의 위재국 박사도 퇴원해 호텔에 머물고 있는 부상자들을 일일이 찾아다니면서 진찰하고 심리상담도 해줬다.

네 번째 영웅들은 한인사회의 리더들과 구세군이다.

사고가 나자마자 공항에 집결해 뭔가 도울 일을 찾던 이들은 병원을 돌면서 부상자들이 심적 안정을 찾도록 위로하고, 옷 등 생필품도 마련해 줬을 뿐 아니라 가장 상심이 큰 중국 유가족과 중국 커뮤니티를 돕기 위해 자발적인 성금을 거두기 시작했다.

다섯 번째 영웅은 미국 적십자사다.

다민족이 거주하고 있는 샌프란시스코의 특성에 맞게 사고가 나자마자 통역을 대동한 미국 적십자사 요원들이 병원과 공항에 파견돼 물품과 서비스를 제공했다. 한국어를 공부하고 있다는 제시카 첸 적십자사 아시아 커뮤니티 담당 책임자는 한 명의 부상자에게라도 더 봉사하기 위해 최선을 다하고 있다고 했다.

이러한 영웅들이 있었기에 반파된 여객기에서 희생자를 최소한으로 줄일 수 있었다. 주 샌프란시스코 총영사관과 우리 동포 사업가는 부상자 구조와 치료에 전념해준 작은 영웅들을 위해 감사의 표시로 31일 점심을 대접하기로 했다. 국적에 상관없이 인류애와 전문성을 가지고 묵묵히 최선을 다한 작은 영웅들에게 다시 한 번 힘껏 박수를 보낸다.

## 2. 대한항공 필리핀 세부 공항 활주로 이탈 사고와 신속대응팀

### 1) 사고 개요

2022년 10월 24일 오전 12시 07분경(한국 시간, 이하 같음) 대한항공 여객기(KE631편, 인천 10월 23일 18시 35분경 출발 → 세부, 승무원 11명·탑승객 162명)가 필리핀 세부 공항에 착륙 도중 활주로를 이탈하였다. 2022년 10월 24일 대한항공에 따르면 인천국제공항에서 전날 오후 6시 35분 출발해 세부 막탄 공항으로 향한 A330-300 여객기(KE631)가 현지 기상악화로 세 차례 착륙 시도 끝에 비정상으로 착륙하였다.[80]

해당 항공편은 세 번째 시도에 항공기가 활주로 접지에는 성공했으나, 멈추지 못하고 활주로 끝을 지나서 약 300m 지점에 정지, 오버런 과정에서 활주로 끝 약 180m 지점에 있었던 착륙유도등을 충돌함과 동시에 항공기의 노즈 기어가 부러지면서 미끄러졌고, 이후 속도가 줄어들면서 약 50m를 더 가서 완전히 멈춘 것으로 보인다. 항공기가 최종적으로 멈춘 위치가 민가하고 불과 약 50m 거리밖에 안 되었다. 만일 착륙속도가 조금만 더 빨랐더라면 공항 부지를 넘어가 민가를 덮치면서 대형사고로 이어질 뻔했다. 심지어 바로 앞에는 주유소도 있었다. 사고 직후 세부 공항 소방대가 출동했고 승객과 승무원들은 비상 탈출 슬라이드를 통해 안전하게 탈출한 것으로 알려졌다.

이 사고로 인해 필리핀 세부 국제공항 활주로의 이착륙이 전면 중단되었으며, 해당 공항에 도착 예정이던 항공기들은 클라크나 마닐라로 회항했다. 사고 시간 당시 마침 세부 공항에서 이륙해야 했던 제주항공 2406편은 활주로가 완전히 폐쇄돼 탑승교까지 다시 돌아와서 승객들을 비행기에서 내리게 한 뒤 약 19시간 만인 24일 18시 17분에야 세부 공항에서 이륙했다. 대한항공 8509편 추락 사고 이후 23년 만에 발생한 대한항공의 동체 손실 사고로, 대한항공 2033편 활주로 이탈 사고에 이어 두 번째로 에어버스 기종이 연루된 사고이기도 하다.

---

80) https://www.youtube.com/watch?v=p7BDQkM2JGI

필리핀 항공당국은 사고 다음 날인 10월 25일 새벽 1시까지 세부 공항 활주로를 임시 폐쇄했다. 이로 인해 대한항공 승객 120여 명, 진에어 156명은 귀국하지 못한 채 현지 숙소에서 대기했으며 세부퍼시픽 여객기 등은 아예 결항했다. 이후 10월 25일부터 11월 7일까지 2주간 낮 시간대 한정으로 활주로가 부분 개방하였다. 사고기 제작사 에어버스도 조사단을 필리핀으로 보냈다.

## 2) 국토부, 사고수습본부 설치

국토교통부는 항공정책실장을 반장으로 사고수습본부를 설치해 피해 상황을 파악하고, 현지 공관·항공사 등과 연락체계를 구축해 사고에 대응하고 있다고 밝혔다. 항공철도 사고조사 위원회 조사관과 국토부 항공안전 감독관이 현지 사고조사에도 참여하였다.

국토부는 이번 사고로 세부 공항 활주로가 폐쇄되면서 인천공항에서 출발해 세부 공항에 도착할 예정이던 진에어 항공편이 인근 클라크 공항으로 회항했고, 세부 공항에서 인천공항으로 돌아올 예정이던 제주항공 항공편 출발이 지연되고 있다고 설명하였다.

## 3) 외교부, 신속대응팀 파견

외교부는 대한항공 여객기의 필리핀 세부 공항 활주로 이탈 사고 이후 공항 시설 복구 지연, 현지 기상 불안정이 지속됨에 따라 신속대응팀 인원 3명을 세부 공항에 파견했다고 2022년 10월 27일 밝혔다. 신속대응팀은 외교부 본부 직원 2명, 주 필리핀 대사관 직원 1명 등 실무인력 3명으로 구성됐다. 주 세부 분관은 10월 24일 사고 발생 후 현지 공항에서 영사조력 활동을 진행하였다.

그러나 세부 공항 주변 기상악화로 10월 26일에도 진에어 등 우리 국적기 2편이 세부 공항에 착륙하지 못하는 등 우리 국민 세부 입출국에 추가 문제가 생길 것을 대비해 신속대응팀을 파견했다고 외교부는 설명했다. 외교부는 "현재 공항 내 현장 데스크를 운영하고 공항 내 긴급 환자 발생에 대비해 세부 공항 24시간 클리닉과 업무협조 체계를 구축했다"라고 말했다. 외교부는 "현지 공관, 국내 관계 부처, 항공사 등과 긴밀히 협조해 승객 불편 최소화를 위해서 최선을 다해 나갈 계획"이라고 말했다.

외교부는 ▲사고 당일 공항 최고 책임자에게 사고 원인 조사 활동 지원과 사고 항공기 수하물 신속 처리 요청 ▲현지 파견 사고조사단과 대한항공 인력 중 코로나 19, 3차 백신 미접종자의 예외적 입국 지원 ▲항공편 회항으로 공항 내 장시간 대기 중인 승객에 차량 이동편 등을 제공했다고 설명했다.

세부 공항에서 외교부 신속대응팀이 영사조력을 제공하는 모습

## 3. 멕시코 W 주점 사건과 수감자 면회 제도

### 1) 사건 개요

반려견 의류 디자이너로 서울 송파구에서 온라인 쇼핑몰을 운영해 온 A씨가 멕시코 검찰에 연행된 건 2016년 1월 15일, 귀국을 일주일가량 앞둔 때였다. A씨는 앞서 2015년 11월 말 여동생과 함께 멕시코에 도착했다. 여행도 하고 멕시코시티에서 사업을 하는 여동생의 약혼자 이 씨(48세)를 만나기 위해서였다. 사건 당시 A씨는 이 씨의 부탁으로 W 노래주점(이 씨 소유)의 카운터 일을 돕고 있었다.

그런데 자정 무렵 검은 복면을 쓰고 기관총과 권총 등으로 중무장한 건장한 남성 수십 명이 노래주점에 들이닥쳤다. 이들은 검찰 수사관들로 양 씨와 한국인 여종업원 5명, 웨이터 등 멕시코인 3명, 한국인 손님 2명 등 11명을 검찰청으로 연행했다. 검찰은 W 주점의 여종업원들이 인신매매를 통해 끌려와 감시 속에서 매춘 행위를 강요받고 임금도 갈취 당했다는 제보를 받았다고 했다. 특히 A씨는 한인 마피아의 조직원이자 종업원들을 감금, 착취한 핵심 피의자로 지목받았다. A씨는 멕시코시티에 있는 한인 업소인 W 노래주점 여종업원들을 인신매매하고, 성매매를 강요하며 임금을 착취한 혐의로 2016년 1월 15일 멕시코 검찰에 긴급체포 되어 수감되었다.

### 2) 멕시코 법원에 이의제기

A씨는 미결수 신분으로 본 재판을 앞두고 멕시코 법원에 구속수감이 부당하며 수사 과정과 절차가 불법적이었다고 주장하는 '암파로 인디렉

토'(이의제기 절차, Amparo Indirecto)를 제기해 법적 다툼을 벌였다. 《중앙일보》보도(2016년 9월 13일)에 의하면 일단 법원의 심리 과정에선 멕시코 검찰이 제출한 증거 대부분이 기각된 것으로 확인됐다. 검찰이 제출한 노래방과 주변의 CCTV 영상에는 종업원들이 휴대전화를 사용하며 자유롭게 생활하는 장면이 대부분이었다.[81]

현지에서 멕시코인 앙헬 변호사와 함께 A씨의 변호·통역을 맡은 김헌식(48세) 변호사는 구속이 결정된 후 약 7개월 만에 1심 재판이 진행되고 있던 중, 해당 부수 판결인 구속이 부당하다고 판단해 2016년 8월 말 암파로를 제기하였다. 형법상 무죄를 입증하기 어려운 처지라는 것을 간파한 변호인들은 통역과 영사조력, 검찰의 증거 수집 등의 문제를 들어 형사소송법 위반이라는 암파로 인디렉토를 걸어 재판을 무력화한 것이다.

김 변호사는 2016년 10월 5일 "멕시코 연방법원 게시판에 (피고인이 제기한) 암파로를 받아들이며, 피고인을 보호한다는 내용이 게시된 것을 확인했다"라고 밝혔다. 김 변호사는 이어 "멕시코 연방법원의 이러한 결정은 검찰 기소 내용이 강압 수사를 거쳐 나온 진술서 등을 기반으로 한 것으로 법적 효력이 없다는 판단을 내린 것"이라고 덧붙였다.

멕시코 법원이 받아들인 암파로의 내용은 ▲인신매매를 당해 성매매를 강요받고 임금 착취를 받았다는 W 주점 종업원들의 1차 진술서가 강압적으로 작성됐다는 점 ▲멕시코 검찰에 제보한 것으로 알려진 ABC라는 멕시코인 여성의 존재가 허구라는 점 ▲W 주점의 실제 사장인 이 모씨가 업소에서 종업원들에게 성매매를 시킨 적이 없다는 점 등이다.

---

81) 고성표, "'한인 마피아'로 몰린 38세 디자이너, 240일째 감옥살이", 중앙일보, 2016년 9월 13일.

A씨가 종업원들을 인신매매했다거나 이들에게 강제로 매춘행위를 시킨 뒤 임금을 갈취하는 등 불법 행위를 했다는 멕시코 검찰의 수사 내용이 허위나 다름없는 것으로 판명 난 것이다. 이에 따라 사건이 종결돼 양씨가 곧 석방될 그것으로 예상했지만 멕시코 검찰이 항고하면서 재판 절차가 다시 시작됐다.

### 3) 한동만 외교부 재외동포영사 대사, 멕시코 방문

외교부는 재외동포와 영사 분야의 최고 책임자인 한동만 재외동포영사 대사를 2016년 11월 6일부터 3일 일정으로 멕시코 현지에 파견했다. 지난 9월 말 한 대사가 멕시코를 방문한 이후 40일 만이다. 한 대사는 윤병세 외교부장관의 친서를 멕시코 외교부 정무차관에게 전달했다.

한 대사는 이 자리에서 한국과 멕시코가 오랜 우방으로서의 전통이 있고 향후 외교, 경제 등 상호 발전을 위해 멕시코 정부가 A씨의 조기 석방에 협조해 달라고 요청했다. 이어 한 대사는 담당 법원의 법원장과 판사, 검찰 관계자 등 현지 사법당국 인사들을 두루 만났다. 한 대사는 검찰 수사 과정에서 A씨 등에 대한 인권침해 문제를 거론하며 조속한 재판 진행이 필요하다는 점을 강조했다. 멕시코 법원 관계자는 "가급적 연내에 최종판결을 하겠다"라는 입장을 전했다고 한다. 한 대사는 "멕시코 당국의 협조 여부에 따라 빠르면 12월 중순 전에 재판 절차를 마치고 석방될 수 있을 것으로 기대한다"라고 말했다.

한 대사는 산타마르타 교도소를 방문해 교도소장에게 A씨에 대한 처우를 특히 신경 써 줄 것을 당부한 뒤 A씨를 면회했다. 1시간 30분 동안 이어진 면회에서 한 대사는 우리 정부의 외교적 노력을 설명하고 위로의 뜻을 전했다. 한 대사는 멕시코대사관을 통해 멕시코 한인회와 합동으로 A씨 석방을 위한 탄원서를 작성해 멕시코 정부와 연방법원 등에 전달하도록 요청을 하였다.

A씨는 우리나라의 헌법재판소에 해당하는 연방 대법원(SCAN)의 헌법 소원(Amparo) 부분 인용 판결을 통해 유무죄를 다툴 형사 재판 절차를 진행할 수 없다는 결정을 받고 '영구추방' 조처돼 한국으로 돌아왔다.

### 4) 한국법원, 정부가 천만 원 배상하라고 판결

멕시코에서 현지 경찰 영사의 부실 대응으로 1,154일간 억울한 옥살이를 한 A씨는 1억 3,000여만 원을 지급하라는 손해배상 소송을 제기했고 이 소송에서 일부 승소했다. 서울중앙지법 민사 90단독 김현석 부장판사는 원고의 주장을 일부 인용하면서도 손해배상 금액은 1,000만 원으로 결정했다. 재외국민보호를 제대로 하지 않은 과실은 인정돼 정부가 배상할 책임이 있지만, 공무원인 이 영사의 행위에는 고의가 없어 배상을 지게 하는 것은 무리라는 이유에서다.

## 4. 헝가리 다뉴브 유람선 사고와 여행사 책임

### 1) 사건 개요

2019년 5월 29일 오후 9시(한국 시각 30일 오전 4시) 헝가리 부다페스트 다뉴브강에서 한국인 승객 33명(패키지 여행객 30명, 사진기사 1명, 한국에서부터 동행한 가이드 1명, 현지 가이드 1명), 헝가리인 승무원 2명(선장, 기관장 각 1명) 등 총 35명이 탄 유람선 허블레아니호가 크루즈 선박과 충돌 후 전복되어 침몰하였다.

허블레아니호에 탑승한 한국인들은 참좋은여행사가 기획한 '동유럽+발칸 반도 6개국 패키지여행' 상품의 목적으로 5월 25일 출국하여 6월 2일 귀국할 예정인 여행객들이었다. 해당 상품의 경우 크로아티아, 체코, 슬로바키아, 헝가리를 방문할 예정이었고, 헝가리는 해당 일정의 마무리 부분이었다. 그리고 사고의 원인이 된 다뉴브강 유람선 야경 관람은 일정에 기본적으로 포함되는 내용이었다.

사고를 당한 선박인 허블레아니(Hableany)는 파노라마 데크(Panorama Deck) 유한회사에서 보유한 관광용 선박이며 이름은 헝가리어로 '인어'를 뜻한다. 선박 제원은 최대 승선 인원 60명, 길이 27.25m, 동력 150마력이며 1949년 소련 시절의 우크라이나에서 건조된 선박으로 선령이 무려 70년이다. 사건 원인이 허블레아니호의 노후화보다는 바이킹 라인 크루즈 소속 유람선에 의한 충돌임을 생각하면 배 자체에는 문제가 없었을 가능성이 높다. 해당 회사는 참좋은여행사와 계약을 맺고 사실상 허블레아니호를 참좋은여행사 전용으로 운용 중이었다. 그래서 해당 선박의 일반 탑승객들이 전부 다 한국인이었다.

한국 시각으로 2019년 5월 30일 오전 9시 기준 한국 여행객 30명 중 7명이 구조되었고 7명이 사망하였음이 확인되었으며 실종자는 19명이었다. 그 외 헝가리인 승무원 1명이 사망했고, 한국인 가이드 3명과 헝가리인 승무원 1명은 실종됐다. 3대·모녀·남매·자매·부부 등 피해자들 대부분이 가족여행을 온 가족 단위 관광객이다. 온 가족이 풍비박산 나거나 가족을 잃고 혼자만 구조된 예도 있어서 많은 사람이 안타까워했다. 헝가리 정부 및 부다페스트시 당국은 사고 직후 다뉴브강의 부다페스트 인근

수로에 구조 목적의 선박을 제외한 전면적인 항해 금지명령을 내렸다.

## 2) 실종자 수색

5월 31일에 한국과 헝가리는 공동으로 실종자들을 수색하려고 했지만, 유속이 매우 심한 탓에 무산되었다. 6월 1일에 사고지점 50km까지 수상 수색이 재개되었지만, 여전히 물살이 거세서 수중수색이 난항을 겪었다. 한국 수색대는 본격적으로 사고지점에서 50km까지 수색에 나섰고, 부다페스트에 현지대응반을 가동한다고 6월 1일에 밝혔다. 강경화 외교부장관은 유속이 매우 빨라 유실방지망을 설치하기가 어려운 상황이라서 구조물 설치를 검토하고 있다고 밝혔다.

다뉴브강의 물살이 거세다 보니 잠수부 투입은 6월 3일에 협의를 거쳐 결정할 계획이라고 밝혔다. 헝가리 물관리 당국은 다뉴브강의 수위가 5.9m까지 달한 뒤 다음 주 중반에 약 4m로 떨어질 것이라고 했다며 AP통신이 보도했다. 이후 잠수 접근이 불가하다는 결정이 나서 5일부터 인양작업을 시작한다는 속보가 들어왔다. 7월 30일 62일간의 헌신적인 구조 활동에도 끝내 1명의 실종자를 발견하지 못하고 수색이 종료되었다.

## 3) 헝가리 검찰의 조치

2019년 11월 28일, 헝가리 검찰이 가해 선박 바이킹 시긴호의 유리 C. 선장을 기소하였다. 2020년 1월 29일, 바이킹 시긴호를 뒤따라가던 크루즈 바이킹 이둔호 선장에 대해 사고 후 미조치 혐의로 조건부 구속영장을 청구했고, 법원은 이틀날 영장을 발부했다. 이후 헝가리 검찰은 유리 C. 선장에게 징역 9년을 구형했으나, 코로나19로 재판이 지연되었다.

## 4) 우리 정부의 조치(초동)

외교부는 사고 발생 직후 주 헝가리 대사관과 함께 관계기관(청와대 위기관리센터, 국무조정실, 행정안전부, 문화관광체육부, 국방부, 국정원 등)과 상황을 공유하였다. 외교부는 즉시 위기경보 단계를 '심각'으로 발령하고 외교부장관 주관으로 재외국민대책본부를 구성·운영하였다. 5월 30일(목) 오전 6시 33분, 주 헝가리 대사관에 우리 국민의 피해 여부를 파악하고 즉각적으로 영사조력을 제공하도록 지시하는 한편, 관계기관(청와대, 행안부) 대책회의를 4회(7시 45분, 8시 30분, 9시, 10시 15분) 개최하였다.

문재인 대통령은 정의용 안보실장의 보고를 받은 후 헝가리 정부와의 협력을 통해 가용 자원을 총동원해 구조 활동을 할 것과 강경화 외교부장관을 필두로 한 중앙재난대책본부를 구성하고 피해자 가족과 신속한 상황 공유 및 신속대응팀 파견을 지시했다. 이에 정부는 이상진 외교부 재외동포영사 실장을 위주로 신속대응팀을 파견하고 사고 당일 오후, 강경화 외교부장관이 헝가리에 직접 가 현장지휘를 총괄하도록 결정하였다. 강경화 외교부장관은 현지에서 페테르 시야르토 헝가리 외교부장관과 긴급 외교부장관 회담을 가진 데 이어 핀테르 내무부 장관을 면담하고 한국 측 요구사항을 전달했다.

정부는 행정안전부, 소방청은 지휘관 1인, 지원 요원 2인, 심해 잠수요원 9인의 총 12인으로 구성된 구조대를 급파했다. 이후 추가로 해군 해난 구조 전대 심해잠수사 7명을 포함해 해양경찰청, 국가정보원, 소방청, 외교부, 청와대 위기관리센터 인력, 해군특수전전단 등에서 차출된 37명의 인원으로 구성된 신속대응팀을 증원해 현지 급파했다.

문재인 대통령의 주문으로 세월호 수색 작업에 참여한 인력으로 구성되었고 사망자 신원확인을 위한 감식단도 세월호 당시 지문 감정을 했던 인원이 포함됐다. 대응팀의 현장 지휘관으로 주 헝가리 대사관 국방무관인 송순근 육군 대령이 임명됐다. 송 대령은 육군 보병 장교로 수상 구조 분야 전문가는 아니고, 현지 군경 소방 중 최선임자로서 행정적 실무를 맡았다.

문재인 대통령은 긴급 대책회의를 열고 외교부, 행안부, 국방부, 소방청, 국정원까지 관계 부처가 사고 수습을 위해 총력을 기울여달라고 하였다. 문재인 대통령이 오르반 빅토르 총리와 통화하며 적극적인 지원 및 생존자 수색을 요청했다. 외교부는 헝가리 외에도 세르비아, 크로아티아, 루마니아, 불가리아, 우크라이나 등 다뉴브강이 지나는 국가들에 수색 협조를 요청했다. 사고 당시 상황처럼 강물이 불어나서 유속이 빠를 때는 오스트리아에서 발생한 익사체가 세르비아까지 떠밀려 갈 수 있기 때문이다. 정부는 헝가리 당국에 가해 선박인 바이킹 시긴호를 가압류 요청했다.

한편, 주 헝가리 대사관도 비상대책반을 구성하여 사고 현장에 출동하고 헝가리 관계 당국을 접촉하여 상황을 파악하고 공유하였다. 5월 29일(수) 21시 15분경(현지 시각, 우리 시간 5월 30일 4시 15분경) 사건 접수 직후 주 헝가리 대사관의 담당 영사가 현장에 출동하고 대사관은 헝가리 관계 당국을 접촉하여 정확한 상황을 파악하도록 노력하였다. 아울러 병원에 후송된 구조자(7명)에 대한 영사조력을 제공하였다.

## 5) 여행사의 조치

사고 파악이 되자마자 정부와 여행객 가족들에게 적극적으로 협력하고 언론 브리핑하는 모습을 보여주었고, 사고 당일에 전무가 직접 나서서 머리를 숙여 사죄했다. 참좋은여행사는 자사 임직원진을 1, 2차로 나눠 헝가리로 급파하고 정부와 여행객 가족들에게 적극적으로 협조하는 차원에서 가족들의 헝가리 항공료 및 현지 체류비를 모두 부담하였다. 여행사는 가해 선박으로 지목된 바이킹 시긴호 선사 측에 법적 책임을 묻기로 했다. 여기에는 희생자와 구조자 가족들을 지원하는 비용과 회사 브랜드 가치 하락에 따른 손해배상도 포함된다.

## 6) 헝가리 정부의 조치

사고 보고를 받은 헝가리 내무장관이 현장에 직접 나갔다. 헝가리 경찰은 기자회견에서 사고 발생 시각은 오후 9시 5분이며, 허블레아니호는 사고 후 불과 7초 만에 침몰했다고 밝혔다. 발표에 따르면 구조대는 20분 후 현장에 도착했다. 이튿날 아침에는 헝가리 육군 소속 잠수사와 준설선이 투입되었다.

구조된 부상자들은 3개의 병원에 나누어 수용했으며, 사고 선박에 탑승한 사람 중 가장 어린 사람은 6세 여아, 가장 나이 든 사람은 70세 남성이라고 말했다. 항해 기록을 분석한 결과 바이킹 시긴호가 허블레아니호와 부딪힌 것으로 추정하며, 용의 선박 관련자를 조사하고 있다고 언급했다.

곧이어 아데르 야노시 대통령과 오르반 빅토르 총리, 터를로시 이슈트반 부다페스트 시장 등 주요 인사들이 희생자에 대해 조의를 표했다.

헝가리 정부 홈페이지에는 헝가리 대통령이 대한민국 대통령에게 철저한 조사를 약속하면서 애도와 위로를 전하는 메시지가 게시되었다. 그리고 세르비아 정부와 협력해 하류 쪽에서 실종자 수색 작업에 나섰다. 그리고 페테르 시야르토 외무장관은 배 인양에 온 힘을 다할 것이라고 밝혔고, 30km까지 수색 범위를 넓혔다.

또한 헝가리 샨도르 핀테르 내무부 장관이 5월 29일(이하 현지시각) 부다페스트 다뉴브강에서 발생한 유람선 침몰 사고로 실종된 한국인을 수색하고 사고 원인을 조사하는 데 총력을 기울이겠다고 밝혔다. 핀테르 장관은 5월 31일 진영 행정안전부 장관에게 서한을 보내 사고 상황을 설명하고 피해자 가족에 대한 위로를 표하면서 이같이 약속했다며 외교부가 1일 전했다. 진 장관은 답신을 보내 "긴급구조대 활동을 지원하는 한편 사망자 수습과 시신운구 등 후속 조치에 적극적으로 협조해 달라"고 당부했다.

현지에서도 사고 지역에 추모 물결이 일었다. 한 헝가리 시민은 SNS에 주 헝가리 한국대사관 앞에서 흰 꽃과 촛불로 추모식을 하자며 제안했고, 큰 호응을 받았다. 이를 알게 된 한국 네티즌들도 이 글에 감사한다는 댓글을 많이 달았다. 이 추모식엔 당초 예상보다 많은 150명가량이 참여했으며, 추모 시가 헌사 되었다. 이 중에는 맞춤법이나 문법이 완벽하지는 않은 서툰 한국어로 된 추모의 메시지들도 쓰여 있었다.

또한, 사고가 난 머르기트 다리에도 수많은 사람이 찾아와 수색 작업을 지켜보았고, 검은 리본이 달리고 촛불, 조화가 놓이는 등 추모가 이어졌다. 추모하는 헝가리 시민 중에는 흰색 한복을 입고 참석한 사람도 있었다. 또한, 300명의 헝가리 시민들이 모여 사고 현장 앞에서 열심히 연습한 한국어로 아리랑을 부르며 고인들을 애도하는 행사도 열렸다.

허블레아니호 선체를 인양할 때도, 도로 통제 등이 있었음에도 불만을 나타내는 사람은 찾기 어려웠고, 모두들 안타까움과 미안함을 표시했다고 한다.

## 7) 한-헝가리 외교부장관 회담 개최

2019년 6월 7일 강경화 외교부장관은 제3차 한-비셰그라드그룹 외교부장관 회의 참석차 슬로바키아 방문 계기에 페테르 시야르토 헝가리 외교부장관과 회담하고, 다뉴브강 선박사고 실종자 수색 및 사고조사와 관련 긴밀한 협력을 지속해 나가기로 하였다. 시야르토 장관은 슬로바키아의 협조를 얻어 다뉴브강 상류댐 수위를 수 분간 조절하여 선체 인양을 위한 대형 기중기가 인양 가능한 지점까지 이동하였다고 하고, 수색 범위 확대를 위한 하류 국가들과의 공조도 긴밀히 이루어지고 있다고 했다.

아울러, 시야르토 장관은 피해 한국인 가족들에 대한 신속한 영사 지원을 위해 헝가리 외교부 영사국 직원들이 휴일 없이 24시간 대기 체제를 유지하고 있다고 하고, 신속한 실종자 수색과 희생자 가족들의 편의를 위해 가능한 모든 협력을 제공해 나갈 것이라고 하였다. 이에 강 장관은 헝가리 정부의 적극적인 협력과 시민들의 따뜻한 위로가 우리 국민에게 큰 힘이 되고 있다고 사의를 표하였으며, 양 장관은 마지막 실종자를 찾을 때까지 최선을 다해 노력해 나가기로 하였다.

강 장관은 한-헝가리 외교부장관 회담에 앞서 개최된 제3차 한-비셰그라드그룹(V4)[82] 외교부장관 회의 및 공동기자회견을 통해 이번 선박

---

82) 체코, 슬로바키아, 폴란드, 헝가리 4개국 간의 지역협력기구로 이들 국가들은 동유럽 지역 내 EU

사고 실종자 수색을 위한 V4 국가들의 지원과 협력에 사의를 표하였으며, 비셰그라드그룹(V4) 의장국인 라이착 슬로바키아 외교부장관은 선박 사고로 인한 한국인들의 희생에 깊은 위로의 마음을 전한다고 하고, 실종자 수색과 사고 수습을 위해 계속 협력해 나가겠다고 하였다.

## 8) 헝가리 법원, 유람선 사고 선장에게 징역 5년 6개월 선고

2023년 9월 관련 보도들에 의하면 헝가리 다뉴브강에서 한국인 관광객 25명이 사망하고, 1명이 실종된 사고를 낸 혐의를 받는 대형 유람선 선장이 징역 5년 6개월 형을 선고받았다. AP통신, BBC 등에 따르면 부다페스트 지방법원 레오나 네베트 판사는 2023년 9월 26일(현지 시각) 과실로 수상교통법을 어기고 대규모 사상자를 낸 혐의를 받는 유리 카플린스키 선장에 대해 징역 5년 6개월을 선고했다. 다만, 법원은 사고 이후 구조 작업을 제대로 하지 않았다는 등 다른 혐의 35건에 대해서는 무죄를 선고했다.

앞서 카플린스키는 2019년 5월 29일 다뉴브강에서 대형 크루즈선 바이킹 시긴호를 운항하다가 부다페스트 머르기트 다리 인근에서 유람선 허블레아니호와의 추돌 사고를 유발하고 사고 후 구조 조치를 제대로 하지 않은 혐의로 재판에 넘겨졌다. 헝가리 검찰은 당시 폭우가 내리는 상황에서 카플린스키는 충분히 주의를 기울이지 않았고 배를 조종하는 데 집중하지 못했다고 주장했다. 또 그가 허블레아니호를 추월하려고 하면

---

국가들이며 냉전 종결 이후 민주주의와 시장경제 도입의 체제전환을 경험하였다. 비셰그라드 4개국 또는 간단히 V4라고도 한다.

서도 무전교신 등을 이용해 연락도 제대로 하지 않았다고 했다.

이에 대해 카플린스키는 법정에서 "엄청나게 후회하고 있다"며 "이 참혹한 비극의 기억 때문에 한시도 제대로 쉴 수 없다. 밤에 잠도 못 잔다"고 말한 것으로 전해졌다. 이 사고로 사망한 한국인들의 유족 측은 2020년 바이킹 시긴호와 허블레아니호의 선주사들을 상대로 손해배상 청구 소송을 냈으며 아직 진행 중이다.

# 5. 스텔라 데이지호 사고와 국가 책임

## 1) 사건 개요

주식회사 폴라리스 시핑(polaris shipping) 소유의 마셜 제도 선적(船籍) 14만 톤급 화물선인 스텔라 데이지(Stella Daisy)호는 2017년 3월 26일 한국인 상선 사관 8명, 필리핀인 부원 16명, 총 24명의 승무원과 철광석 26만 톤을 싣고 브라질 구아이바(Guaíba)를 출발해 중국 칭다오로 항해하고 있었다. 배는 5월 6일에 칭다오에 도착 예정이었으나 브라질 산토스 남동방 2500km 지점의 우루과이 인근 남대서양을 항해하던 도중에 한국 시각 3월 31일 23시 20분경 대한민국 선사(주식회사 폴라리스 시핑)에 카카오톡 메시지로 선박 2번 포트 침수 사실을 알린 뒤 연락이 끊겼다.

당시 배가 급격하게 기울고 있던 상황이라면, 통상적으로 벌크선(화물선), 특히 철광석과 같은 광석 운반선은 그 크기가 아무리 거대하더라도 2분에서 10분 사이에 모두 가라앉을 확률이 높다고 하고, 필리핀 선원의 언급대로 선체가 굉장히 급하게 기울어졌을 것이다. 따라서 선박에 있는 발전기 등이 침수돼 인마셋(INMARSAT, 국제해사위성기구 선박용 위성 전화) 위성 통신 장치가 작동 불능 상태가 되어 교신할 수 없었을 것으로 추정된다. 필리핀인 선원 2명은 구조되었고 한국인 8명을 포함한 나머지 선원은 모두 실종되었다.

## 2) 정부의 대응

통신 두절과 함께 외교부는 관련 사실을 파악하고 재외국민보호대책반을 가동하여 주 우루과이 대사관을 통해 우루과이 해양경찰 당국에 긴급구조를 요청하는 한편, 브라질 정부에는 항공수색을 요청하였다. 우루과이 해경은 사고 해역 인근의 상선 '스피타호'에 긴급구조 지원을 요청했고, 스피타호는 해역 수색을 개시하였다. 황교안 대통령 권한대행은 "사고 수습에 최선을 다하라"고 지시하였다.

이러한 지시를 이행하기 위해 2017년 4월 5일 해양수산부는 스텔라 데이지호의 수색에 적극적으로 검토하고 행동에 나섰다. 물론 이 배가 한국 항구에 기항하며 운항하는 것은 아니지만, 실질적인 소유주가 한국 회사라는 점에서 우리 정부도 선사에 대한 관리감독 책임이 있었다.

2017년 6월 1달여간 2차 수색이 실시되었으나 구명조끼와 배에서 나온 물품 몇 개만 찾고 성과 없이 선박 계약 만료로 수색이 종료되었다. 2017년 7월 11일 스텔라 데이지호의 실종자를 찾기 위한 수색 작업이 사실상 종료됐다. 해양수산부는 앞으로 현장에 수색 선박을 추가로 투입하는 식의 수색은 진행하지 않는다고 밝혔다.

실종자 가족들은 이런 방침을 사실상 수색 종료 선언으로 받아들이며 강하게 반발했다. 2017년 12월 여야 합의로 책정된 스텔라 데이지호의 블랙박스를 찾기 위한 심해 수색 장비 예산 50억 원이 2018년 예산안 심의 과정에서 전액 삭감되었고 스텔라 데이지호 실종자 가족들은 이에 항의하였다.

2018년 2월 해양수산부와 외교부는 실종 선원 가족들과 함께 기획단을 구성하여 심해수색 장비 투입을 논의했다. 2018년 8월 국무회의에서 심해수색 장비 투입이 결정되고 53억 원 규모의 심해수색 장비 투입 관련 예비비 지출안이 의결되었다. 2019년 2월 8일 심해수색을 시작하였고, 2019년 2월 18일 외교부 당국자는 "스텔라 데이지호의 사고 해역에서 심해 수색을 하던 미국 오션 인피니티사의 씨베드컨스트럭터호가 블랙박스를 회수했다"라고 밝혔다.

그러나 2019년 7월 29일 허영주 스텔라 데이지호 가족 대책위 공동대표는 "블랙박스 수거 당시 영상을 보니 심해에서 끌어올린 블랙박스를 자동차 세차하듯 세척했다"라면서 "심해 수색 경험이 전무했던 오션 인피니티가 부주의하게 블랙박스를 처리하면서 훼손됐을 가능성이 있는 것 같다"라고 주장하였다.

유가족들이 성명을 발표한 수 시간 뒤인 당일 오후 10시, 해수부와 외교부, 중앙해양안전심판원 등 정부 3개 기관은 공동으로 가족들의 성명에 대한 해명자료를 발표했다. 해명자료에서 정부는 "스텔라 데이지호 외에 선박용 VDR을 심해에서 수거해 데이터 복구에 성공한 사례는 (가족들이 주장한 10건과 달리) 미국 국적 컨테이너선 엘파로 호가 유일한 것으로 파악되고 있다"라면서 "데이터 칩이 균열된 것은 다양한 요인이 있을 수 있으므로 부속물 제거과정에서 발생했다고 단정 짓기는 어렵다"라고 강조하였다.

## 3) 재판 결과

2020년 2월 18일, 부산지법 형사 5부는 스텔라 데이지호 선사 폴라리스 시핑 김완중(64) 회장에 대한 1심에서 선박안전법 위반 혐의로 김 회장에게 징역 6개월 집행유예 1년을 선고하였다. 재판부는 김 회장에 대한 검찰의 기소 내용 중 선박 결함 미신고 행위에 대해서만 유죄를 인정하고 복원성 유지 부분은 무죄를 선고하였다.

재판부는 함께 기소된 선사 관계자 5명 중 2명은 무죄, 3명은 벌금 300만 원에서 징역 1년(집행유예 2년)까지를 받았다. 폴라리스 시핑 법인에는 벌금 1,500만 원을 선고하였다. 집행유예 판결이 내려지자 스텔라 데이지호 대책위원회 부대표 허경주 씨는 "개정된 법이 적용된 첫 사례인 만큼 본보기 차원에서라도 높은 형량을 적용했어야 했다"라며 "돈 있는 사람은 법을 어기더라도 빠져나간다는 것을 보여 준 사례"라고 분노했다.

부산고법 제2형사부(부장판사 오현규)는 2021년 5월 26일 선박안전법 위반 혐의로 항소심 재판에 넘겨진 스텔라 데이지호 선사인 폴라리스 시핑 김완중 회장에 대해 징역 6개월을 선고했다. 선박안전법 위반과 배임수재 혐의로 기소된 부산해사 본부장 김 모 씨 역시 징역 8개월이 선고됐다. 재판부는 부산구치소의 코로나 확진자 발생에 따라 김 회장 등을 법정구속하지는 않았다. 폴라리스 시핑 법인에 대해서는 1심과 같은 벌금 1,500만 원이 선고됐다.

1심 재판부는 2020년 2월 김 회장과 김 본부장에 대해 각각 징역 6개월·집행유예 1년, 징역 1년·집행유예 2년·추징금 1,000만 원을 선고했다. 항소심 재판부는 "스텔라 데이지호는 횡격벽의 변형이 평형수 탱크

뿐만 아니라 선박 선실 전체에 심각한 손상이 있었다"라고 판단했다. 선사 측의 선박 수리에 대해서도 "선박 수리가 땜질식 처방에 그쳤고, 오래된 선령 등에 따른 근본적 원인에 대한 정확한 검사는 이뤄지지 않았다"라고 지적했다.

재판부는 "스텔라 데이지호의 선박 결함에 대해 신고하지 않은 것은 국민 안전과 재산 보호를 위한 선박 결함 확인·조치 업무를 원천적으로 수행하지 못하도록 한 것"이라며 김 회장과 김 본부장의 실형 선고 이유를 밝혔다. 피해 가족들은 항소심 재판부가 김 회장 등에 대해 실형을 선고한 것을 환영했다. 스텔라 데이지호 대책위 측은 "1심의 집행유예보다 무거운 실형이 선고돼 다행이지만, 김 회장 등에 대한 더욱 엄중한 처벌이 필요하다"라고 주장했다.

## 6. 프랑스 니스 차량 돌진 사건

### 1) 사고 개요

2016년 7월 14일 프랑스 알프마리팀 주 니스에 있는 프롬나드 데 장글레에서 혁명 기념일을 위해 온 군중을 향해 19톤 화물 트럭이 돌진하면서 86명이 사망하고 458명이 부상을 입었다. 당국자는 총격전이 벌어졌으며, 트럭 운전사는 사살됐다고 밝혔다.

7월 14일 니스에서는 혁명 기념일을 맞아 해변가에서 축제가 벌어지고 있었다. 밤 10시 30분경 마지막 행사로 불꽃놀이가 끝났을 무렵, 튀니지 국적의 무함마드 바우헬이 "Allahu Akbar(아랍어: 알라는 위대하다)"를 외치며 그가 운전했던 대형 흰색 수송용 트럭 한 대가 해변가의 유명 산책로인 프롬나드 데 장글레에 모인 군중들을 향해 시속 60~70km 속도로 돌진했다. 일부 목격자들은 군중을 향해 트럭을 몬 운전자가 총을 꺼내 쏘기 시작했으며, 시신이 바닥에 흩어져 있다고 전하기도 했다. 다만 총격 사실은 일부 당국에서 사실 확인되지 않았다고 밝혔다. 한편 사망자와 부상자 중 한국인은 없는 것으로 알려졌다.

프랑스 당국의 발표에 의하면 트럭 운전자는 모하마드 라우에지 부엘(Mohamad Lahouaiej Bouel)이라는 31세의 남성으로, 이슬람을 믿는 프랑스 영주권을 가진 튀니지인(2005년부터 니스에 거주)으로 밝혀졌다. 결혼하여 3명의 자녀를 두었지만, 이혼 절차를 밟고 있었고 금전적으로는 어려웠으며 이 사건 이전에 5번 경찰서에 잡혀간 전과가 있다고 한다. 테러 며칠 전에 가해자는 튀니지에 있는 가족들에게 240,000디나르를 송금한 것으로 드러났고, CCTV 분석결과 현지 기준 12일과 13일에 범행에 사용된 트럭을 타고 사건 현장을 조사하는 것으로 보아 계획된 범죄로 추정되었다.

## 2) 우리 정부의 조치(재외국민보호 대책회의 개최)

황교안 국무총리는 2016년 7월 14일(현지시각) 프랑스 니스에서 발생한 차량 돌진 테러 사건과 관련해 "외교부는 현지 공관을 중심으로 주재국 당국과 협조해 현지 교민과 여행객 등 우리 국민의 피해 여부를 신속하게 파악해 필요한 조치를 취하라"고 지시했다. 또 "테러위험 지역 해외여행객들 대상으로 우리 국민 안전을 최우선으로 확보할 수 있도록 만전을 기해야 한다"라고 강조했다.

정부는 2016년 7월 15일 외교부 청사에서 한동만 외교부 재외동포영사 대사 주재로 청와대, 국무조정실, 대테러센터 등 관계 부처 인사들이 참석한 가운데 '프랑스 니스 차량 테러 관련 재외국민보호 대책회의'를 개최했다. 한 대사는 모두발언을 통해 ▲다수의 무고한 사상자를 발생시킨 이번 테러를 강력히 규탄하고 ▲이번 테러가 프랑스의 유로 2016 폐회 후, 혁명 기념일 축제 기간에 발생하였음을 주목하면서 ▲외교부(재외국민보호대책본부)와 주 프랑스 대사관(비상대책반)이 우리 국민 피해 여부 확인을 위해 계속 노력해 줄 것을 주문하였다.

프랑스 니스 차량 테러 관련 관계 부처 대책회의 개최(출처: 외교부)

관계 부처 대책회의에서 정부는 ▲우리 국민 피해가 발생하는 상황에 대비, 신속대응팀 파견 준비 등 만반의 태세를 갖춰 나가기로 하였으며 ▲하계 여행 성수기를 맞아 우리 국민 안전강화를 위해 로밍 문자 추가 공지, 방송 및 홈페이지 등 온·오프라인 매체를 활용한 안전정보 제공 확대를 추진키로 하였다. 또 니스 지역에 대한 여행경보를 기존 1단계 '여행 유의'에서 2단계인 '여행 자제'로 올리는 방안을 검토하기로 했다.

외교부는 2016년 7월 15일 "우리 시간으로 오늘 오후 5시 현재 영사콜센터를 통해 니스 지역에서 우리 국민 55명에 대한 연락 두절 신고가 접수됐으며, 이 가운데 42명은 직접 안전을 확인했다"라고 밝혔다. 연락이 닿지 않고 있는 13명은 물론 추가로 접수되는 사례에 관해서도 안전 확인 노력을 계속하고 있다고 외교부는 전했다. 연락 두절 상태인 13명은 신고자가 연락처를 모르는 경우(4명)와 현지 로밍이 안 되어 연락 자체가 어려운 경우(2명)도 포함돼 있다.

외교부 관계자는 "한국시각 오후 9시 기준으로 외교부 영사콜센터에 우리 국민 56명에 대한 연락 두절 신고가 접수됐으며, 이 중 54명은 안전을 확인했다"라면서 이같이 말했다. 후속 보도에 따르면 모두 무사한 것으로 확인되었다. 한편, 한동만 대사는 2016년 7월 13일 JTBC 뉴스 현장 생방송에 출연하여 현재까지 한인 피해는 없다고 하고 테러 대비 요령, 특히 해외안전여행 제도에 관해 설명하였다.[83]

---

83) jtbc, [직격인터뷰] 한동만 대사 "니스 테러, 현재까지 한인 피해 없어", 2016년 7월 15일, https://news.jtbc.joins.com/article/article.aspx?news_id=NB11273034

# 7. 런던 브리지 차량 테러 사건과 국적 문제

## 1) 사건 개요

2017년 3월 22일 오후 2시 40분(현지 시각) 런던 웨스트민스터 다리에서 일어난 테러 사건으로 2005년 7월 런던 지하철 폭탄 테러에 이어 런던에서 발생한 두 번째 테러이며, 영국판 니스 테러라 할 수 있다.

범인 마수드는 1차로 현지시각 3월 22일 빌린 현대 투싼 차를 타고 웨스트민스터 다리 남단(의사당 반대편)에서 인도로 돌진해 시민들을 공격했고, 2차로 국회의사당 출입구와 충돌했다. 시속 40mile(64㎞/h) 이상 속도로 250yd(약 230m) 다리 구간을 30초에 질주한 것이다. 테러 당시 테레사 메이 영국 총리가 국회에 출석하여 토론 중이어서, 메이 총리를 노린 테러로 추정되었으며, 조사 결과 칼리드 마수드의 단독범행으로 확인되었다.

40여 명이 부상을 입고 경찰, 테러범 1명을 포함해 5명이 사망했다. 사망자는 테러범 칼리드 마수드 본인, 키스 파머 순경, 영국인 여성 1명, 미국인 관광객 남성 커트 코크런 1명, 75세 남성 노인 1명이다. 차량 공격을 피하려던 인파에 떠밀려 우리 국민 관광객 5명이 부상을 입었고, 우리 국민 부상자 중 1명(여, 60대)은 중상의 피해를 보았다.

3개월 후인 2017년 6월 3일 영국 런던에서 승합차 한 대가 인도로 돌진하고 런던 시내에 있는 한 재래시장에서 흉기 범죄가 발생해 최소 2명이 숨지고 수십 명이 다치는 사건이 발생했다. 현지 경찰은 테러 가능성을 염두에 두고 이번 사건의 용의자를 추적하고 있다. BBC와 CNN 등 외신에 따르면 이날 오후 런던 브리지에서 흰색 승합차 한 대가 인도로 돌진해 지나가던 행인을 덮쳤다. 이 사고로 최소 2명이 숨졌고 20명 이상이 다쳤다.

사고 당시 런던 브리지 근처에 있던 BBC 기자 홀리 존스는 차량이 시속 50mile(80㎞/h)로 인도를 향해 돌진했다고 전했다. 이 기자는 "이 차량이 내 앞에서 방향을 바꾼 뒤 약 5~6명을 쳤다. 그가 내 앞에서 두 사람을 쳤고 그 뒤에 3명을 쳤다"라고 말했다. 또 다른 목격자는 런던 브리지에서 3명이 목에 자상(칼 따위의 날카로운 것에 찔려서 입은 상처)을 입은 모습을 봤다고 말했다.

BBC 기자와 목격자의 말을 종합해 보면, 이 사고는 2017년 3월 런던 의사당 부근 다리에서 승용차로 인도에 돌진해 사람들을 공격한 뒤, 차에서 내려 경찰에게 흉기를 휘두른 '칼리드 마수드 사건'과 비슷한 공격 양상을 띤다. 런던경찰청은 테러 공격 가능성에 대비해 대규모 무장경찰을 현장에 투입하고, 런던 브리지 통행을 차단하는 한편 일대 지하철역과 버스정류장도 폐쇄했다.

테레사 메이 영국 총리는 테러 보고를 받은 뒤 긴급안보회의를 소집했으며, 미국 국무부도 이번 사건을 주시하고 있다고 밝혔다. 우리나라 외교부는 런던 브리지에서 일어난 차량 돌진 사건과 관련해 "현재까지 접수된 우리 국민의 피해는 없다"라고 전했다.

## 2) 우리 정부의 조치

황교안 대통령 권한 대행은 '런던 테러'로 인한 한국인 피해와 관련, 무사 귀국에 총력을 기울이겠다고 전했다. 황 대행은 2017년 3월 23일 정부서울청사에서 가진 제17차 국정 현안 관계 장관 회의를 주재한 자리에서 "다친 우리 국민 5명이 무사히 귀국할 때까지 끝까지 세심히 챙기고, 해외관광객과 교민 등 우리 국민의 안전을 최우선적으로 확보하도록 최선을 다해야 한다"라고 지시했다.

런던 테러 사고 소식이 전해지자마자 외교부에 즉시 긴급지시를 내린 황 대행은 "영국 현지 공관을 중심으로 영국 당국과 긴밀히 협력해 부상자들의 보호와 치료 등에 필요한 모든 조치를 신속하게 취하라"고 말했다.

외교부는 2017년 3월 23일 조준혁 외교부 대변인 명의 성명을 통해 "영국 런던 의사당 인근에서 발생한 민간인에 대한 야만적인 공격 사건을 강력히 규탄한다"라고 밝혔다. 이어 "정부는 무고하게 희생된 분들의 명복을 빌며, 희생자들의 유가족들과 영국 국민에게 깊은 애도와 위로의 뜻을 표한다"라며 "정부는 테러에 절대 굴복하지 않고 굳건히 맞서겠다는 메이 총리의 성명을 높이 평가하며, 테러 척결을 위한 국제사회의 연대에 적극적으로 동참할 것"이라고 덧붙였다.

이 밖에 조준혁 외교부 대변인은 이날 정례브리핑에서 이번 사건과 관련한 우리 국민 피해자에 대한 지원 상황과 관련해 "외교부 본부와 주 영국 대사관은 사건 발생 즉시 비상 근무체제를 가동하여 우리 국민 보호를 빈틈없이 하고 있다"라고 밝혔다. 이날 새벽 영국 내 한국인 방문객을 대상으로 신변안전 유의 로밍 문자 메시지를 발송하는 한편, 주 영국 대사관 공관 홈페이지와 SNS를 통해 '교민 신변안전 유의' 공지를 게재했다는 설명이다.

특히, 주 영국 대사관은 이번 사건과 관련한 우리 국민 5명의 피해 상황을 확인하고 부상자가 입원해 있는 2개 병원에 즉각적으로 영사와 행정직원을 파견, 필요한 지원을 제공하고 있다고 외교부는 전했다. 조 대변인은 "외교부는 주 영국 대사관을 중심으로 우리 국민 부상자와 가족들이 안전하게 귀국할 때까지 필요한 모든 지원을 제공할 예정"이라고 말했다.

한편, 2017년 3월 테러로 인한 상기 중상 피해자는 2017년 9월 영국과 국내에서 수술·치료 후 테러방지법상 피해지원금 및 특별위로금을 신청했으며, 국가테러대책 위원회의 심의·의결을 거쳐 외교부는 2018년 1월 피해지원금 및 특별위로금을 지급하기로 하였다. 이는 국외 테러 피해 우리 국민에 대한 법률상 최초 보상 사례이며, 국가의 재외국민보호 의무를 국외 테러 피해 국민까지 확대한 점에서 시사하는 바가 크다.

테러방지법 제16조(특별위로금)에는 "테러로 인해 생명의 피해를 본 사람의 유족 또는 신체상의 장애 및 장기치료를 요하는 피해를 본 사람에 대해서는 그 피해의 정도에 따라 등급을 정해 특별위로금을 지급할 수 있다"라고 되어 있다.

## 8. 캐나다 차량 돌진 사건과 국적 문제

### 1) 사건 개요

2018년 4월 23일, 캐나다 토론토시에서 벌어진 차량 돌진 테러 사건이다. 범인은 빌린 흰색 쉐보레 익스프레스 밴 차량을 타고 인도로 돌진하여 10명의 사망자와 16명의 부상자를 발생시켰다. 용의자는 앨릭 미내시언(Alek Minassian)으로 범행을 저지르고 나서 경찰에 체포되었는데 구치소에 수감되어 재판을 기다리고 있다가 결국 가석방 없는 25년형을 선고받았다. 경찰 조사 결과 미내시언은 여성들이 자신과 만나주지 않는다는 이유로 범행을 저지른 것으로 확인됐다. 그는 평소 여러 여성 혐오 사이트에 가입해 활동했다.

미내시언이 범행을 저지른 곳은 토론토의 한인 밀집 지역이다. 이 사건으로 한국계 캐나다인 2명(강○○ 씨, 45세; 정○○ 씨, 22세), 한국인 유학생 1명(김○○ 씨, 22세)이 사망하고, 그 외 두 명의 한국인 유학생들이 부상을 입어 캐나다 한인들의 충격이 상당히 크고 오래 남게 되었다. 캐나다의 수사당국은 앨릭 미내시언을 1급 살인죄 혐의로 기소했으며, 2020년 초에 재판이 예정되어 있었으나 코로나19로 의한 업무 마비로 계속 미뤄지고 있었다가 2021년 3월 3일, 1급 살인죄와 살인미수가 인정되어 유죄가 선고되었다.

## 2) 우리 정부의 대응

이낙연 국무총리는 캐나다 토론토 북부 지역 시내에서 발생한 차량 돌진 사건으로 우리 국민 2명이 사망하고 1명이 중상을 입은 것에 애도를 표하는 한편, 정부의 신속한 지원을 지시했다. 이 총리는 2018년 4월 24일 긴급지시를 통해 "외교부장관은 현지 우리 공관을 중심으로 사고와 우리 국민 피해에 대해 신속하게 대응하도록 조치할 것"이라고 밝혔다. 특히 "우리 국민 사망자 대책, 부상자 현지 치료 보호 및 추가 피해 여부 확인 등을 빈틈없이 하라"고 지시하였다. 이 총리는 "또한 피해 유가족에 대해서는 신속한 연락 조치와 함께 현지 영사조력의 제공 등 필요한 지원이 최대한 이뤄지도록 하라"고 지시했다.

우리 국민 피해자는 사망자 2명, 중상자 1명 등 총 3명으로 확인됐으며 캐나다 시민권자인 우리 동포 1명도 사망한 것으로 알려졌다. 또 영사콜센터로 접수된 우리 국민 연락두절자 9명의 안전이 확인되었다. 주 토론토 대한민국 총영사관은 캐나다 토론토에서 발생한 차량 돌진 사건으로 한국인 사상자가 발생한 것과 관련, 유가족 현지방문 등 후속 지원에 최선을 다하겠다고 밝혔다. 정태인 주 토론토 총영사는 외교부 본부와 긴밀히 협의하면서 이번 사고에 따른 후속 지원 등 대책 마련을 하고 있다면서 이같이 말했다. 이번 사건의 테러 가능성 유무에 대한 구체적인 정황증거는 나오지 않고 있는 가운데 토론토 총영사관은 사건 발생 직후 공관 홈페이지에 현지 교민과 방문객을 대상으로 신변안전에 각별한 주의를 주문하는 공지를 띄웠다.

주 토론토 총영사관 측은 공지사항에서 많은 사람이 운집하는 장소 방문이나 불필요한 외출, 특히 야간 외출을 자제할 것을 당부하고, 수사당국에 철저한 수사를 요청하는 한편, 공관 변호사 자문을 제공하고, 총영사가 토론토시 주최의 추모 집회에 참여하였다.

### 3) 재외국민보호와 국적

그런데 사망한 재외동포가 국적법상 우리 국민 여부인지 판단이 즉각 이루어지기 어려웠던 상황이 발생하였다. 헌법 제2조 2항은 "국가는 법률이 정하는 바에 의하여 재외국민을 보호할 의무를 진다"라고 규정되어 있고, 영사조력법 제2조 1항에 재외국민은 "외국에 거주·체류·방문하는 대한민국 국민"이라고 규정되어 국적에 상관없이 한민족의 혈통을 가진 재외동포와는 차이가 있다.

영사조력법 제13조(재외국민 사망 시의 영사조력)는 "재외국민이 사건·사고로 사망한 사실을 인지한 때에는 이를 바로 해당 재외국민의 가족 등 연고자에게 알리고 외교부장관에게 보고하여야 한다. 사망자의 사인에 대한 조사 및 시신의 처리 등에 관한 주재국 절차 안내, 주재국 관계 기관에의 협조 요청 등 필요한 조치를 해야 한다"라고 규정되어 있다. 따라서 해외 사건·사고 발생 시 시민권을 가진 재외동포에게는 영사조력을 제공하지 않는 것이 원칙이다. 왜냐하면, 사망한 캐나다계 한국인은 엄밀한 의미에서 캐나다 시민으로 재외동포에 해당하지만 영사조력을 제공할 수 있는 재외국민은 아니기 때문이다.

# 해외에서 대규모 자연재해
# 발생 시 재외국민보호

## 1. 일본 구마모토 지진과 영사조력

### 1) 지진 발생 개요

2016년 4월 14일 오후 9시 26분경 일본 구마모토현 구마모토시에서 발생한 규모 6.5의 지진으로 시작된 연쇄 지진이 발생하였다. 진도 7은 일본 기상청 진도 계급의 최고 단계로 일본 지진 관측 사상 1995년 고베 대지진, 2004년 니가타현 주에쓰 지진, 2011년 도호쿠 대지진에 이어 4, 5번째 사례로 기록되었다.

일본 기상청은 2016년 4월 15일 오전 10시 30분 발표를 통해 이번 지진을 '헤이세이 28년 구마모토 지진'(平成 28年 熊本 地震)이라고 이름 붙였다. 일본은 대규모 지진이 발생하면 기록을 위해 이렇게 이름을 붙이며, 일본에서 일어난 지진에 기상청 명명의 이름이 붙는 것은 도호

쿠 대지진 이후 5년 만에 처음이다. 그만큼 상황의 심각성이 중대하다는 뜻이다.

구마모토현에서 잇따라 지진이 발생하자 일본 정부는 구마모토현을 특별재해 지역으로 지정하고, 자위대 2만 5천 명을 급파하여 실종자 수색 및 재해주민 지원 물자 수송 등 구호 활동을 하였다. 또한, 아베 신조 총리는 지진 26분 뒤인 9시 52분에 나타나서 나흘 동안 9차례 정부의 조치사항을 직접 국민에게 브리핑하였다.

## 2) 우리 정부의 조치

4월 18일, 박근혜 대통령은 아베 총리에게 구마모토 지진에 대한 위로 전문을 보냈다. 4월 21일 외교부 측에서는 이후에도 우리 정부에서 일본 측에 지속적인 지원 의사를 밝혔으나, 일본 정부 측에서 "마음은 고맙지만, 자체적으로 해결할 수 있다"라는 말과 함께 정중하게 거절했다가 결국 우리 정부 제의를 수용하였다.

4월 22일, 우리 정부는 구마모토에 천막, 담요, 생필품(생수, 즉석 밥 등)을 지원했으며, 돈으로 환산하면 약 10만 달러(한화 약 1억 1500만 원)가량이다. 이 지원품들은 대한민국 공군의 C-130 수송기 2대를 이용하여 구마모토 공항으로 옮겨졌다. 피해가 계속 확산되자 일본 정부도 더는 거절할 수 없었던 것이다. 일본 정부는 스가 요시히데 정부 대변인 발언을 통해 "한국 정부가 보낸 구호품이 도착한 사실을 확인했고, 이번 지원이 양국 관계의 관점에서 유의미한 일이며 마음을 따뜻하게 하는 한국 정부의 지원에 감사드린다"라고 논평했다.

## 3) 외교부, 재외국민보호 대책회의 개최

외교부는 2016년 4월 16일(토) 오후 한동만 외교부 재외동포영사 대사 주재로 청와대, 국토해양부, 해양수산부, 국민안전처, 소방방재청, 기상청 등 관계 부처가 참여한 가운데 '일본 지진 관련 재외국민보호 대책회의'를 개최하였다. 한 대사는 모두발언에서 우리 국민 신체 및 재산 피해는 아직 확인되거나 접수되지 않았으나, 향후 진도 6 이상의 여진 발생 가능성에 따른 우리 국민 피해에 대비하여 정부 차원에서 만반의 대비책 마련 필요성을 강조하였다.

외교부는 영사콜센터 등을 통하여 접수된 규슈 지역을 여행 중인 우리 국민 연락 두절 케이스 14건에 대해 소재를 확인하여 가족들에게 통보하고, 구마모토현 인근 지역인 오이타현 벳푸 지역의 도로망 단절 등으로 발이 묶여 있는 우리 여행객 200명을 후쿠오카로 이송하기 위해서 주 후쿠오카 총영사관을 통해 전세버스 5대를 긴급 투입하는 한편, 구마모토 공항으로부터 귀국 예정이던 우리 국민의 귀국 편의 도모를 위해 아시아나 항공사 측과 협의하여 4월 16일 17시 20분 후쿠오카발 임시항공기를 운항하기로 하였다.

또한, 일본 당국이 앞으로 1주일간 여진이 다수 발생할 가능성이 있다고 발표하였고, 우리 국민 피해가 있을 것에 대비하여 관계 부처(문화체육관광부, 국토부)는 규슈 지역 항공편 및 여행상품의 원활한 예약, 취소 등을 위해 관련 업체에 협조를 요청하였다. 이번 재외국민보호 대책회의에서는 상기 정부 차원의 조치사항 점검과 함께, 각 부처가 비상 근무체제를 유지하면서 협조체제를 지속 가동해 나가기로 하였다.

### 4) 정부, 일 구마모토현 지진 신속대응팀 파견

정부는 4월 17일 강진이 발생한 일본 규슈 구마모토현에 외교부 신속대응팀을 파견했다. 신속대응팀은 외교부 본부 인원 2명과 현지 공관 인력(후쿠오카 총영사관) 2명 등 4명이다. 신속대응팀은 현지에서 우리 교민의 안전과 피해 상황 등을 점검하였다.

주 후쿠오카 총영사관에 의하면 규슈 지역에는 약 2만 3,000명의 재외국민이 거주하고 있으며, 구마모토현에는 약 1,000명이 거주하고 있는 것으로 알려졌다. 또한, 하루 평균 3,000명의 한국인 여행객이 온천으로 유명한 이곳을 방문하는 것으로 파악되었다. 일본 구마모토현에서는 4월 14일 밤 규모 6.5 강진에 이어 4월 16일 새벽 규모 7.3의 2차 강진이 발생했으며 여진이 이어졌다. 이날 새벽까지 40여 명이 목숨을 잃고 2,000여 명이 다친 것으로 집계되었으며 그때까지 우리 국민의 피해는 없는 것으로 총영사관은 파악하였다.

## 2. 인도네시아 아궁화산 분화와 전세기 파견 및 비용 미납자 처리 문제

### 1) 아궁화산 분화 내용

발리 아궁화산은 2017년 11월 25일 오후부터 11월 26일 오전 사이에 네 차례나 분화했다. 2017년 11월 26일 오전 세 차례에 걸쳐 분화해 해발 2만 6천ft(약 7,900m) 높이까지 화산재를 뿜어냈다. 아궁화산의 분화가 본격화하면서 현지 재난 당국이 경보단계를 최고단계인 '위험'으로 재차 상향했다. 11월 27일 현지 언론과 외신에 따르면 인도네시아 국가 재난방지청(BNPB)은 이날 오전 아궁화산의 경보단계를 전체 4단계 중 가장 높은 단계인 '위험'으로 한 단계 높였다. 아울러 분화구 6.0~7.5㎞ 였던 대피 구역을 반경 10㎞로 확대하고, 해당 지역 내 주민에게 전원 대피할 것을 지시했다.

이에 롬복 국제공항은 11월 27일 오후 4시 15분부터 아궁화산의 분화로 인한 악영향이 해소될 때까지 공항 운영을 중단한다고 밝혔다. 일부 항공사들은 발리를 드나드는 항공편을 자체적으로 취소 또는 연기했고, 이로 인해 수천 명의 관광객이 응우라라이 공항에 발이 묶인 것으로 알려졌다. 대한항공은 이날 발리 화산분화 영향으로 11월 27일 오후 6시 인천공항을 떠나 발리로 가려던 KE629편(예약 223명) 여객기 운항을 취소했다. 대한항공은 또한 11월 28일 오전 1시 25분(현지 시각) 발리 공항을 출발해 인천공항으로 오려던 KE630편(예약 114명) 운항도 취소했다. 인도네시아행 항공편은 한국에서 간 비행기가 곧바로 돌아오기 때문에 출발 편이 취소되면 돌아오는 '복편'도 자연히 운항할 수 없게 되었다.

## 2) 우리 정부의 조치

### (1) 외교부, 재외국민보호 실무대책회의 개최

정부는 2017년 11월 28일(화) 오후 4시 한동만 외교부 재외동포영사대사 주재로 국토교통부, 한국여행업협회, 아시아나항공, 주 인도네시아 대사관 등 관계 부처와 기관이 참석한 가운데, 인도네시아 발리 아궁산 화산 분출과 관련하여 발리 국제공항 잠정 폐쇄 및 발리-인천 간 항공기 결항 등으로 우리 국민의 불편이 발생하고 있는 데 따른 정부 차원의 대책을 협의하였다.

한동만 대사는 모두 발언을 통해 인도네시아 발리 아궁화산 분출 관련 화산활동 징후 및 우리 국민 체류 현황 등 현 상황을 설명하면서, 인도네시아 발리 지역에 체류 및 여행을 계획 중인 우리 국민에게 동 화산 주변으로 이동을 금지하고, 당분간 동 지역으로의 여행을 자제해 줄 것을 권고하였다. 회의에서는 현지 체류 중인 우리 국민 보호 방안으로 외교부 본부에 재외국민보호 실무대책반, 현지 공관에 현지 상황반을 설치하여 더욱 체계적인 지원을 할 수 있는 체제를 마련하고, 발리 국제공항 내 안내 데스크를 설치하여 여타 교통편을 이용한 우회 출국 경로를 안내하는 방안을 논의하였다.

또한, 발리에서 수라바야 공항까지 우리 국민을 이동시킬 수 있는 버스 교통편을 마련하고, 현장에서의 지원을 강화해 나가기 위해 주 인도네시아 대사관 직원과 외교부 신속대응팀을 현지에 파견키로 하였다. 그리고 화산 활동으로 인한 우리 국민의 불편이 장기화할 가능성에 대비하여 긴급 전세기를 투입하는 방안 등도 함께 논의하였다. 한 대사는 "외교부 본부에서도 2명의 신속대응팀을 발리로 파견할 예정"이라며 "발리에 있는 우리 국민의 소재를 정확히 파악해서 영사조력을 제공하고 교통편 운영 지원을 계획하고 있다"라고 강조했다.

외교부는 당시 인천~발리 노선 결항으로 우리 국민 575명을 포함해 상당수 국민이 발리에 발이 묶여 있으며 발리 인근에 있는 롬복에는 우리 국민 22명이 체류 중인 것으로 파악하였다. 외교부는 인도네시아 발리섬 아궁산의 최근 화산재 및 연기 분출과 관련해 "2017년 11월 26일 현재까지 접수된 우리 국민 피해는 없다"라고 밝혔다. 외교부 당국자는 11월 26일 "주 인도네시아 대사관은 화산 분출 동향 및 이에 따른 공항 운영 현황 등을 예의 주시하면서 인도네시아 관계기관과의 협조를 통해 우리 국민 신변 보호를 위한 대책을 마련해 나갈 예정"이라고 발표하였다.

한편, 문재인 대통령은 2017년 11월 29일 화산 분화로 공항이 폐쇄되면서 이동이 제한된 인도네시아 발리의 교민과 관광객들을 위해 전세기 파견을 검토하라고 외교부에 지시했다. 문 대통령은 이날 오전 청와대에서 북한의 장거리 탄도미사일 도발에 따른 국가안전보장회의(NSC) 전체회의를 소집한 자리에서 "발리 교민과 관광객의 안전한 호송을 위해 전세기 파견을 포함한 적극적인 조치를 검토하라"고 강경화 외교부장관에게 지시했다며 윤영찬 청와대 국민소통수석이 전했다. 한편, 주 인도네시아 대사관은 발리 주재 영사협력원 2명을 통해 현지 상황을 신속하게 파악하고 공항 내 헬프 데스크를 운영하며 외교부 신속대응팀과 함께 대사관 공사를 반장으로 대사관 신속대응팀을 발리 지역에 파견하기로 하였다.

### (2) 발리에 전세기 파견

외교부는 2016년 6월 금호아시아나와 '해외 대형 재난 시 우리 국민 긴급대피 지원을 위한 업무협력 약정'을 체결해 우리 국민 긴급대피 지원을 위해 필요한 전세기의 유상제공에 최대한 신속히 협조하기로 한 바 있다. 약정에 따르면, 해외 대형 재난 시 외교부의 요청이 있으면 금호아시아나는 우리 국민 긴급대피 지원을 위해 필요한 전세기의 유상제공에 최대한 신속히 협조하기로 하였으며, 이를 위해 양 기관은 핫라인을 구축하기로 하였다.

이를 근거로 외교부는 해외 대형 재난 발생 시 국민의 빠른 귀국을 돕기 위해 전세기 임차 예산안을 2016년 예산안에 새로 편성했다. 2016년 외교부 예산 편성 현황에 따르면 한번에 5억 원씩, 3대 또는 3회 띄울 수 있는 경우를 상정해 15억 원이 배정됐다. 외교부는 2015년 5월 네팔 대지진 발생 당시, 네팔 취항 국적기가 주 1~2회만 운항해 국민의 신속한 철수에 어려움을 느끼고 전세기 파견 예산의 필요성을 깨닫게 되었다.

외교부는 그간 네팔 대지진을 비롯해 2004년 태국 내 대규모 탈북자 이송, 2010년 키르기스스탄 민족분쟁, 2011년과 2014년 두 차례에 걸친 리비아 내전 당시 리비아에 진출한 우리 기업 직원 등의 이송을 위해 전세기를 투입한 바 있다. 하지만 해당 예산을 투입해 전세기를 띄운 것은 이번 발리행 항공편이 처음이었다.

발리 아궁화산 분화로 인해 현지에서 항공 운항이 중단된 상황에서 신속대응팀과 주 인도네시아 대사관 직원들이 우선 12대의 버스를 임차하여 운항이 중단된 발리 공항에서 운항이 가능한 수라바야 공항까지 안내하였고, 2017년 11월 30일 대한항공 특별기편으로 발리 여행객 179명을 태우고 돌아왔다. 그리고 12월 1일 아시아나 전세기편으로 266명이 귀국하였고, 이후 544명이 대한항공 정규 항공편과 가루다항공 정규 항공편으로 발리에서 추가로 귀국하였다.

4편의 항공편을 통해 약 1,000여 명이 귀국하게 됨으로써 그간 아궁화산 분화 활동으로 고립되었던 대부분의 우리 국민이 귀국하였다. 한편, 이 소식을 접한 네티즌들은 "국가가 국가다운 조치다" "세금을 국민을 위해 사용한다" 등의 반응을 보였다.[84]

---

84) 박재영, "발리 여행객들 전세기 타고 귀국 "세금을 국민을 위해 사용" "이 얼마나 훈훈한가" 네티즌",

## (3) 전세기 비용 부담 문제

전세기 탑승 시 발생하는 비용은 외교부와 탑승자가 나눠 부담하는 것이 원칙이다. 외교부 예규 제89호 「해외 대형사건·사고 발생 시 전세기 등 운용 지침」에 따르면 외교부는 전세기 등의 탑승 희망자에게 통상 발생하는 합리적 수준의 탑승권 구매 비용을 청구하고, 초과하는 비용은 외교부가 부담한다.

탑승 희망자가 비용을 부담해야 하면 외교부는 이를 사전에 대상자에게 알리고 서면 동의를 받아야 한다. 다만 ① 긴급구난 활동비 지원 대상자의 경우 ② 정부의 명령으로 긴급하게 피난해야 하는 경우 ③ 사태의 급진전으로 해당 지역에서 긴급히 철수해야 하는 경우 ④ 기타 외교부장관이 탑승자에게 부담시키는 것이 적절하지 않다고 판단하는 경우에는 위의 규정과 상관없이 외교부가 비용을 부담할 수 있다.

이번 아궁화산의 경우 위의 4가지 상황에 해당하지 않는 사례로, 외교부는 성수기가 아닌 비수기 발리발 인천행 항공편의 평균 가격이 40~80만 원대라는 것을 고려해 전세기 탑승 비용의 적정 가격을 책정하고, 관련 예산 2억 1,500만 원을 아시아나항공에 지불했다. 그러면서 전세기 비용을 이용객이 일부 부담하도록 한 규정에 따라 승객들에게는 추후 발리~인천 최저가(성인 일반석 기준 42만 원) 또는 개인 항공권 환불 금액만 받겠다고 미리 고지했다. 약 1억 5,500만 원을 정부가 부담하고 6,000만 원가량을 이용객이 부담하는 비율이었다.

「해외 대형사건·사고 발생 시 전세기 등 운용 지침」 제7조(소요 경비

---

서울경제신문, 2017년 12월 1일, https://www.sedaily.com/NewsView/1OOOPRUI9Z

청구)에 따라 탑승자들은 탑승 전 비용 청구에 대한 안내를 받은 후 납부 서약서를 작성하였으나 그중 17명이 수년이 지난 후에도 항공료(총 약 700만 원)를 납부하지 않았다. 이에 외교부는 정부가 위난상황 시 재외국민보호를 위해 임차하여 운용한 전세기 탑승 비용 납부 관련 올바른 선례 확립 및 이미 비용을 납부한 탑승자와의 형평성 확보를 위하여 미납액 전액을 환수할 필요가 있다고 판단했다. 외교부는 1년간 항공료 미납 승객 17명에게 지속적으로 전화·이메일로 연락하고, 두 차례 공문까지 보내 납부를 독촉했지만 끝내 답이 없어서 법률 검토 후 이들을 상대로 민사소송을 제기하였다.

전세기 운용 지침에 비용 미납에 관한 벌칙 조항이 없으므로 승객이 자발적으로 납부하지 않는 경우, 강제로 받아내는 것이 어렵다. 납부를 강제하기 위해선 현재로선 탑승 전 작성한 서면동의서를 증거로 민사소송을 제기하는 방법밖에 없었으며 17명의 미납 승객들은 1년 4개월이 지난 2020년 3월이 되어서야 완납하였다.

## 3. 필리핀 타알화산 분화와 영사조력

### 1) 화산 분화 개요

타알화산(필리핀어: Bulkang Taal)은 필리핀 루손섬 바탕가스주 타알 호수 안에 있는, 필리핀에서 두 번째로 활발한 활화산으로, 높이는 해발 311m에 불과하여 세계에서 가장 작은 화산이라는 독특한 타이틀을 갖고 있다. 마닐라 근교 타가이타이에 있는 이중 칼데라 화산이며 1911년 화산 폭발 당시에는 해일을 발생시켜 많은 사람이 목숨을 잃었다.

1977년의 분화 이후 43년 만인 2020년 1월 12일 오후 4시경 필리핀 정부는 화산 활동이 지속해서 진행되고 마그마 분출 가능성이 커져 화산 경보 단계를 2단계에서 3단계로 격상하고, 화산섬 전역을 영구위험 지역(Permanent Danger Zone)으로 선포하였다. 타알화산은 다시 분출하였고, 필리핀 화산지진연구소는 경보를 3단계에서 4단계로 올렸다. 타알 화산섬 인근에서는 진도 2.9, 3.9의 지진이 관측되었으며 반경 14km의 주민 1만여 명에게 대피령을 내렸다.

주 분화구에서 시작된 분출로 발생한 화산재가 칼라바르손 지방, 메트로 마닐라, 중앙 루손 지방 일부에 영향을 미쳤고, 이로 인해 학교와 직장이 휴업하고, 화산재의 영향으로 마닐라 국제공항의 항공편 운항이 전면 중단되기도 했다.

타알화산 폭발로 인한 대피명령 지역(화산 반경 14km)에 거주하는 우리 국민은 없으나 화산반경 약 20km~35km 지역인 타가이타이, 실랑, 다스마리냐스 등에 교민 약 3,000여 명 거주하고 있었다. 화산 분출로 인한 우리 국민의 인명 피해 현황은 접수된 바 없으나 화산 인접 지역에 거주하는 교민 대부분은 화산재 낙하로 인해 이동이 통제되고 시계가 확보되지 않으며 대기 혼탁으로 호흡 곤란을 호소하였다.

## 2) 주 필리핀 대사관의 조치

타알화산 활동에 따른 화산재 분출로 인해 2020년 1월 12일 오후 6시부터 1월 14일 오전 9시까지 마닐라 국제공항이 폐쇄됨에 따라 모든 항공편이 결항하여 우리 국민 여행객의 입출국이 제한을 받게 되었다. 마닐라 국제공항 폐쇄는 화산 분출로 인해 화산재가 마닐라 상공까지 퍼지면서 항공기 이·착륙 시 엔진으로 화산재가 유입되어 항공기 사고가 발생할 가능성이 있어 취한 조치였다.

타알화산 폭발 이후 주 필리핀 대사관은 대사관 내에 '현장대책 지휘본부'를 구성하여 재외국민보호 현장 조치 행동 매뉴얼(설명서)에 따라 한동만 대사를 본부장으로 하고 대사관 전 직원을 현장팀, 상황팀, 언론팀으로 나누어 비상 근무하였다.

주 필리핀 대사관의 '현장대책 지휘본부' 회의 개최 모습

회의결과, ① 경찰 영사를 화산 분출 지역에 파견하여 우리 교민 피해 현황 점검 및 대응을 지원하고 ② 필리핀 외교부, 재난 당국을 통해 화산 활동 상황 및 주재국 대응상황을 확인하는 한편, 화산 인접 지역 체류 교민 대피방안 및 이동수단을 검토하도록 하고 교민과 여행객을 대상으로 대사관 안전문자 메시지(카카오톡 12,000여 명 가입)를 발송하도록 하

였으며 공관 홈페이지, 페이스북, 한인회 단톡방 등을 통해 실시간 안전 공지를 하기로 하였다.

또한, 2020년 1월 14일 한동만 대사 주재로 필리핀 내 우리 국적 항공사(대한항공, 아시아나, 진에어, 제주항공), 관광업체, 한인회, 한국관광공사 필리핀 지사 등 주요 관계자들을 소집하여 우리 국적기 증편 현황과 관광객 등 우리 국민 불편사항 등을 점검하고 지원방안을 모색하였다.

아울러 주 필리핀 대사관은 주 필리핀 한인총연합회와 타알화산 분화 관련 교민 위기대응 기구로 '재난대책위원회'를 조직하여 1월 18일 오전 10시 화산분출 인접 지역에서 회의를 개최하고 ▲화산 분출로 인한 비상 상황 발생 시 교민 대피 장소 운영계획 ▲피해 교민 파악 및 지원 방안 ▲비상 연락체계 구축 등 위기대응 방안을 논의하였다. 대사관은 동 재난대책회의 참석 때 화산 인접 지역 교민들에게 외교부 본부로부터 지원받은 마스크(2,300개)를 전달하였다.

2020년 1월 30일 주 필리핀 대사관은 화산재 낙하로 피해를 본 우리 교민들의 피해 복구를 지원하기 위해 주 필리핀 한인총연합회와 함께 화산 인접 지역 교민 거주 지역에서의 화산재 청소와 구호 활동을 전개하였으며, LG는 화산재가 덮인 지역에 대형 세탁기를 보내서 빨래를 지원하였다. 주 필리핀 한인총연합회는 1월 22일부터 교민의 주거지와 업소, 학교 등지에 떨어진 화산재를 치워주는 봉사활동을 시작하였다.

한인회는 이번 화산 폭발로 일자리를 잃은 현지인 50~100명과 교민 4~5명으로 지원팀을 꾸려 교민의 주거지 지붕 등에 쌓인 화산재를 청소하고 이에 필요한 비용을 충당하기 위한 모금 활동이 교민단체를 중심으로 활발하게 진행하였다.

### 3) 한국 정부, 필리핀 화산 피해에 20만 달러 인도적 지원

한동만 주 필리핀 대사는 2020년 1월 17일 필리핀 적십자사에서 리처드 고든(Richard Gordon) 필리핀 적십자사 총재 겸 상원의원에게 필리핀 타알화산 분출 피해에 대한 우리 정부의 20만 달러 규모의 인도적 지원금을 전달했다. 외교부는 "대피소에 수용된 이재민에게 구호품 등을 신속히 제공함으로써 조속한 생활 안정에 이바지할 것으로 기대한다"라고 설명했다.[85]

## 4. 네팔 지진 발생 시 영사조력

### 1) 지진의 발생과 규모

2015년 4월 25일 6시 11분 26초에 네팔에서 진도 7.8의 대지진이 발생하였다. 이 지진은 1934년 네팔-비하르 지진 이후 네팔에서 발생한 가장 강력한 지진으로 기록되었다. 이로 인해 네팔, 중국, 인도, 파키스탄, 방글라데시 등지에서 최종 집계 결과 8,964명이 사망했고 21,952명 이상이 부상을 당했으며 660만 명 이상의 이재민이 발생했다. 또한, 14만 채 이상의 가옥과 학교 5,000여 개 그리고 카트만두 계곡의 더르바르 광장과 같은 여러 유네스코 세계유산이 파괴되었다. 에베레스트산에도 눈사태가 발생해 2014년 에베레스트 눈사태 이후 최대 사망자가 발생했다. 네팔에서만 6,000명 이상의 사망자가 발생했으며 인도에서는 78명의 사망자가 발생했고 네팔에 거주하는 우리 국민 3명이 부상을 입었다.

---

85) 정아란, "정부, '화산 분출' 필리핀 이재민에 20만불 인도적 지원", 연합뉴스, 2020년 1월 16일.

네팔 정부는 4월 28일부터 사흘 동안을 '국가 애도 기간'으로 정하는 한편, 비상사태도 선포하였다. 그리고 5월 1일 지진으로 인한 재건 비용이 2조 원 이상이라고 발표하였다. 우리나라를 비롯하여 미국, 중국, 인도, 파키스탄, 유럽연합, 일본, 싱가포르가 구조대원을 네팔에 파견했고, 독일, 러시아, 이스라엘, 모나코, 베네수엘라, 프랑스, 멕시코는 식품, 의약품 지원을 하였으며, 국경 없는 의사회는 4개 구호팀을 꾸려 네팔로 출발하는 등 국제사회의 지원이 잇따랐다. 반기문 유엔사무총장과 프란치스코 교황도 이번 지진 사태에 대해 애도를 표시했다.

산악인 엄홍길 등 국내 산악인들이 자원봉사차 네팔에 입국했다. 엄홍길은 히말라야 등반을 위해 워낙 자주 네팔에 드나들었고, 현지 포터 및 셰르파와 호형호제를 할 정도로 친하게 지내며, 깊은 산골 마을에 자비로 학교까지 세워주고 네팔을 제2의 조국이라고 부를 정도로 애정을 가지고 있었다.

## 2) 우리 정부의 대응

우리 정부는 네팔의 대규모 지진 사태와 관련하여 2015년 4월 26일 '재외국민보호대책본부' 상황실을 가동하고, 네팔 현지 공관을 중심으로 우리 국민 인명 피해 여부를 파악하는 한편, 여행객들의 안전한 귀국을 위한 안내 활동을 펼쳤다. 피해가 큰 포카라 현지에도 우리 공관 직원 등이 파견됐으며, 비상 핫라인도 설치됐다.

외교부는 네팔 지진 사태 이틀째인 4월 26일 현지를 여행 중이던 50대 한국인 부부가 다친 것으로 확인됐다고 밝혔다. 이로써 네팔 지진 사태로 인해 상처를 입은 한국인 피해자는 가벼운 상처를 입은 것으로 확인된 한국인 1명을 포함해 모두 3명으로 늘었다. 상처를 입은 것으로 확인된 50대 부부 가운데 여성은 가벼운 부상이지만, 남편은 머리와 다리 등에 중상을 입은 것으로 전해졌다.

정부는 2015년 4월 27일(월) 오후 3시 조태열 외교부 제2차관 주재로 민관 합동 해외긴급구호협의회를 긴급히 개최하여 지진으로 심각한 피해를 겪고 있는 네팔을 지원하기 위해 '대한민국 긴급구호대(KDRT)'를 파견하기로 하였다. 회의를 주재한 조태열 차관은 네팔 지진 피해 관련 해외긴급구호대 파견도 국제사회의 인도적 재난에 대한 한국의 적극적인 기여 의지와 활동을 널리 알리는 데 이바지할 수 있도록 각 부처의 각별한 협조를 당부하였다.

이와 별도로 우리 정부는 네팔에 100만 달러(약 10억 8,000만 원)를 지원하고, 4월 27일 네팔에 대한 여행경보를 1단계인 '여행 유의'에서 2단계인 '여행 자제'로 격상했다. 우리 정부는 4월 30일 네팔의 체류 국민 귀국을 위해 네팔에 특별기를 보냈고, 네팔에 현장학습을 하러 갔던 창원 태봉고 학생들은 한국으로 무사 귀환했다.

# 5. 튀르키예 지진 발생 시 긴급구호대 파견

## 1) 지진 규모와 사상자

2023년 2월 6일 오전 1시 17분경 튀르키예 가지안테프 남쪽에서 진도 7.8의 지진이 발생하였다. 이 지진으로 최소 47,304명이 사망했는데, 이 중 튀르키예에서 35,418명, 시리아에서 최소 9,300명이 사망했다. 1999년 이즈미트 지진 이후 튀르키예에서 사망자가 가장 많은 지진으로 기록되었다. 역사 지진까지 따지면 약 25만 명이 사망한 526년 안티오케이아 지진 이후 아나톨리아에서, 최대 약 6만 명이 사망한 1822년 알레포 지진 이후 시리아에서 사망자가 가장 많은 지진이다. 전 세계로 따져도 2010년 아이티 지진 이후 전 세계에서 사망자가 제일 많은 지진이며 21세기에 발생한 지진 중 사망자가 5번째로 많은 지진으로 알려졌다.[86]

## 2) 우리 정부의 조치

윤석열 대통령은 "우리가 공산 세력의 침략을 받았을 때 바로 대규모 병력을 지원해서 우리의 자유를 지켜준 형제의 나라가 튀르키예였다"라고 하면서, KC-330 군 수송기를 이용한 구조인력 급파와 긴급 의약품 지원을 신속히 추진할 것을 지시했다. 또한, 외교부를 비롯한 관계 부처에 튀르키예가 추가 지원이 필요할 경우 지원방안을 적극 강구할 것을 주문했다.

박진 외교부장관은 2023년 2월 7일 서울 종로구 외교부 청사에서 튀르키예 지진 피해 지원 관련 '민관합동 해외 긴급구호 협의회'를 개최하고, 지진으로 큰 피해를 본 튀르키예에 500만 달러의 인도적 지원과 함께 탐색구조팀이 중심이 된 해외 긴급구호대 파견을 논의했다. 이에 따라 외교부, 국방부, 소방청, 한국국제협력단(KOICA)으로 구성된 118명 규모의 튀르키예 지진 피해 대응을 위한 대한민국 긴급구호대(KDRT)가 2023년 2월 7일(화) 밤 출정식을 갖고, 우리 군 수송기를 통해 튀르키예

---

86) 위키백과, 〈튀르키예-시리아 지진〉, 2023년 2월 23일.

로 출국하였다. 우리 긴급구호대는 수색·구조 전문인력을 중심으로 구성되었으며, 튀르키예 지진 현장에서 국제사회가 파견한 다양한 구호 인력 그리고 튀르키예 정부와 긴밀히 협력하였다.

심각한 지진 피해를 입은 튀르키예에 파견됐던 대한민국 해외긴급구호대(KDRT) 118명이 열흘 만에 구조 임무를 완수하고 한국에 무사 귀환했다. 외교부는 2월 18일 오전 7시 튀르키예 지진 피해 지원을 위해 파견됐던 해외긴급구호대 1진이 경기 성남 서울공항을 통해 귀국했다고 밝혔다.

대한민국 해외긴급구호대(KDRT) 대원들이 7일 인천시 중구 인천국제공항 제1 여객터미널에서 튀르키예 지진 피해 지원을 위한 출정식에 참석하고 있다.
[출처: 국방부 페이스북, 대한민국 정책브리핑(www.korea.kr)]

튀르키예에서 귀환한 원도연 긴급구호대장(외교부 개발협력국장)은 "구호대가 지진 피해현장 생존자 구조, 시신 수습, 각국 구호대와의 협력 및 튀르키예 재난 위기 관리청과의 협업 등의 활동을 마치고 복귀한다"라고 보고했다. 육군 특수전사령부와 소방청 등 수색구조 인력 중심으로 꾸려졌던 118명 규모의 구호대 1진은 추위와 전기·수도 단절 속에서도 하타이주 안타키아에서 8명의 실종자를 구해냈다. 살리 무랏 타메르 주한 튀르키예 대사는 "이번 지진 피해에 대한 한국의 지원을 튀르키예 국민들이 절대 잊지 않을 것"이라며 구호대의 활동에 감사를 표했다.[87]

　　정부는 2월 15일 오후 박진 외교부장관 주재로 '제2차 민관합동 해외 긴급구호협의회'를 개최하였다. 이번 협의회는 이달 7일 열린 1차 협의회에 이어 지진 발생 9일째 되는 시점에서 우리 정부 대응 현황을 점검하고, 향후 지원 방향을 심의, 의결하기 위해 열렸다. 외교부와 국무조정실, 국방부, 행정안전부, 보건복지부, 산업통상자원부, 국토교통부, 소방청, 해양경찰청, 한국국제협력단(KOICA, 코이카), 대한적십자사, 대한상공회의소, 국제개발협력민간협의회, 사회복지공동모금회 관계자들이 참석했다.

　　참석자들은 이번 협의회에서 튀르키예 지진 피해 구호 및 복구 지원을 위해 해외긴급구호대(KDRT) 2진 파견과 10억 원에 상당하는 구호 물품 55톤의 추가 지원을 결정했다. 특히, 참석자들은 현지 지원 활동이 생존자 구조에서 이재민 구호 및 재건 단계로 전환 중인 상황에서 튀르키예 정부가 텐트, 담요 등 구호 물품 지원을 최우선 순위로 요청하는 것과 관련한 지원방안을 논의했다.

　　민관 합동 해외긴급구호협의회 회의 결과에 따라 민관 합동으로 구성

---

87) 윤기은, "튀르키예 파견 긴급구호대 1진 복귀… '8명 구조' 성과", 경향신문, 2023년 2월 18일.

된 21명의 대한민국 긴급구호대(KDRT) 2진이 2월 16일(목) 23시 50분경에 우리 군 수송기를 통해 튀르키예로 출국하였다. 긴급구호대 2진은 외교부(2명), KDRT 의료팀(10명/국립중앙의료원·한국국제보건의료재단·국방부), 한국국제협력단(5명), 민간긴급구호단체(4명)로 구성되었다. 이와 별도로 정부는 구호 물품(텐트 총 1,030동, 담요 3,260장, 침낭 2,200장)을 2월 16일부터 17일까지 군 수송기 2대와 민항기 1대로 수송하였다. 구호 물품 제공에는 국제개발협력민간협의회, 굿네이버스, 한국국제기아대책기구, 월드비전 등 민간 구호단체도 동참하였다.

민관 합동으로 구성된 대한민국 긴급구호대(KDRT) 3진(임시 재해복구 사업 조사단)이 2023년 3월 15일(수) 새벽 튀르키예로 출국하였다. 이번 조사단은 외교부, KOICA, 민간긴급구호단체로 구성되어 3월 15일부터 23일까지 9일간 튀르키예에서 활동하였다. 임시 재해복구 사업 조사단은 ▲지진 발생 직후에 파견되어 8명의 생존자를 구조한 구호대 1진과 ▲10억 원 규모의 민관 합동 구호 물품을 전달하고 현지 상황을 파악한 구호대 2진에 이어, 정부의 튀르키예 지진 피해 지원이 일관되고 체계적이며 연속성 있게 이루어질 수 있도록 활동하였다. 정부는 민관 합동으로 1천만 달러 규모의 '이재민 임시 거주촌 조성 및 운영 사업'을 추진하기로 한 바 있으며, 이번 사업 조사단은 튀르키예 정부 재난관리청 및 관계기관과의 협의를 통해 동 사업의 세부 내용을 이행하였다.

튀르키예 정부는 2023년 4월 25일(현지 시간) 앙카라 대통령궁에서 개최한 '인도주의 활동 공로자 훈장 수여식'에서 에르도안 튀르키예 대통령이 튀르키예 지진 대응 해외긴급구호대 1진 대장이었던 원도연 외교부 개발협력국장에게 훈장을 직접 전달했다. 이번 수여식은 미국, 일본 중국, 독일 등 긴급구호대를 파견한 주요국 긴급구호대장을 비롯해 튀르키예 지진 대응 활동을 전개한 자원봉사자와 NGO 관계자 등 2천여 명이 참석했다.

한편, 원도연 국장은 이번 튀르키예 방문 계기에 2023년 4월 26일 튀르키예 재난관리청(AFAD) 오르한 타타르 지진 및 위기경감국장을 면담하고, 임시거주촌 사업 개시를 공식적으로 알리는 서한을 전달했다. 아울러 양측은 한국 긴급구호대가 활동한 안타키아 지역에 설립 예정인 임시거주촌 건립을 통한 이재민들의 주거 안정 시급에 인식을 같이하고, 임시 거주촌 조성과 향후 운영 과정에서 긴밀히 협력해 나가기로 했다.

# 6. 미국 허리케인 발생 시 영사조력

## 1) 사건 발생 개요

허리케인 카트리나(Hurricane Katrina)는 2005년 8월 말, 미국 남동부를 강타한 초대형 허리케인으로 북대서양에서 발생한 허리케인 중 6번째로 강했다. 허리케인 카트리나로 인해 가장 큰 피해를 본 지역은 미국 뉴올리언스이다. 8월 30일 허리케인으로 인해 폰차트레인 호의 제방이 붕괴되면서 이 도시의 대부분 지역에 물난리가 일어났다.

이 지역의 주민 중 2만 명 이상이 실종되었고, 구조된 사람들은 인근 슈퍼돔에 6만 명 이상, 뉴올리언스 컨벤션 센터에 2만 명 이상 수용되었다. 두 수용시설은 전기가 끊긴 상황에서 물 공급 및 환기마저 제대로 되지 않아 이재민들의 불만을 더욱 키웠다. 또한, 수용시설과 폐허가 된 시

가지에서 약탈, 총격전, 방화, 강간 등 각종 범죄가 계속 일어나고, 이재민의 대부분을 차지하는 흑인들의 인종갈등 조짐까지 보여 주 정부 및 연방 정부는 이 지역에 군 병력을 투입하였다. 이 허리케인 카트리나로 약 1,600명이 사망한 것으로 알려졌다.

## 2) 우리 정부의 조치

당시 뉴올리언스에는 2,500여 명의 교민이 살고 있었다. 정부는 민동석 주 휴스턴 총영사와 유민 주 로스앤젤레스 총영사관 영사에게 "교민의 생명과 재산을 보호하라"라는 특명을 내려 현지에 급파했다. 대한민국 정부 수립 이후 최초로 신속대응팀도 꾸려져 한국에서 파견됐다.

민 총영사와 유 영사를 비롯한 21명의 현장시찰단은 휴스턴에 주재하는 외교단 83개 재외공관 중 가장 먼저 현지에 투입돼 본격적인 피해조사와 구출 활동에 들어갔다. 교회 등 교민단체와 인근 도시 교민들의 협조 아래 긴급연락을 취하고 구호에 나선 결과 단 한 명의 교민 희생자도 발생하지 않았다.[88]

허리케인 카트리나 사례는 해외에서 자연재해가 발생하면 정부가 어떻게 대처해야 하는지 하나의 모델을 제시했다. 재외공관의 신속한 초동조치와 신속대응팀의 활약, 재난 지휘체계, 언론 대응 등 여러 부분에서 모범적인 사례를 제시했기 때문이다. 덕분에 우리 동포들은 엄청난 재산 손해는 입었을지언정 한 사람도 희생되는 일 없이 무사할 수 있었다.

민동석·유민 두 명의 전 외교관은 당시 직접 보고 느낀 경험을 저버릴

88) 대한민국 정책브리핑(www.korea.kr), 2007년 8월 30일.

수가 없어 『위기의 72시간-두 외교관의 허리케인 카트리나 보고』를 썼다. '72시간'은 국가지도자와 재해 관련 기관들이 3일 안에 정책 결정을 하지 않으면 카트리나처럼 엄청난 재난을 겪게 된다는 최후의 시간을 의미한다.

한편, 정부는 허리케인 카트리나로 인해 미국 동남부 지역에서 예상치 못한 막대한 인명과 재산 피해가 발생한 데 대해 미국 국민들에게 위로의 뜻을 전하며 조속한 복구를 기원하였다. 노무현 대통령은 2005년 8월 31일(수) 대한민국 정부와 국민을 대표하여 부시 미 대통령 앞으로 위로 전문을 보냈다. 아울러, 반기문 외교통상부 장관은 라이스 미 국무장관 및 피해지역인 미시시피, 루이지애나, 알라바마, 플로리다 주지사에게 각각 위로 서한을 보냈다.

우리 정부는 미국과의 전통적인 동맹 관계와 인류애적 가치를 감안하여 미국이 이번 허리케인으로 인한 피해에서 조속히 복구할 수 있도록 가능한 지원을 제공하기로 결정하고 구호금 381만 달러, 피해 동포 지원 100만 달러와 더불어 구호품 수송에 19만 달러 등 총 500만 달러를 지원하였다.

미국 남부 지역에서 발생한 허리케인 카트리나 피해와 관련, 정부는 외교부 본부 2명 및 미국 지역 공관 직원 3명(주 미국 대사관 무관 보좌관인 여승주 중령, 주 뉴욕 총영사관 이만희 총경, 주 로스앤젤레스 총영사관 유민 영사) 등 총 5명으로 구성된 신속대응팀을 현지에 파견하였다. 외교부 본부 직원 2명(영사과 이경철 외무관, 안보정책과 신성철 외무관)은 가장 빠른 항공편을 이용해 현지 시각 9월 2일(금) 오후 4시 반에 휴스턴에 도착하여 우리 공관의 비상대책반에 합류하였다. 우리 정부로서 처음으로 파견되는 신속대응팀은 현지 우리 휴스턴 총영사관과의 긴밀한 협조하에 교민 피해 상황 파악, 현지 기관 협조, 복구 지원 등 임무를 수행하였다.[89]

신속대응팀은 현장에 도착하자마자 한국에서 중요하게 생각하는 한인들의 인적, 물적 피해 상황을 우선 점검했다. 9월 8일 당시 루이지애나 주 내 약 183개 임시시설에 이재민 약 5만 2천여 명이 수용되어 있었다. 사망자들은 배턴루지 안쪽 세인트 가브리엘 사체안치소로 이송되고 있었다. 사망자 신원확인 과정에는 상당한 시일이 소요될 것으로 예측되었다. 이에 신속대응팀은 아시아인으로 추정되는 사망자가 나올 때는 적절한 경로를 통해 총영사관에게 즉각 알려 달라고 요청하였다. 그러나 다행히도 그러한 경우는 발생하지 않았다. 약 2천여 명으로 추정되는 뉴올리언스에 거주하는 동포들은 처음에는 한인 침례교회, 중앙교회 등 교회 시설에 머물다가 대부분 이웃 주에 거주하는 친척이나 지인들을 찾아 떠났다.

신속대응팀은 9월 8일 배턴루지에 있는 연방 재난관리청 본부에 설치된 미국 국무부 현지 사무소를 방문하였다. 사무소장인 설리번 대사를 면담하고 신속대응팀과 총영사관의 동포 지원 활동에 대한 미국 측의 적극적인 지원을 요청하였다. 한편, 주 휴스턴 총영사관 비상대책본부는 피해 지역과 연락하면서 한 사람 한 사람 대피자 명단을 확인해 나갔다. 또한, 대피자 명단을 외교부 영사콜센터와 공유하면서 민원인들의 소재확인 요청에 효과적으로 대응해 나갔다.

소재 확인을 요청받은 사람 가운데 9월 12일 소재 확인이 안 된 사람

---

89) 외교부 보도자료, 2005년 8월 1일.

은 7명 정도였다. 대부분은 목격자의 증언, 방문 또는 전화로 소재가 파악되었으나, 20여 명은 독립된 생활을 해서 그들을 찾아내기가 쉽지 않았다. 주 휴스턴 총영사관과 신속대응팀은 피해 현장 주변을 돌며 주변인들을 수소문하여 9월 14일에는 모두 소재를 파악하게 되었다. 상세한 내용은 앞서 언급한 민동석, 유민의 저서 『위기의 72시간-두 외교관의 허리케인 카트리나 보고』를 참고하면 된다.[90]

---

90) 민동석·유민, 『위기의 72시간-두 외교관의 허리케인 카트리나 보고』, 아리샘, 2007, pp. 202~205.

제4절

# 해외 분쟁 지역에서 우리 국민
# 대피/철수를 위한 영사조력

## 1. 우크라이나 전쟁 발발 후 우리 국민 대피 지원

### 1) 외교부, 우크라이나 재외국민보호대책 강화

2022년 1월 21일 우크라이나 동부 국경 지대에서의 러시아 위협이 고조되자 주 우크라이나 대사관은 자체 대책반을 가동하고 교민 신변안전과 사태 진전 상황을 예의 주시하였다. 우크라이나의 상황이 매우 급하게 돌아가고 있는 가운데, 1월 25일 외교부는 주 우크라이나 대사관과 긴급 화상회의를 하고 유관부서 간 협의를 거쳐, 우리 국민 안전대책 강화 방안의 목적으로 우크라이나 남동북부 12개 주(州)에 대한 여행경보를 3 단계(출국권고)로 상향 조정하기로 하였다. 우크라이나 대사관은 우크라이나 내에 거주 중인 재외국민에게 연락을 취해 안전상황을 확인하고 비상 연락망을 재점검하였다. 아울러 우크라이나에 소재한 주요국 대사관과의 협조체계를 구축하는 한편, 만일의 사태에 대비하여 재외국민 대피 및 지원계획을 수립하였다.

2022년 1월 29일, 주 우크라이나 대사관은 우크라이나 출국 시 이용 가능한 교통정보를 제공하였고, 2월 7일 유사시 대피 집결 장소로 수도인 키예프에는 우크라이나 한국교육원과 선교사협회 회관을, 르비브 지역에는 선교사 교회 및 부속 보육원을, 오데사 지역에는 명예영사 사무실을 지정하였으며, 2월 9일에는 차량용 안전식별 스티커를 배포하였다.

한편, 외교부는 여행경보 3단계인 출국권고 지역을 확대한 데 이어 2022년 1월 28일 정의용 외교부장관 주재로 '우크라이나 및 주변 7개국 화상회의'를 개최하여 대사관 현장지휘본부에 추가로 3명을 긴급 파견하기로 했다. 외교부는 이날 보도자료를 통해 "정의용 외교부장관은 1월 28일 우크라이나 및 주변 7개국(러시아, 벨라루스, 폴란드, 슬로바키아, 헝가리, 루마니아, EU) 공관장들과의 화상회의를 주재하고, 우크라이나 관련 정세 및 우리 재외국민보호대책 등을 점검했다"라고 전했다. 정의용 장관은 화상회의에서 현재 우크라이나를 둘러싼 긴장 해소를 위해 외교적 해법을 모색하고 있으나 상황 악화 가능성도 배제할 수 없다고 전제하며 "최우선 과제인 재외국민과 우리 기업의 안전 확보를 위해 모든 외교력을 집중해야 한다"라고 강조했다.

외교부는 "향후 발생할 수 있는 다양한 시나리오에 대비하여 우크라이나와 접경 국가 소재 우리 공관 간 협조체계 구축에 대해서도 심도 있게 논의했다"면서 "대사관 현장 지휘본부에 외교부 및 인근 공관 직원 3명을 긴급 파견하여 재외국민 안전을 위한 준비 태세를 강화하겠다"고 밝혔다. 외교부는 현지 공관을 통해 우크라이나 잔류 우리 국민에 대한 일일 안전점검을 하고 출국권고를 지속하는 한편, 긴급 상황에서 적시에 대응할 수 있도록 관계 부처와 긴밀히 협조체계를 유지하고, 주요 우방국과의 정보 공유 및 공조 방안을 모색해 나갈 계획이라고 전했다.

외교부는 후속 조치로 ▲수도 키예프, 서부 르비브, 남부 오데사 등 주요 도시에 유사시를 대비한 집결지 지정(비상식량과 구호물품 비치 등) ▲통신망 두절 상황 대비 위성 전화 지원 ▲유사시 우리 국민 비상 대피를 위한 인근국과의 협력체계 가동 등을 언급했다. 한편, 외교부는 우크라이나 상황이 급격히 악화할 가능성에 대비, 외교부 제2차관을 단장으로 관련 실국이 참여하는 대책반(T/F: Task Force)을 구성하였다. 동 대책반은 현지 우리 국민의 안전한 대피·철수와 우리 기업 활동에 대한 피해 최소화 등 제반 대응 방안을 강구하였다.

## 2) 우크라이나 전 지역에 대한 여행경보 4단계(여행금지) 긴급 발령

우크라이나 상황과 관련해 정부는 한국시각으로 2022년 2월 13일(일) 00시(현지 시각 12일 17시)부터 우크라이나 전 지역에 대한 여행경보 4단계(여행금지)인 '흑색경보'를 긴급 발령하기로 하였다.

정부는 현지 체류 중인 우리 국민은 가용한 항공편 등을 이용하여 안전한 제3국 또는 우리나라로 긴급 철수하고, 우크라이나로 여행 예정인 국민은 여행 계획을 취소해 달라고 당부하였다. 또한, 항공편과 육로를 이용한 출국방법 등은 주 우크라이나대사관 홈페이지 공지사항을 확인하고, 출국 계획 및 출국 사실에 대한 정보 등을 우리 대사관에 통보하여 달라고 덧붙였다.

정부는 우크라이나 전역에 여행경보 4단계(흑색경보), 여행금지 조치를 발령했다.

(자료제공: 외교부)

문재인 대통령은 2022년 2월 14일 러시아의 우크라이나 침공 임박 징후로 국제 정세 불안 상황과 관련해 청와대에서 주재한 제4차 대외경제안보 전략회의 모두발언에서 "우크라이나 사태가 해결의 돌파구를 찾지 못한 채 정세 불안이 고조되고 있다"라며 "정부는 급격한 상황 악화에 대비한 예방적 조치로 여행 금지 조치를 발령했다"라고 말했다. 이어 "만약의 경우 우리 국민의 안전한 대피와 철수를 빈틈없이 하고 우리 기업들의 피해를 최소화하는 방안을 미리 강구해야 할 것"이라고 당부했다.

문 대통령은 또한 2월 23일 청와대에서 개최된 참모 회의에서 "우크라이나 재외국민이 1월 25일 여행경보 3단계에서 500명대, 2월 13일 여행경보 4단계에서 300명대였고 외교부 등 관련 부처를 중심으로 현지 상황을 모니터링하고 대피와 철수계획을 지속 점검하면서 지원을 한 결과, 현재 체류자는 64명"이라는 보고를 받았다고 하면서, "우크라이나에 체류하는 우리 국민의 원활한 출국 지원을 위해 유기적인 협조체계를 유지하고, 안전한 대피와 철수를 위한 노력을 지속해 달라"고 말했다.

### 3) 우크라이나 한국 대사관의 조치

주 우크라이나 대사관은 재외국민들이 신속히 안전 지역으로 출국할 수 있도록 ▲이용 가능한 교통편 정보 ▲육로 이동 시 이용 가능한 출국 검문소 현황 등 관련 정보를 공관 홈페이지(http://overseas.mofa.go.kr/ua-ko/index.do)에 게재하고 만일의 상황에 대비해 수시로 교민과 기업 안전간담회를 개최하였다.

우크라이나 동부 분쟁 지역인 돈바스(도네츠크·루간스크주) 지역에서 포격이 이어지면서 외교부는 현지 교민에게 긴급 철수 공지를 내렸다. 주 우크라이나 대사관은 돈바스 지역에서 포격 공방 등이 발생함에 따라 체류 중인 우리 국민에게 조속히 대피할 것을 긴급 공지했다. 2022년 2월 17일 주 우크라이나 대사관은 우크라이나에서 가용 출국 교통수단 확보 못 한 교민에 2월 19일~2월 25일간 대사관 임차 버스를 연장 운행하기로 하였고, 동 버스는 폴란드(또는 여타 인접국)로 향했으며, 우선 르비브 대피 집결 장소에 도착 후 국경 통과를 위한 준비를 했다. 2월 19일 대사관은 우크라이나 잔류 교민들의 철수, 안전지대 이동, 유사시 안전 확보에 도움을 주고자 '비상키트 배낭'을 배포하였다. 외교부는 2022년 2월 19일 오후 6시 기준으로 우크라이나에 체류 중인 우리 국민은 68명으로 파악하였는데 선교사는 14명, 유학생 5명, 영주권자와 자영업자 등은 49명이었다.

4월 13일 우크라이나 사태가 장기화함에 따라, 유럽 등 인근 지역으로 대피·철수한 무자력 상태인 교민들이 귀국하는 데 어려움을 겪는 경우 영사조력법 상 '긴급지원비 및 신속 해외 송금' 제도를 이용할 수 있으니, 필요한 경우 대사관에 방문하여 신청하라고 안내를 하였다.[91]

주 우크라이나 대사관은 러시아의 우크라이나 침공 개시 이후 우크라이나 전역에 민항기 운항이 중단되자 공관원들과 재외국민 11명 및 그 가족 3명을 차량 4대에 나눠 태우고, 신속하고 안전한 이동을 위해 대한민국 국민임을 식별할 수 있는 차량 식별스티커를 부착한 후 육로로 1000㎞ 이상을 30시간 동안 달려 인접국 루마니아로 대피하도록 했다. 외교부는 세계 곳곳에서 직원들이 펼친 '적극 행정' 우수사례를 발굴, 전파하기 위해 2022년 제2차 공모전을 개최하여 적극 행정위원회, 국민 심사 등을 거쳐 주 우크라이나 대사관의 교민 대피 사례를 최우수상에 선정하였다.

김형태 우크라이나 주재 한국 대사는 전쟁 발발 1년을 일주일가량 앞둔 2023년 2월 16일 연합뉴스와의 전화 인터뷰에서 아직 상시적인 위협이 존재하지만, 생업 등 때문에 현지에 남은 교민의 안전을 위해 최선을 다하겠다고 말했다. 김 대사는 "아직도 매일 공습경보가 울리고 한 달에 3~5회 정도 실제 공격을 받고 있다. 30여 명 남은 교민 안전을 위해 최

---

91) 영사조력법 시행규칙 제2조:「재외국민보호를 위한 영사조력법」(이하 '법'이라 한다) 제19조 제1항 제1호에 따른 비용을 지원받으려는 재외국민은「재외국민보호를 위한 영사조력법 시행령」(이하 '영'이라 한다) 제19조 제1항에 따라 별지 제1호서식의 긴급지원비 신청서에 다음 각 호의 서류(금융정보 등 제공 동의서 여권 또는 신분증 사본, 장애, 부상 및 질병 등으로 근로 능력이 현저히 떨어지거나, 주재국에서 합법적 근로가 불가능함을 소명할 수 있는 서류)를 첨부하여 재외공관의 장에게 제출해야 한다.

선을 다하고, 인도적 지원과 함께 전후 재건에 한국이 역할을 할 수 있도록 긴밀하게 협의하고 있다"라고 밝혔다.

## 2. 아프가니스탄의 대사관 직원과 교민 철수

### 1) 당시 아프가니스탄의 긴박한 상황

2021년 8월 15일 이래로 탈레반이 아프가니스탄을 점령함에 따라 미국을 포함하여 외국인들이 대규모 철수하게 되었다. 미국은 아프가니스탄 전쟁을 이어가봤자 끝이 보이지 않는다는 것을 마지못해 인정하게 되었으며 아프가니스탄에서 더 민주주의를 전파할 수 있는 가망이 없다고 판단하였고, 2021년 마침내 미군 철수를 결정하였다.

미국을 시작으로 아프가니스탄에 주재한 주요 대사관들이 철수하기 시작하였다. 이 과정에서 미국이 가장 먼저 대사관 철수를 아프가니스탄 정부에 통보하였다. 이 소식을 전해들은 유럽 서방국가 역시 급하게 자국 교민들과 외교관들의 철수를 통보, 본격적인 철수를 시작하게 되었고, 8월 30일에 미군의 최종 철수로 마무리되었다.

### 2) 대한민국 대사관과 교민의 철수

주 아프가니스탄 대한민국 대사관은 2021년 6월 10일, 아프간 주둔 NATO 및 미군 철수가 진행됨에 따라 치안 상황이 악화하고 있음을 고려하여, 6월 20일까지 재외국민이 모두 출국을 마치길 요청하였다. 이때를 기점으로 교민 등 체류 한국인의 철수가 본격화되었다.

8월 15일, 공식적으로는 대사관에서 유관국과 협조하에 교민들과 함께 철수하겠다는 태도를 발표했다. 우리 외교부는 이날 밤 공지를 통해 대사관을 잠정 폐쇄키로 하고 공관원 대부분을 중동 지역 제3국으로 철수시켰다고 밝혔다. 외교부 당국자는 "아프간에 체류 중인 재외국민(현재 1명)의 안전한 철수 등을 지원하기 위해 현지 대사를 포함한 공관원이 현재 안전한 장소에서 본부와 긴밀히 소통하고 있다"라고 설명했다.

8월 16일부로 최태호 주 아프가니스탄 한국 대사 및 핵심 직원 2명을 제외한 한국 교민 및 한국 대사관 직원 전원이 아프가니스탄을 빠져나온 것으로 확인되었다. 아프가니스탄 탈출 과정은 매우 긴박했는데, 정의용 외교부장관 주재로 외교부 본부와 아프간 한국대사관 사이의 긴급 화상회의가 진행되는 도중에 우방국으로부터 "지금 당장 탈출해야 한다. 상황이 매우 급하니 지금 당장 카불공항으로 가라"라는 메시지를 수신하였고, 정의용 장관은 즉시 아프간 철수를 긴급 지시했다.

한국 대사관 직원들은 대사관에 도착한 미군 헬기에 올라타 공중으로 카불 국제공항까지 이동하였으나, 공항에서 공습경보로 2시간 정도 대기 후 제3국행 비행기에 올라타 출국을 하는 데 성공하였다. 8월 17일 오전, 남아 있던 교민 1명 및 대사관 인원 3명이 전원 출국했다.

### 3) 미라클 작전

한국에 협력한 아프간인들의 구조 요청이 작전의 발단이 되었다. 친미 정부였던 아슈라프 가니 정권이 무너지고 탈레반이 예상보다 빠르게 카불로 진격하여, 카불이 함락당하는 과정에서 아프가니스탄에 대대적인 혼란이 발생하였다. 이후 카불이 탈레반의 숙청과 아슈라프 가니 정권

협력자에 대한 보복으로 도시가 피바다로 변할 것이라는 우려 속에, 각국은 외교관이나 주재 무관, 교민들을 탈출시키는 데에 급급했고 이는 한국도 마찬가지였다.

대한민국은 교민을 비롯한 국민을 안전하게 피난시키는 데는 성공했으나, 아프간 현지에는 한국과 인연을 맺은 수많은 아프간인이 남겨진 상태였다. 한국 대사관에서 일하던 현지인 직원마저 아프가니스탄에 남겨질 정도로 공관 직원, 아프간 재건 프로젝트 참여자, 코이카 등의 국제협력단 조력자 등 많은 조력자가 탈레반 치하에 방치되었다.

그리고 국제사회의 우려는 현실이 되어, 탈레반의 카불 점령 첫날부터 외국인이나 외국인 협력자에 대한 폭력사태가 일어날 정도로 신변 위협이 가시화되었다. 탈레반의 폭력성과 비민주성은 이미 잘 알려져 있던 만큼 아프가니스탄 국민, 특히 탈레반이 극도로 싫어하는 '외세 결탁자들'이 처형당할 수도 있다는 우려가 제기되었다.

주 아프가니스탄 한국 대사관에 한국 관련 아프간인들이 구조 요청을 한 이후 한국 정부는 곧바로 아프간인 이송 작전을 계획하였으며 엠바고를 통한 사전 비밀 유지 그리고 동맹국을 비롯한 유관국과의 긴밀한 협조로 작전 수행이 원활해지도록 했다. 이로써 비밀을 유지하면서도 신속한 작전 진행을 통해 개인 사정으로 카불공항에 오지 않은 인원과 제3국행 희망자를 제외한 희망자 전원을 탈출시키는 데 성공했다.

우리 정부의 현지 재건 활동에 협력했던 아프간인 조력자와 그 가족 391명이 8월 26일 군 수송기를 타고 인천국제공항에 도착하였다. 우리나라가 인도적 이유로 제3국 국민을 대규모로 수송하는 것은 이번이 처음이었다. 수송 인원 중에는 5세 미만 영유아가 100여 명이고 8월에 태

어난 갓난아기도 3명 포함됐다.[92]

이 작전은 자력으로 수백 명의 외국인을 국내로 탈출시킨 대한민국 역사상 두 번째 작전이 되었다. 또한, 인도적 이유만으로 자국 교민이 아닌 외국인들만을 위해서 해외 분쟁 지역에 군 자원을 투입해 구출한 일로 치면 유례가 없다. 전쟁으로 인해 타국의 원조를 받고, 타국이 자국민을 철수시켰던 국가가 다른 나라의 국민을 구하는 국가로 성장했음을 보여 주는 대표적인 사례라고 할 수 있다.

## 3. 수단 내전 발발 이후 우리 국민 철수 지원

### 1) 수단 내전 격화로 치안 불안

수단에서는 2019년 이래 이미 2차례의 쿠데타 시도가 발생한 바 있다. 수단은 독재자 오마르 알바시르의 유혈 철권통치 과정에서 남수단이 분리 독립하고 빈곤이 심화하는 등 국가적인 위기를 겪었다. 이것을 해결한다는 명분으로 2019년 당시 군부가 일으킨 것이 첫 번째 쿠데타였는데, 결과적으로 알바시르 대통령을 축출하는 데 성공은 했으나 당시 민중의 손으로 민주화를 직접 이루겠다는 분위기에 찬물을 끼얹은 것이기도 했기에 불만을 느끼는 시민들이 많았다.

두 차례의 쿠데타로 권력을 잡은 알부르한은 바로 대통령직에 취임하고 정부를 구성했으나, 그에게 방해 요소가 없는 것은 아니었다. '신속지

---

92) 최지선·윤상호, "'미라클'한 아프간인 수송작전…왕복 2만km 비행-미사일 위협 뚫어", 동아일보, 2021년 8월 25일.

원군(Rapid Support Forces, RSF)'은 쿠데타 과정에서 군부의 커다란 조력자이자 충실한 하수인이 되어 준 세력으로, 정규군과 별개의 군사 조직, 즉 민병대로 활동하면서 민주화 시위를 유혈 진압하고 군부가 원활하게 국가 권력을 장악하는 데 큰 도움을 주었다.

이들은 그 공로로 내각 곳곳에 인선되었고, 신속지원군(RSF)의 사령관인 모하메드 함단 다갈로는 알부르한에 이은 권력 2인자로 불렸다. 이당시 신속지원군(RSF)은 알부르한 중심의 군부독재 체제에서 군부와 양립할 수 있는 유일한 외부 세력이었다. 하지만 두 가지 세력으로 구성된 파벌이 대개 그렇듯이, 새로운 수단 체제의 평화도 오래가지 못했다.

알부르한과 함단 다갈로는 수단의 정치와 관련된 여러 이슈에서 견해차를 보이며 갈등을 지속했다. 2023년 4월 15일 수단정부군과 신속지원군(RSF)은 수도 하르툼 동부 지역에서 충돌했으며 수단정부군 공군은 이 지역 반군 지역을 향해 엄청난 공습을 가했다. 군부 간 교전 사태가 계속되어 세계보건기구(WHO)는 적어도 420명이 숨지고 3,700명이 다친 것으로 추정된다고 밝혔다. 무력 충돌이 격화하면서 세계 각국의 자국민 대피 움직임이 활발해졌다.

## 2) 윤석열 대통령, 군 수송기를 급파해 재외국민의 안전 확보 지시

재외국민 철수를 위하여 2021년 아프가니스탄 철수 당시 미라클 작전에도 동원되었던 대한민국 공군 C-130 수송기와 제707 특수임무단 및 공군 공정통제사 등 군 인력과 경호, 의료 인력 50여 명을 파견했다. 작전명은 재외국민보호 약속을 지킨다는 의미에서 '프로미스(promise)'로 명명되었다.

지부티에 있는 미군 중부사령부 기지에서는 슈퍼 허큘리스 수송기가 대기하며 탈출 작전을 도울 것이라 발표하였다. 미라클 작전 당시처럼 KC-330 시그너스 공중급유기도 지부티로 이동하여 교민들의 철수에 동원되었다. 프로미스 작전에 투입된 항공기들은 모두 2021년 아프가니스탄 철수 당시 미라클 작전에 투입되었던 항공기들이 재투입되었다.

또 항공으로의 탈출이 제한될 경우 해상으로의 탈출이 이뤄질 가능성을 대비해 오만 살랄라항 해역에 있던 소말리아 해역 호송 전대(청해부대) 또한 39진의 충무공 이순신함(DDH 975)을 수단으로 급파하였다. 파견된 청해부대원 가운데에는 아덴만 여명 작전에서도 활약한 바 있는 해군의 특수전 부대 해군특수전전단(UDT/SEAL) 대원들이 포함되어 있었다.

한편, 외교부도 현지 대사관과 교민 지원을 위해 최영한 재외동포영사 실장을 단장으로 하는 신속대응팀을 지부티에 파견했다. 신속대응팀은 현장대책본부를 설치하고, 주요 우방국들과 협력체계를 구축하는 등 국내 관계기관과 소통하면서 교민 안전 지원 등의 임무를 수행하였다.

## 3) 주 수단 대사관의 철수 조치

수단 주재 대한민국 대사관(대사 남궁환)은 철수에 앞서 수단 내 각지에 흩어져 있는 교민들을 수도 하르툼으로 집결시켰으며, 연락이 닿지 않거나 교전 지역에서 이동할 수 없는 몇몇 위치에 있는 교민은 방탄 차량으로 이송했다. 2023년 4월 22일 당시 교민 총 29명 중 수단 잔류를 희망한 수단 이중국적자 1명을 제외한 28명이 하르툼의 한국대사관에 모였다.

4월 23일 대사관 직원과 교민을 태운 버스가 육로로 하르툼을 빠져나왔으며, 사우디아라비아와 아랍에미리트 정부에서 수단정부군과 신속지원군(RSF, 반군) 양측에 제3국 교민이 철수하는 동안 안전을 보장할 수 있게끔 중재하였다. 특히, 아랍에미리트가 제안한 1,174km의 우회로를 한국 측에서 수용하여 33시간의 거리를 차량으로 이동하는 동안 미국이 각종 정찰 자산을 통해 공격을 피할 수 있는 최적의 경로 정보를 제공한 것으로 알려졌다.

한국 시각으로 4월 24일 21시 40분, 교민들을 태운 버스가 공군 수송기가 있는 포트수단국제공항에 진입하는 데 성공했다. 당초 26명이 귀국을 선택하였으나 수송기의 이륙 직전 잔류하기로 했던 2명이 의사를 번복하면서 총 28명 모두 귀국하는 것으로 결정되었다. 탈출 과정에서 일본 정부의 요청에 따라 일본인을 포함하여 확인되지 않은 타 국가의 민간단체 탈출도 지원했는데, 후일 이에 대해서 일본 기시다 총리가 감사를 표명했다.

애초 철수 작전은 미군 기지가 있는 지부티의 공항으로 이동하여 C-130기로 수송될 예정이었으나, 당시 지부티 공항에 너무 많은 각국의 피난기가 몰리는 바람에 28명의 교민들은 사우디아라비아 당국의 협조를 얻어 제다 공항에 중간 기착한 뒤, 공군의 KC-330 공중급유기 편으로 4월 25일 오후 3시 57분 서울공항에 무사히 도착했다. 이로써 수단 내 외교관과 철수 희망 교민 28명 전원의 철수가 완료되었다.

외국 민간인의 대피 및 철수 지원 당시 주 사우디 대사관의 박준용 대사와 주 제다 총영사관의 한병진 총영사가 제다 주지사를 접견하여 교민 철수 관련 협의를 한 것으로 전해졌다. 수송기가 서울에 도착하기까지 인도, 태국, 필리핀, 대만 등의 국가가 영공을 개방하여 신속 통과에 협조하였다.

## 4) 외교부, 수단을 여행금지 국가로 지정

외교부는 여권 정책 심의위원회 여권사용정책분과위원회 심의·의결을 거쳐 2023년 4월 29일 0시부터 수단 전 지역에 대해 여행경보 4단계(여행금지)를 발령하기로 하였다. 위원회는 2023년 4월 15일 시작된 수단정부군(SAF)과 신속지원군(RSF) 간 무력 충돌로 사상자와 피난민이 증가하는 등 수단 내 정세·치안 상황 불안정이 지속하고 있음을 감안하여 여권법 제 17조[93])에 따라 우리 국민 보호를 위해 수단에 대한 방문·체류를 금지할 필요가 있다고 판단하였다. 여행경보 4단계 발령에도 불구하고 외교부의 허가 없이 해당 지역에 방문·체류하는 경우, 여권법 등 관련 규정에 따라 1년 이하의 징역이나 천만 원 이하의 벌금 등 처벌을 받을 수 있다.

---

93) 외교부장관은 천재지변·전쟁·내란·폭동·테러 등 대통령령으로 정하는 국외 위난상황으로 인하여 국민의 생명·신체나 재산을 보호하기 위해서 국민이 특정 국가나 지역을 방문하거나 체류하는 것을 중지시키는 것이 필요하다고 인정하는 때에는 기간을 정하여 해당 국가나 지역에서의 여권의 사용을 제한하거나 방문·체류를 금지할 수 있다.

# 영화로 본 재외국민보호와 영사조력

## 1. 영화 〈집으로 가는 길〉의 재외국민보호 주요 내용과 시사점

### 1) 영화 줄거리

영화 〈집으로 가는 길〉은 2013년 12월 12일 개봉하였으며, 2004년 10월 30일, 프랑스 오를리 공항에서 마약 운반범으로 오인되어 대서양 건너 외딴 섬 마르티니크 감옥에 수감된 평범한 한국인 주부 장 씨의 실화 사건을 바탕으로 각색된 작품이다. 감독은 방은진, 주연으로는 전도연과 고수가 맡았다. 한국에서 비행기로 22시간 거리, 대서양 건너 12,400km 지구 반대편에 위치한 낯선 타국의 교도소에서 재판도 없이

2년이라는 긴 시간 동안 악몽 같은 나날을 보낸 한 여성이 겪은 충격적인 사건을 다루고 있다.

## 2) 실상과 비판

2004년 10월 30일 당시 34세의 한국인 주부 장 씨는 평소 알고 지내던 남편 지인이 남미 가이아나에 있는 금광 원석이 담긴 가방 2개를 프랑스까지 운반하면 400만 원을 주겠다는 제안을 받는다. 세금 문제 때문에 그런 것이며, 적발이 되더라도 그냥 현장에서 세금만 납부하면 별문제가 없다는 것이 그의 설명이었다. 처음에는 찜찜한 마음에 응하지 않았으나, 당시 가정의 경제 사정이 워낙 좋지 않았던 관계로 결국 응하게 되었다.

2004년 12월, 장 씨는 17kg과 13kg짜리 가방 2개를 들고 다른 일행과 함께 프랑스 파리 오를리 공항에 입국했다. 그러나 세관에서 가방 속 내용물이 원석이 아닌 코카인임이 적발되었고, 장 씨는 마약 소지 및 운반 혐의를 한 마약사범 현행범으로 프랑스 경찰에 체포된 뒤 구속되었다. 2005년 1월 카리브해에 있는 프랑스령 마르티니크 교도소에 이감됐다. 2006년 11월 마르티니크 법원에서 징역 1년을 선고받고 이미 2년간 복역 중이었기 때문에 곧바로 석방되었다.

장 씨는 2006년 11월 15일 귀국하였으며, 2006년 11월 22일 KBS 〈추적 60분〉이 이 사건을 다룬 '나는 대한민국 국민입니다'를 2부작으로 편성, 방영하며 대중에게 알려지게 되었다. 〈추적 60분〉과 장 씨 측이 주장하는 "외교부의 무관심으로 인해 피고인이 정신적 고통을 받았고 수감 생활이 길어졌다"라는 비판에 대해(장 씨의 수기) 외교부에서는 이를 공식적으로 반박하기도 했다.

마약 운반은 대부분의 나라에서 고의성 여부와 관계없이 중범죄로 취급된다. 장 씨의 수기에서도 이 영화에서도 본인의 죄를 명백히 인정한다는 사실 역시 간과해서는 안 된다. 영화 도입부에 소개된 "집에 돌아가고 싶어요"라는 대사도, 피고인 최후 진술 기회가 주어진 송정연(전도연 분)이 먼저 자신의 죄를 인정하고, 다만 그에 대한 죗값은 충분히 치렀으니 이제 그만 집에 보내 달라는 애원이었다.

이 작품에서 초점을 맞춘 것도, 변호인의 조력은커녕 판사, 검사, 교정직공무원들과 기본적인 의사소통조차 안 되어 실제 지은 죄에 비해 과중한 처벌을 받게 생겼는데, 이런 극도의 위기에 처한 재외국민에 대한 최소한의 지원과 보호(통역 제공, 서류 전달 등)에 태만한 외교부 공무원들에 대한 비판이었다.

주범 조 모씨가 장 씨에게 마약임을 알리지 않고 운반을 시켰다는 증언 및 그 증언이 사실임을 증명하는 대한민국 법원의 공식문서를 주 프랑스 대사관에서 수신하여 공증을 받은 것까지는 잘했는데, 이 공문을 프랑스 법원에 전달하지 못한 부분이 가장 큰 비난을 받았다. 보내 놓고 도착했으려니 하다가 몇 달이 지난 후에야 배달 사고가 난 것을 알게 된 것이다. 등기 우편의 단순한 도착 확인은 전화 한 통으로 끝낼 수 있는 간단한 업무인데, 재외국민 한 사람의 인생이 걸려 있는 중차대한 서류를 이렇게 다루었다는 것은 변명의 여지가 없는 업무 태만이다.

다만, 외교부 해외안전여행 등에서도 알려 주듯 해외여행 시 민·형사상 사건에 말려들면 대사관에서 줄 수 있는 도움은 국내 긴급연락, 긴급통역 지원(대사관 직원 또는 대사관에서 협조를 구해 둔 현지 교포, 가이드 등), 서류 공증 및 전달, 여비 분실·도난 시 귀국경비 긴급지원(해당

대사관·영사관의 상황에 따라 비용이 부족할 수도 있으며, 무사히 귀국한 후에는 당연히 즉시 갚아야 한다) 등 매우 제한적이라는 사실이다. 목숨이 경각에 달하는 매우 급한 상황이 아닌 한 변호사 수임료 등 진짜 비용은 국가가 아닌 개인 책임의 영역이며, 특히 구체적인 처벌, 민사배상의 내용은 현지 대사관에서 절대로 관여해서는 안 되는 영역(내정간섭)이다.

유럽 국가 중 손꼽히는 엄벌주의로 유명한 프랑스이지만, 그나마 이 사건에서는 사실관계 및 고의성을 따져 보고 장 씨에게 최대한의 선처를 베풀어 준 것으로 보인다. 프랑스 형법 222-37조 및 222-43조는 "본인의 인지 여부와 관계없이 마약을 운반하는 경우 최고 징역 10년 및 75만 유로의 벌금형에 처하며, 수사에 협조하는 경우 감형할 수 있다"라고 나와 있다.

이 사건을 주도한 범인 전 씨(총책)는 10년이 흐른 2014년 12월이 되어서야 남미에서 체포되어 한국으로 이송되었고, 2015년 5월 한국법원은 그에게 징역 8년 형을 선고했다. 2022년에는 전 씨의 두목이자 공범인 조봉행의 실화도 작품화되었는데 바로 넷플릭스 드라마 〈수리남〉이다.

## 3) 영화가 주는 교훈

배낭여행자나 해외여행자들의 경험담 및 외교부의 해외안전여행 등에서의 신신당부에 가까운 안내를 보면 이런 사례는 전 세계적으로 꽤 흔하다. 심지어 공항 이쪽에서 공항 저쪽의 아주 짧은 거리만 운반해 주면 한화 수백만 원 이상에 해당하는 큰돈을 즉시 현금으로 준다는 유혹까지하기도 한다. 그 결과 혹독한 처벌을 받은 사례는 아주 많다.

상기 사례들 외에도 1990년대 후반 〈그것이 알고 싶다〉에서 다룬 비슷한 사건에서는 여고생이 홍콩에서 들어준 짐에 마약이 들어있어서 현지에서 구속되기도 하였으며, 태국에서 실제로 똑같이 일어난 미국 및 호주 여성의 실화를 각색한 미국 영화 〈브로크다운 팰리스〉(1999) 같은 영화도 있다. 해외여행 시 모르는 사람으로부터 짐을 들어 달라는 부탁을 받으면 쳐다보지도 말고 거절해야 한다. 그렇지 않으면 돌이킬 수 없는 결과를 초래할 수 있다.

## 4) 우리 정부(주 프랑스 대사관)의 조치

주 프랑스 대사관 담당 영사는 장 씨가 파리 오를리 공항에서 체포된 사실을 인지한 뒤부터 프레스네스 교도소를 4번 찾았다. 2005년 5월과 2006년 6월, 11월에는 마르티니크 섬의 듀코스 교도소로 장 씨를 찾아갔다. 이때마다 담당 영사는 사법당국에 신속한 재판을 요청했다.

담당 영사는 12번에 걸쳐 프랑스 외교부와 교도소, 재판부 그리고 장 씨의 변호를 맡은 국선 변호사에게 서신을 발송하거나 전화로 협의를 했다. 장 씨의 남편과도 30여 차례 통화를 하면서 재판 진행 상황을 알려주고, 장 씨가 교도소 내에서 불편한 점이 없는지 수시로 확인했다. 또한, 장 씨에 대한 송금 지원, 교도소 방문 시 책, 옷, 생필품을 전달했고, 장 씨는 담당 영사에게 여러 차례 감사하다는 편지를 보냈다고 한다.

담당 영사만 움직인 건 아니다. 2005년 3월 7일 열린 한-프랑스 영사국장 회의에서도 장 씨의 수감 문제가 의제였다. 당시 외교부 영사국은 장 씨와 함께 수감된 한국인 3명에 대해 인도적 차원에서 프랑스 정부가 관심을 갖고 배려해 달라고 요청했다. 2005년 5월에는 주 프랑스 대사관 공사가 프랑스 외교부 영사국 부국장과 만나 장 씨 문제에 대해 협조를 요청하고, 5월 26일에는 마르티니크 섬을 찾아 듀코스 교도소 소장, 담당 변호사, 장 씨와 면담했다.

2005년 7월 23일에는 장 씨에게 마약 운반을 시킨 주범 조 씨에 대한 한국 사법부의 수사결과를 담은 편지를 장 씨 담당 판사에게 보냈다. 같은 해 11월 24일에는 조 씨 사건과 관련해 장 씨가 단순 가담했다는 증언이 명시된 한국 사법부의 판결문을 번역해 협조 요청(석방 요청) 서한과 함께 판사와 변호사 등에게 보냈다. 그러나 우편 전달 과정에서 문제가 생겨 프랑스 사법부 측이 이를 받지 못했다고 전해온다. 이에 2006년 3월 21일 같은 내용의 문서를 다시 보냈다. 이런 과정에서 2006년 2월 15일, 장 씨 담당 변호사가 2월 14일 구속적부심에서 장 씨에 대해 2월 28일부터 불구속 수사로 전환할 예정이라는 소식을 주 프랑스 대사관에 전한다. 장 씨의 석방에 대해 서서히 희망적인 분위기가 나타난 것이다.

2006년 4월 27일에는 주 프랑스 대사가 프랑스 외교부 영사 국장을 만나 최선의 협조를 요청하였다. 같은 해 6월 14일부터 18일 사이에는 주 프랑스 대사관 직원 2명이 마르티니크로 가서 장 씨와 다른 한국인 2명을 면담, 애로사항을 파악하고, 교도소장, 판사, 보호 감찰관 등과 만나 장 씨가 단순가담자라는 증언이 담긴 한국 내 재판의 참고인 진술서 번역본을 보여 주며, 관심과 배려를 호소하였다.

주 프랑스 대사관 측은 8월 22일, 10월 10일에도 마르티니크 법원 측에 연락해 재판 진행 및 수사 상황을 물어보고, 재판에 맞춰 마르티니크섬을 찾을 준비를 하였다. 11월 8일, 담당 영사는 마르티니크섬을 찾아

재판을 참관하고, 듀코스 교도소를 찾아 장 씨 등 한국인 3명에게 구형 및 선고의 배경, 프랑스 법의 성격, 향후 예상 결과, 후속 조치 등에 대해 상세히 설명하였다.

장 씨가 파리 오를리 공항에서 체포됐던 2004년 10월 30일부터 KBS의 〈추적 60분〉이 방영되기 불과 3주 전인 2006년 11월 8일까지도 주 프랑스 대사관 직원들은 대서양을 오가며 열심히 활동했다. 영화 〈집으로 가는 길〉에서는 주 프랑스 대사관의 담당 영사가 흉악한 악당처럼 나온다. 주인공 장 씨는 우리 대사관으로부터 변호사 소개도 못 받고, 통역 요원도 없이 재판을 받는 것으로 묘사된다. 정말 그랬을까? 프랑스 법에 따르면 외국인 범죄자들을 재판할 때는 반드시 통역을 제공하게 되어 있다. 장 씨 또한 통역 요원을 받았다. 다만, 프랑스의 행정처리가 늦어 본 재판 통역 요원 제공에 시일이 오래 걸렸지만, 구속적부심, 판사나 검사와의 면담 등에서는 프랑스 정부 예산으로 통역이 동석했다고 한다.

장 씨는 재판이 이뤄지는 3년 동안 프랑스 국선 변호사의 변호를 받았다. 국선 변호사를 선임하는 데도 대사관이 도움을 제공했다. 재판을 진행하는 동안에도 장 씨의 국선 변호사는 주 프랑스 한국대사관으로부터 사건에 대한 상세한 자료를 받았다고 한다. 장 씨의 국선 변호사는 한국 외교관들과의 소통을 통해 한국에서의 수사 진행 상황을 파악할 수 있었고, 담당 영사는 장 씨와 국내에 있던 장 씨 가족들에게 편지-전화 등을 통해 수사와 재판 상황을 수시로 전달했다고 한다.

교도소 수감 기간 장 씨에 대한 특별한 인권침해 행위도 확인할 수 없었다고 한다. 주 프랑스 대사관이 장 씨를 위해 해준 건 이것뿐만이 아니다. 장 씨가 마약 밀매사건의 단순가담자인 데다 집안 형편이 어렵다는 것을 알고, 생필품과 돈을 수시로 지원해 주고, 가족들과의 전화 통화 및 서신 교환 등 물심양면으로 지원해 줬다고 한다.

즉, KBS가 방영한 〈추적 60분〉이나 영화 〈집으로 가는 길〉 모두 사람들의 흥미를 끌기 위해 극적 요소를 넣고 편집하는 과정에서 사실을 왜곡했다. 프랑스 사법당국은 마약 밀매범이나 조직에 대해 강력한 처벌을 해왔다. 이런 프랑스에서 장 씨가 징역 1년을 선고받은 것은 국선 변호사보다는 주 프랑스 대사관 직원들의 노력과 장 씨가 수사기관에 적극적으로 협조한 덕분이라는 평가다.[94]

## 2. 영화 〈교섭〉의 아프가니스탄 샘물교회 피랍 사건과 시사점

### 1) 영화 줄거리

2023년 1월 18일에 개봉한 한국 영화로 분당 샘물교회 선교단의 아프가니스탄 피랍 사건을 배경으로 한 실화 바탕 영화이다. 분쟁 지역 아프가니스탄에서 한국인들이 탈레반에게 납치되는 최악의 피랍 사건이 발생한다. 교섭 전문이지만 아프가니스탄은 처음인 외교관 재호(황정민)가 현지로 향하고, 국정원 요원 대식(현빈)을 만난다. 원칙이 뚜렷한 외교관과 현지 사정에 능통한 국정원 요원. 입장도 방법도 다르지만, 두 사람은 인질을 살려야 한다는 목표를 향해 함께 나아간다.

---

94) 전경웅, "영화 '집으로 가는 길'…'파렴치 외교부', 진실은?", 뉴데일리, 2014년 2월 16일, https://www.newdaily.co.kr/site/data/html/2014/02/16/2014021600058.html

아프가니스탄에 선교 활동을 하러 갔던 샘물교회 교인 23명이 버스를 타고 가던 중 갑자기 등장한 탈레반 조직원들의 차량 몇 대가 길을 막고 버스에서 내리라며 위협한다. 버스 운전기사가 도망을 시도하지만, 총에 맞아 사살되고 교인들은 탈레반에게 납치되며 버스는 폭발한다.

시점은 한국으로 돌아와 외교부에서 납치 소식이 들려온다. 정재호는 직항이 없는 아프간에 어떻게 들어갔는지 보고를 받게 된다. 요구 조건은 아프간 감옥에 갇힌 탈레반 포로의 맞교환 그리고 한국군의 철수였고, 이는 방송을 통해 통보된다. 결국, 대응팀을 꾸려 아프간으로 향하게 되고 파키스탄 감옥에 갇혔던 국정원 요원 박대식도 풀려나게 된다. 하지만 이전의 작전 실패로 낙담에 빠져 국정원을 그만두려는데 동료의 만류로 인해 아프간으로 향하게 된다.

이 두 사람은 아프간 카불공항에서 만나지만 정재호는 탐탁지 않아 하면서 처음에는 협조를 거부한다. 아프간 외무부 장관과 만나 한국군의 철수를 지연하는 대신 포로 맞교환을 대통령에게 요구한다. 다음날 방송에서 포로 맞교환은 절대 없다는 통보를 듣고 정재호는 장관에게 찾아가나 탈레반의 자살폭탄 테러를 당하게 되면서 작전을 간접협상으로 노선을 바꾸게 되는데, 박대식 역시 간접협상을 하려고 카심을 찾아 파슈토어 번역을 부탁한다.

차선책으로 바꾼 협상은 최고지도자 회의를 이용하는 것으로, 이슬람에는 장로 회의가 있는데 이곳의 결정은 절대적이며 탈레반 역시 반항하기 어렵다. 대식이 먼저 카심과 함께 최고지도자 회의 중 가장 실권을 잡고 있는 장로를 찾아가 최신 휴대폰을 주며 카심이 같은 이슬람 종파임을 어필하면서 친근감을 쌓아가고, 이후 재호까지 찾아와 인질들이 무고한 시민임을 거듭 어필한다.

그리고 그날 밤 이들의 축제에까지 찾아간 대식은 불 위를 뛰어넘는 놀이를 함께 즐기고, 재호 역시 전통 담배를 피우면서 이들의 신임을 더욱 얻어 피랍된 한국인 전원을 석방하기로 약속을 받아낸다.

## 2) 우리 정부의 실제 조치 내용

### (1) 당시 아프가니스탄 정세

2007년 7월 13일 대한민국 경기도 성남시 분당구에 소재한 분당 샘물교회 교인들이 대한민국 정부의 엄중 경고를 무시하고 이슬람을 믿는 무슬림들의 지역에 복음을 전파하겠다는 이유로 분쟁 지역인 아프가니스탄에 입국을 강행했다가 현지 이슬람 근본주의 과격단체 탈레반에게 인질로 붙잡힌 사건이다. 당시 정부는 이들을 고국으로 생환하기 위해 많은 자금과 인력을 투입해야만 했다.

납치 주체인 탈레반은 아프가니스탄을 1996년부터 2001년까지 실제로 통치한 엘리트 이슬람 근본주의 무장 세력으로서, 협상 전술이나 언론 관계, 대중 심리전 등에 능숙했다. 또한 납치된 2007년 7월 19일부터 풀려난 후 한국에 입국하는(사건이 완전히 종료되는) 9월 2일까지 기간이 44일이나 되었던 점, 인원이 23명이나 되었던 점, 한국의 개신교계가 엄청난 관심을 가졌던 점 등이 고려되어 언론에서는 국내 단일 사건 사고로는 사상 최대로 추정되는 엄청난 물량의 보도들을 쏟아냈다.

사실 아프가니스탄에 가는 것은 굉장히 위험한 행동이었다. 사건 5개월 전인 2007년 2월에는 탈레반이 자신들의 동료들을 석방해달라는 조건을 걸기 위해서 한국인을 납치하려 한다는 첩보가 입수되었다. 정부는 선교사 등에게 육로 이동을 금지할 것을 권고하고 아프간을 여행제한국가로 분류한 상태였다. 샘물교회에도 정부에서 협조공문을 보낸 적이 있으며, 같은 해 5월에도 각별한 신변주의 요청과 함께 특히 남부 지역의 방문은 자제해 줄 것과 현지에 나가 있는 단체들도 철수를 적극적으로 검토해 달라고 요청했다. 그리하여 아프간에 가려던 대부분의 단체는 계획을 포기했다. 그러나 샘물교회는 아프가니스탄 선교 여행을 감행하였다.

### (2) 사건의 경위

2007년 7월 13일, 분당 샘물교회 배 모 목사 외 남녀 교인 19명이 열흘간의 단기선교 목적으로 인천국제공항을 통해 출국, 베이징과 두바이를 거쳐 14일에 아프가니스탄 카불에 도착했다. 출국 인원은 (배 목사 포함) 20명이었지만, 현지에서 활동하던 한국인 선교사 3명이 통역 및 안내 목적으로 합류해서 아프가니스탄에 있는 동안 총 23명이 움직였다. 이들은 7월 22일에 일정을 끝내고 출국하여 23일에 인천공항으로 귀국할 예정이었다. 그리고 7월 15~18일 마자르이샤리프 지역에서 선교를 겸해 의료 봉사와 어린이 봉사활동을 했다.

그러나 7월 19일 오후, 카불에서 (정부에서 특히 위험하니 가지 말라고 했던) 남부 지역 칸다하르로 가기 위해 버스를 타고 이동하던 중 카불과 170여km 떨어져 있는 가즈니주 카라바그 지역에서 탈레반에 납치당했다. 이 소식은 7월 20일 로이터통신을 통해 국내에 전해졌다. 탈레반 대변인 카리 유수프 아마디는 "아프가니스탄에 파견한 한국군이 21일 정오까지 전원 철군하지 않으면 인질들을 살해하겠다"라고 협박했다. 그날로 외교통상부는 국외테러사건 대책본부를 설치했다. 노무현 대통령은 21일 새벽 대책 마련에 나섰다. 이후 탈레반은 협상 시간을 하루하루 연장했다.

한국 정부가 한국군 철군에 대해 "연말에 철수할 계획"이라고 발표하자 탈레반은 새 요구사항을 제시했다. 7월 22일 19시까지 한국인 인질과 같은 수의 탈레반 수감자(포로)를 석방하라는 것이었다. 7월 21일, 노무현 대통령은 카르자이 아프간 대통령에게 전화해 협조를 요청하는 한편 CNN을 통해 인질 석방을 촉구하는 긴급 성명을 발표했다. 정부는 아프간에서 철군하겠다는 계획을 재확인시킨 뒤 카불 현지에 협상단을 급파했다.

7월 22일, 정부 대책반이 카불에 도착해 아프간 정부, 부족 원로, 종교 지도자들에게 직·간접적 접촉과 중재를 요청했다. 7월 23일, 탈레반은 한국 정부와 직접 협상을 요구했다. 그러면서 석방을 요구하는 수감자 수를 23명에서 가즈니주에 갇힌 탈레반 수감자 55명 전원으로 늘렸다.

한국 정부는 피랍자 23명 중 여성 18명을 우선 석방하자고 제안했다. 탈레반은 이를 받아들이지 않고 7월 25일 끝내 희생자가 나왔다. 탈레반은 협상이 결렬되었음을 선언하고 인질 중 남자 1명을 살해했음을 밝혔다. 또한, 26일까지 하루 안에 수감자 8명이 석방되지 않으면 다른 인질도 모두 살해할 것이라고 위협했다. 26일 정부는 피살자가 배 목사(남, 42세)임을 확인했다.

7월 26일 한국 정부는 백종천 청와대 안보정책실장을 대통령 특사로 아프간에 파견했다. 7월 29일 백종천 특사는 카르자이 아프간 대통령을 만나 인질·수감자 맞교환 협상에 적극적으로 임해 달라고 요청했지만, 아프간 정부는 불가 입장을 밝혔다. 탈레반이 협상 시한을 수시로 변경하고 인질·탈레반 수감자 맞교환 협상이 난항을 거듭하는 가운데 7월 31일 두 번째 희생자가 나왔다. 심 씨(남, 29세)가 살해당한 것이다. 탈레반은 수감자 석방에 대한 긍정적인 답이 없으면 나머지 인질을 살해하기 시작할 것이라 위협했다. 또 한국과 미국의 군사작전이 시작되면 인질을 살해할 것이라고 밝혔다.

탈레반과의 대면 접촉이 이뤄진 후에야 해결 기미가 보이기 시작했다. 8월 3일 아프간 주재 한국대사와 탈레반 측은 직접 협상 장소를 정하기 위해 통화했다. 8월 1일과 3일 사망자들의 시신이 각각 인도되었다. 정확한 사인을 확인하기 위해 국과수가 부검한 결과, 두 사람은 모두 총으로 사살당해 참혹하게 죽었다. 배 목사는 머리에 1발 몸통에 6발, 모두 7발이나 되는 총상을 입었고 심 씨는 머리에 2발, 몸통에 2발을 맞은 것으로 확인됐다.

8월 6일 미국 부시 대통령과 아프간 카르자이 대통령은 정상회담에서 탈레반에 대한 양보 불가 입장을 재확인했다. 아프간 정부가 인질과 탈레반 수감자 맞교환을 거부하고 미국도 이를 동조하자 한국 정부는 딜레마에 직면했다. 탈레반을 설득할 묘안이 없는 상황에서 미국이 비협조적으로 나오자 협상은 교착상태에 빠졌다.

8월 7일 외교통상부는 아프가니스탄을 여행금지국으로 지정했다. 8월 10일에 처음으로 한국 정부와 탈레반이 대면 협상을 시작했으며, 이는 가즈니주 적신월사(ICRC) 사무실에서 이루어졌다. 탈레반 대표는 한국인 인질 8명과 같은 수의 탈레반 수감자 맞교환 조건이라는 기존 태도를 반복했고, 한국 정부 대표는 탈레반 수감자 석방은 권한 밖의 일이라며 탈레반에 인도주의적 차원의 석방을 요청했다.

8월 11~12일 2차 대면 협상 과정에서 탈레반은 선의의 표시로 건강이 악화하던 여성 인질 2명의 석방을 발표했고 이들은 13일에 석방됐다. 8월 16일 한국·탈레반 대표는 가즈니에서 3차 대면 협상을 재개했다. 탈레반이 8월 중순부터 인질·수감자 맞교환 조건을 철회할 의사를 내비치기 시작했다.

8월 27일 한국 정부가 아프간에 파병된 다산·동의부대를 3개월 연장 주둔 후 철수시키겠다는 계획을 발표하면서 인질 협상은 본격적으로 진척됐다. 마침내 8월 28일, 한국·탈레반 대표는 4차 대면 협상 후 인질 19명 전원 석방에 합의했다. 한국·탈레반 협상팀은 ▲아프간 내 한국군 연내 철수 ▲아프가니스탄 내 비정부기구 활동 한국인 8월 내 전원 철수 ▲한국의 기독교 선교사 활동 금지 ▲한국인 철수 과정의 안전보장 ▲탈레반 수감자 석방 요구 철회 등 5개 조항에 합의했다. 이후 8월 29일 인질 12명이 석방되었고, 30일에는 나머지 7명이 모두 석방되었다. 피랍된 지 42일 만이었다. 먼저 석방된 2명을 제외한 나머지 생존 인원 19명은 9월 2일에 한국에 도착했다.

이 당시 정부에서 최악의 경우 구출 작전을 해야 한다고 판단하여 707 특수임무대대 대원들을 국가정보원 요원들과 함께 아프가니스탄 현지로 급파해서 구체적인 인질 구출 작전 준비를 했다. 결국, 한국 정부와 탈레반의 협상이 타결돼서 인질들이 석방되어 무력 충돌 없이 마무리되었다.

### (3) 논란과 비판

이 일이 있기 전에 이라크에서 일하다가 한국군의 이라크 철수를 요구한 무장 세력에 의해 납치되어 결국 참수당한 김선일 씨의 경우와 비교해볼 만하다. 김 씨는 어디까지나 무역상사의 직원으로서 합법적으로 일하러 갔다가 변을 당했다. 김선일 씨도 내심 선교할 생각이 있었다고는 하지만, 그는 어디까지나 (위험하긴 하지만) 떳떳하게 직장 업무를 하러 갔다가 납치당한 무고한 피해자다. 게다가 김선일 사건은 2004년, 이 샘물교회 사건은 2007년의 일이다. 즉, 김선일이 갈 때만 해도 중동은 '치안이 좀 위험한 곳' 정도였으며 그의 죽음을 계기로 국내에서도 경각심이 높아진 상태였다.

그런데 이 샘물교회 교인들은 이런 비참한 살인 사건이 일어나고 고작 3년밖에 지나지 않은 시점에 정부에서 되도록 이곳으로 가선 안 된다고 말리는데도 공항 내 여행 제한국가 표지 앞에서 비웃듯 기념사진을 찍은 뒤 제3국들을 우회해 아프가니스탄을 방문하였다.

### 3) 법적 쟁점

#### (1) 국가의 경고에도 불구하고 '여행자제 지역'을 방문한 이들을 처벌해야 하는가?

사건 발생 5개월 전, 2007년도 2월에 외교통상부는 "아프간 탈레반, 한국인 납치 계획 첩보 입수"라는 제목의 내용을 발표하였다. 그 후 정부는 아프가니스탄 지역을 '여행제한 지역'으로 지정하였다. 여행경보 제도란 특정 국가(지역) 여행·체류 시 특히 주의해야 하는 국가 및 지역에 경보를 지정하여 위험 수준과 이에 따른 안전대책(행동지침)의 기준을 안내하는 제도이다.

단계별 여행경보는 발령 대상 국가(지역)의 위험 수준에 따라 1~4단계로 구분하는데 샘물교회 피랍 사건 당시 여행금지국으로 지정된 국가는 없었다. 즉, 이 사건 이후 여행금지국이 실제로 생긴 것이다. 그런데도 국가의 경고를 무시한 채, 경기도 성남시 분당 샘물교회의 배 목사를 포함한 샘물교회 청년회 신도 등 20명(남자 7명, 여자 13명)이 7월 23일 귀국 전까지 체류하며 단기선교와 봉사활동을 할 목적으로 7월 13일 출국하여 7월 14일 아프가니스탄에 입국하였다. 당시 여행경보 제도는 있었지만, 여행금지국가 방문, 체류 시 처벌하는 관련 규정이 없었다. 즉, 사건 이후 7월 24일 새 여권법 및 여권법시행령에 처벌 규정이 생긴 것이다. 이에 따라 '국가의 경고에도 불구하고 여행자제국을 방문한 이들을 처벌해야 하는 것 아니냐'는 비판의 목소리까지 나와 논란이 되었다.

현재는 여행금지국가에 무단 입국 시 여권법에 따라 '1년 이하 징역 또는 1,000만 원 이하 벌금'에 처한다. 아프간 피랍 사건처럼 여행경보 중 '적색경보(3단계)' 이하 수준의 지역을 여행하는 것에 대해서는 별다른 조치를 하지 않는다. 따라서 당시 '여행자제국가'로 지정되었던 아프가니스탄을 방문했다는 이유로 처벌을 하거나 벌금을 매길 수 없다.

### (2) 피랍 희생자에 대한 국가 배상책임은 존재하는가?

샘물교회 신도 고(故) A씨의 유족은 "아프간 여행객에 직접 그 위험을 알리거나 출국 자제 요청을 하지 않는 등 외교통상부가 재외국민보호 의무를 다하지 않았다"라며 3억 5천만 원의 손해배상 청구 소송(2010가합77120)을 냈다. 그러나 재판부(서울중앙지법 민사26부, 재판장 정일연 부장판사)는 '국가 배상책임이 없다'라고 원고 패소 판결을 내렸다.

'재외국민보호 의무'와 관련하여 헌법 제2조 2항은 "국가는 법률이

정하는 바에 의하여 재외국민을 보호할 의무를 진다"라고 규정하고 있으나 재판부는 "국가가 인터넷과 언론매체 등을 통해 꾸준히 아프간의 불안한 정세와 탈레반의 테러 가능성 등을 국민에게 공표해 여행을 자제해달라고 요청했다" 따라서 "물적·인적 자원의 한계상 국가가 아프간을 여행하고자 하는 개인에게 이 같은 사실을 일일이 알릴 수 있었다고 보기 어렵다"라는 판결하였다.

재판부는 "신도들이 인천국제공항에 설치된 '아프간 여행 자제 요망' 안내문 앞에서 기념사진을 촬영한 사실 등을 고려하면 A씨도 아프간 여행이 위험하다는 사실을 어느 정도 파악하고 이를 감수한 것으로 보인다"라는 판결을 내렸다. 이와 별도로 '정부 대책반이 협상을 잘못했다?'라는 주장에 대해 재판부는 "피랍 이틀 후 곧바로 대통령이 미국 CNN방송을 통해 인질들의 무사 석방을 요청하는 긴급 메시지를 발표하고 다음 날 정부 대책반을 현지에 급파해 협상을 시작했을 뿐만 아니라 그 결과 피랍 41일 후 A씨를 제외한 피랍자 21명이 전원 석방된 점등을 고려할 때 국가가 피랍자 석방을 위해 상당하고 적절한 노력을 기울였다"라고 판결하였다.

사실을 좀 더 파악해 보면 7월 21일 오전 11시 5분, 노무현 대통령은 피랍 사실이 알려진 지 채 하루도 지나지 않아 신속히 긴급 메시지를 발표했다. 납치단체들이 정한 시한을 2시간 앞두고 대통령이 직접 메시지를 밝히는 것도 납치단체 측에 한국 정부의 뜻을 전하고 한국인 인질들의 조속한 석방을 위해 협상을 할 용의가 돼 있다는 점을 전달하는 데 초점이 있었다.

노 대통령의 메시지는 국내 TV 방송만이 아니라 전 세계에 중계되는

CNN을 통해서도 전파됐다. CNN의 중계는 청와대의 요청으로 이루어졌다. 매우 급한 상황에서 노 대통령의 뜻이 실시간으로 납치 단체 측에 전달되도록 해야 한다는 판단에 따른 것이다. 상대측과의 안정적인 채널을 찾고 협상할 시간적 여유가 별로 없는 상황에서 대응을 단계별로 할 시간이 없으므로 최선의 방법으로써 대통령 메시지를 발표하게 된 것이다.

### (3) 구상권의 인정 여부

정부가 피랍자들이나 분당 샘물교회를 상대로 구상권[95]을 행사하려면, 먼저 피랍자들이나 분당 샘물교회 측이 그들의 잘못으로 누군가에게 손해배상책임을 부담하여야 하고, 정부가 피랍자들이나 분당 샘물교회를 대신하여 그 책임을 이행했어야 하며, 대신 책임을 이행한 정부가 피랍자들이나 분당 샘물교회를 상대로 구상권을 행사하는 데 법적인 근거가 있어야 한다. 그러나 긴급구난 활동비 사용 지침은 2015년 3월 11일 시행되었고, 샘물교회 사건 당시인 2007년에는 규정이 없었다.

위와 같이 정부가 지출한 비용 가운데에는, 피랍자들이나 분당 샘물교회가 누군가에게 손해배상책임을 진 비용은 없다. 탈레반 납치범들과 피랍자들 간에 법률적인 문제를 따진다면, 오히려 피랍자들이 납치범들을 상대로 손해배상을 청구하는 것이 옳다. 따라서 법률적인 의미에서라면 정부가 지급한 돈 가운데 구상권을 행사할 만한 것은 없다. 이에 따라 정부는 소요된 경비에 대해 구상권 행사의 대상이 아닌 비용 상환 청구

---

95) '타인의 불법 행위 때문에 발생한 손해배상 의무를 이행한 사람이 후에 가해자 본인에게 변제를 청구하는 권리'를 말한다.

차원에서 귀국 항공료, 식비, 숙박료 등을 청구한 것이다.

외교부는 피랍 한국인들을 아프간에 파송한 샘물교회 측에 실비 정산 차원에서 약 6만 2천 달러, 우리 돈 6천만 원가량의 비용 상환을 요구하였다. 이 비용은 석방된 피랍자들이 카불, 두바이 등에 체류했을 때 발생한 숙박료와 인천공항까지의 항공료, 그리고 배 목사와 심 씨 등 희생자 2명의 운구 비용 등을 합산한 액수이다. 샘물교회 권혁수 장로에 따르면 비용은 내용을 검토한 뒤에 교인들의 성금으로 충당하였다고 한다.

## 3. 영화 〈모가디슈〉의 남북한 외교관 철수 사건

### 1) 영화 줄거리

〈모가디슈〉는 2021년 7월 28일에 개봉한 대한민국의 영화이다. 영화는 1991년 소말리아 내전 당시 대한민국과 북한 공관 직원들의 수도 모가디슈 탈출 실화를 모티브로 하여 제작되었다. 류승완 감독의 작품으로 배우 김윤석(대한민국 한신성 대사 역), 조인성(대한민국 대사관 강대진 참사관 역), 허준호(북한 림용수 대사 역), 구교환(북한 대사관 태준기 참사관 역) 등이 출연하였다.

소말리아의 수도인 모가디슈에서 날아드는 총알 속을 헤치며, 대한민국 대사관 직원과 교민 등 7명은 북한 대사관 직원들과 함께 손을 맞잡고 탈출에 성공했다. 그 과정에서 북한 공관원 1명이 총에 맞아 숨지기도 했다.

## 2) 우리 정부의 조치

### (1) 약탈·총탄… 끝나지 않는 내전 속 대사관저에 갇힌 사람들

1990년 12월 모가디슈에서 시작된 정부군과 반군 사이 시가전이 심상치 않자 외교부 본부는 1991년 1월, 주 소말리아 대사에게 "공관원 가족을 인근 제3국으로 대피토록 조치 바람"이라는 내용의 긴급 전보를 보냈다. 하지만 주 소말리아 대사관은 이미 교신 불통 상태로 전보를 받지 못하는 상황이었다. 주 소말리아 미국 대사관은 일찌감치 대피했고, 우리 외교관들은 대사의 숙소인 관저에 갇혀 탈출하지 못하고 발만 구르고 있었다.

내전은 계속되고, 수도는 민가 약탈과 사방에서 날아드는 총탄으로 아수라장이 됐다. 대사와 공관원, 교민들이 숨어있는 관저에 무장 강도가 3차례나 총을 들고 진입을 시도하는 등 당시의 긴박한 상황은 외교부 본부에 전달된 전문에 생생하게 담겨있다.

### (2) 한국인 21명 중 북한인 14명… 영화 같았던 '남북 동거'

이탈리아가 모가디슈 현지로 군용기를 보내 한국 외교관들을 태우려 시도했지만 대사가 오기를 기다리던 공관원들이 군용기에 탑승하지 못하는 등 모가디슈 탈출에 잇따라 실패하던 상황이었다. 그러던 중 외교부 본부는 주 이탈리아 대사로부터 "한국인 전원이 이탈리아 대사관으로 들어갔다"는 긴급 전보를 받게 된다. 이 전보에는 '남한인이 7명, 북한인이 14명'이라는 보고가 포함되었다.

어떻게 남북이 손을 잡고 이탈리아 대사관으로 진입하게 된 걸까? 당시 전보를 보면, 북한 대사관 직원들은 무장강도의 침입으로 모든 것을 약탈당하고 공항 대합실에서 지내고 있었다. 주 소말리아 한국 대사였던 강신성 대사는 북측에 "관저에서 함께 지내며 함께 탈출을 시도하자"고 제안했고, 북측은 이 제안을 받아들여 한국 관저에서 우리 교민들과 하룻밤을 지내게 되었다. 북한 대사관 직원들이 먼저 대한민국 대사관으로 찾아와 구조를 요청했다는 영화 속 장면과는 다른 부분이다.

### (3) 나만 믿고 내 집 와있는 북한 사람 버릴 수 없어… '함께 탈출' 간청

그러던 중 이탈리아 측은, 한국 국민들을 태울 수 있는 구호기를 마련했다며 자리가 많지 않으니 남한 사람들만 타는 게 어떻겠냐는 제안을 하였다. 강 대사는 전문에서 "나만 믿고 내 집에 와있는 북한 사람을 버리고 도저히 우리만 떠날 수 없으니 모두 함께 떠날 수 있도록 해줄 것을 간청했다"고 밝혔다. 강 대사의 설득 끝에 남북이 함께 이탈리아 대사관 진입을 시도하지만, 이탈리아 대사관 300m 앞에서 그야말로 '영화 같은' 총격전이 벌어지게 되었다. 이 역시 당시 외교본부로 날아온 전문에 생생하게 기록으로 남아 있다.

이탈리아의 도움으로 케냐 몸바사에 무사히 도착한 남북 일행. 강 대사는 무사 탈출의 기쁨을 북측과 함께하고자 했지만, 생사의 선을 넘나들었던 이들은 그 자리에서 곧장 헤어지게 되었다. 이번에 공개된 당시의 외교문서를 보면, 정부는 남북이 함께 모가디슈를 빠져나왔다는 사실을 공개하면서도 그들이 함께 관저에서 1박을 했다는 등의 사실은 밝히지 않았다. 해당 북한 공관원의 신변에 위협이 될 수 있고 남북 대화에도 부정적인 영향을 끼칠까 우려했기 때문이다.

강 대사는 전문에서 북한 대사관 직원들과 함께한 긴박한 상황을 "북한 대사관 직원들과 함께 있는 동안 그들의 딱한 처지를 우리가 악용한다는 인상을 줄 언행과 감정을 상하게 하는 일은 회피했다"고 밝혔다. 그 밖에도 북한 대사를 반드시 강 대사와 같은 1호차에 타게 하고 식품과 생필품을 공평하게 나눠 쓰며 정치적인 이야기는 삼가는 등 극한의 상황에서도 북측을 배려하기 위해 노력한 흔적이 엿보였다. 이후 강 대사는 매체를 통해, 통일이 되면 당시 함께 탈출했던 북한 공관원들을 다시 찾아보고 싶다고 회고하기도 했다.[96]

---

96) 이세연, "32년 전 외교 문서 속 '모가디슈'…영화보다 극적인 '남북 탈출기'", KBS, 2023년 4월 6일.

# 참고문헌

장주영, "아시아나항공 사고 시 가장 마지막 탈출한 승무원들 '감동'", 매일경제, 2013년 7월 8일.

한동만, "샌프란시스코의 작은 영웅들", 문화일보, 2013년 7월 31일.

엘코레아노, "[W 사건 최종 결론] 양현정의 석방은 '무죄'라서가 아니었다", 멕시코 엘코레아노, 2019년 10월 29일.

2007년 8월 30일, 대한민국 정책브리핑

민동석·유민, 『두 외교관의 허리케인 카트리나 보고, 위기의 72시간』, 아리샘, 2007.

"영화 '집으로 가는 길'.. '파렴치 외교부', 진실은?", 뉴데일리, 2014년 2월 16일.

2022년 재외국민보호 추진 실적 및 2023년 집행계획, 외교부 재외국민보호과, 2022.12.

한동만, "해외여행을 안전하게 하려면", 내일신문, 2023년 9월 8일.

한동만, "우리 국민의 해외 체류와 여행 시 사건, 사고와 재외국민보호", 한국외교협회 발간 《외교》, 제147호, 2023년 10월.

이세연, "32년 전 외교 문서 속 '모가디슈'…영화보다 극적인 '남북 탈출기'", KBS, 2023년 4월 6일.

# 영사외교의
# 이론과 실제

영사행정의 길라잡이

# 제4장

# 영사 서비스

# 영사 서비스 업무 개관

　재외국민보호가 재외국민의 안전을 확보하기 위한 활동이라고 한다면 영사 서비스 업무는 재외국민이 해외에서 일상생활을 영위하고 제반활동을 수행하는 데 있어서 필요한 편의를 제공하는 활동이라고 말할 수있다. 즉, 우리 국민들이 외국에 입국하는 데 따르는 문제, 외국에서 합법적 지위를 확보하고 유지하는 문제 그리고 경제활동을 수행하는 데 따르는 문제 등과 관련하여 정부가 가능한 범위 내에서 다양한 서비스를 제공하는 것이다.

　외교부가 주무 부처인 영사 서비스 업무는 여권, 사증, 국적, 병역, 공증 및 증명서 발급 등 일반적으로 민원 업무라고 불리는 활동인데 이는 해외에서는 재외공관 민원실, 국내에서는 외교부 여권과 민원실에서 이루어진다. 이 업무는 일반 국민들과 가장 빈번하고 가깝게 접한다는 점에서 정부의 영사 업무 역량에 대한 우리 국민의 평가에 크게 영향을 미칠 수 있다.

민원실의 업무는 창구 활동을 포함하여 대부분 일선 행정원들에 의해 행해지며 담당 영사가 이들의 활동을 지휘하고 결재하는 방식으로 이루어지기 마련이므로 담당 영사가 제반 업무 관련 법령, 지침 및 제도 등에 관해 면밀히 파악하고 있느냐 여부가 업무 역량에 결정적인 영향을 미치게 된다.

영사 업무 가운데 영사 서비스야말로 그 영역의 넓이와 이슈의 다양성이 돋보이는 분야이다. 외교부와 법무부를 비롯하여 다양한 관련 부처와 기관들이 업무에 관여하고 있으며 관련 법률과 규정도 상당히 많으므로 효과적인 업무 처리를 위해서는 풍부한 관련 지식과 숙련된 판단력을 갖추는 것이 필요하다. 게다가 국민들의 해외 진출 활동의 영역이 확대되고 그 활동 양상도 복잡해져 감에 따라 영사 서비스 업무의 중요성이 날로 커지고 있다.

# 여권 발급

## 1. 여권의 정의

여권은 소지자의 국적 등 신분을 증명하고 국적국이 소지자에 대한 외교적 보호권을 행사할 수 있도록 하는 공문서이다. 여권 소지자는 해외에서 영사조력을 받을 권리가 있으며 외국을 여행하는 국민은 여권을 소지해야 할 의무를 진다.

여권은 소지자가 발급 국가의 국민임을 증명하는 증서의 하나이다. 다만 자국 정부로부터 여권을 발급받을 수 없는 사정에 있는 외국인이나 무국적자 또는 국제 난민 등의 해외여행이 가능하도록 소지자의 신분을 증명하는 목적의 여행증명서를 발급할 수 있다. 또한 UN 및 전문기관들이 그 직원들에게 발급하는 '국제연합 통행증'도 여권에 준하는 효력을 가진다.

## 2. 여권의 종류

### 1) 사용 목적에 따른 종류

우리나라 여권은 사용 목적에 따라 일반여권, 관용여권 및 외교관여권의 세 종류로 구분된다. 일반여권은 사용횟수에 따라 단수여권과 복수여권으로 구분된다. 복수여권은 여권의 유효기간 내에 횟수에 제한 없이 여행이 가능하지만 단수여권은 1회에 한해 사용할 수 있다.

관용여권은 아래 대상으로 발급할 수 있다. (여권법 시행령 7조)

- 공무원
- 한국은행 및 공공기관의 운영에 관한 법률에 따른 공공기관의 임직원 중 외교부장관이 관용여권을 소지할 필요가 있다고 인정하는 자
- 정부에서 파견하는 의료요원, 태권도 사범, 재외동포 교육을 위한 교사
- 재외공관 행정직원
- 재외공관 근무 공무원이 가사보조를 받기 위해 동반하는 자
- 기타 원활한 공무 수행을 위해 관용여권 소지가 필요하다고 외교부장관이 인정하는 자
- 상기 6개 항에 해당하는 자의 배우자 및 27세 미만의 미혼 자녀

외교관여권을 발급할 수 있는 대상은 아래와 같다. (여권법 시행령 10조)

- 5부요인(대통령, 국무총리, 국회의장, 대법원장, 헌법재판소장), 외교부장관, 특명전권대사, 외교부 소속 공무원, 재외공관 근무 주재

관, 국제올림픽 위원회 위원
- 상기인의 배우자와 27세 미만의 미혼인 자녀
- 외교부장관, 특명전권대사, 국제올림픽위원회 위원, 공무 국외여행 외교부 소속 공무원, 재외공관 근무 주재관의 생활능력이 없는 부모
- 5부요인, 외교부장관, 특명전권대사, 국제올림픽 위원회 위원의 수행원
- 전직 5부요인, 전직 외교부장관의 배우자
- 특별사절 및 정부대표와 이들이 단장이 되는 대표단의 단원
- 기타 원활한 외교 업무 수행이나 신변 보호를 위해 외교관 여권을 소지할 필요가 있다고 외교부장관이 인정하는 자

## 2) 제작 방식에 따른 종류

한편, 여권의 제작 방식에 따라서는 사진부착식 여권, 사진전사식 여권, 전자여권으로 구분된다. 사진부착식 여권은 여권 사진을 신원정보 면에 부착하는 방식으로 여권 위변조에 취약하므로 긴급한 경우에만 예외적으로 사용되고 있다. 사진전사식 여권은 여권사진이 신원정보 면에 전사되는 방식을 통해 위변조 문제를 어느 정도 개선했다. 오늘날에 이르러서는 위변조 방지를 위해 신원정보를 전자칩에 수록하여 이를 여권에 내장하는 전자여권 발급이 대세이다.

## 3) 여행증명서

외교부장관은 여권에 갈음하는 증명서로서 여행 목적지가 기재되고

유효기간 1년 이내이며 발급목적을 이루면 효력이 상실되는 여행증명서를 발급할 수 있는데(여권법 14조), 그 발급대상은 아래로 한정된다. (여권법 시행령 16조)

- 출국하는 무국적자
- 강제퇴거되는 외국인으로서 국적국의 여권을 받을 수 없는 자
- 해외 입양자
- 국외 체류하고 있거나 거주하고 있는 사람으로서 여권 발급이 거부 또는 제한되었거나 외국에서 강제퇴거된 자
- 여권을 분실했거나 유효기간이 만료된 자로서 긴급히 출국할 필요가 있는 자
- 남북교류협력에 관한 법률 10조에 따라 여행증명서를 소지해야 하는 자97)

---

97) 외국국적도 없고 한국국적자도 아닌 재외동포로서 일본 거주 조선족 동포(주로 조총련계)를 의미하며, 보다 구체적인 내용은 후술하는 재외동포 파트를 참조.

기존 여권(위)과 차세대 여권(아래)

## 3. 여권 발급 체계

### 1) 여권 발급 업무 담당기관

우리나라의 여권 발급은 외교부가 여권 정책 수립과 여권 법령 정비, 조폐공사에서 여권 제작, 지자체와 재외공관에서 여권 발급 신청 접수와 심사 및 교부 등을 담당하는 3자 협업의 방식으로 업무 분장이 이루어져 있다. 2008년 전자여권 발급과 함께 여권 사무를 담당하는 지자체가 141개로 확대된 이후에도 여권발급 수요가 지속적으로 증가하면서 여권사무 담당기관이 꾸준히 늘어나 2023년 4월 기준 249개 지자체와 176개 재외공관이 여권 신청 접수와 교부를 시행하고 있다.

## 2) 여권 발급 절차

여권 발급은 신청인이 해당 기관에 여권 발급 신청서와 필요한 관련 서류를 제출하면 여권접수 전산시스템을 통해 접수 내용의 심사와 신원 조회가 이루어진다. 이 과정에서 문제가 발견되지 않으면 조폐공사에서 여권을 제작하여 해당 기관으로 송부하여 여권이 교부된다. 재외공관의 경우는 외교부에서 외교행랑으로 제작된 여권을 발송한다.

2008년 전자여권 제도의 도입과 함께 여권 발급 신청은 일부 예외적인 경우를 제외하고는 본인이 직접 신청하도록 관련 법령이 개정되었다(여권법 9조 3항). 단, 5부 요인, 전직 대통령, 미성년자, 신체적 및 정신적 질병이나 장애 및 사고로 직접 신청이 불가한 자에 한해 대리 신청이 가능하다(여권법 시행규칙 6조). 2010년부터는 보다 엄격한 본인 확인을 위해 대리신청자와 의학적 이유로 지문 채취가 불가한 자를 제외하고 모든 신청자의 지문을 대조하는 제도가 도입되었다(여권법 9조 1항).

## 4. 여권 발급 업무 관련 주요사항

### 1) 여권 재발급과 분실여권 처리

여권을 분실하거나 발급받은 여권이 훼손된 경우 및 여권에 수록된 신원정보의 정정이나 변경이 필요한 경우 여권의 재발급을 신청할 수 있다.

단, 재발급 신청일 전 5년 이내에 2회 이상 여권을 분실한 경우에는 관계기관이 재발급 신청일로부터 30일 이내에 분실 경위 등을 조사할 수 있다(여권법 11조).

한편, 국제민간항공기구(ICAO)의 규정에 따라 협약국들은 분실여권에 관한 정보를 공유하므로 분실 신고된 여권은 사용할 수 없고, 여권 명의인이 분실여권을 회수했더라도 사증의 사용 가능 여부는 사증 발급국 공관에 사전 확인해야 한다. 또한 여권 재발급 시 구여권에 있는 유효한 사증을 임의로 신여권에 옮겨 부착할 수 없으며, 이 경우 구여권에 기발급 받은 사증은 구여권과 신여권을 동시에 소지하도록 안내해야 한다.

## 2) 여권 발급 거부 및 제한

여권법 12조는 아래의 경우에 여권 발급을 거부하거나, 1년 이상 3년 이하의 기간으로 여권 발급을 제한할 수 있도록 규정하고 있다.


◆ 여권발급 거부 대상
- 2년 이상의 형에 해당하는 죄로 기소된 자와 3년 이상의 형에 해당하는 죄로 기소중지 또는 체포영장이나 구속영장이 발부된 국외 체류자
- 금고 이상의 형을 받고 그 집행이 종료되지 않은 자
- 출국할 경우 테러 등으로 생명이나 신체의 안전이 침해될 위험이 있는 자

◆ 여권발급 제한 대상

• 여권 관련 범죄로 인한 형 집행이 종료된 자 및 집행이 유예된 자
• 외국에서 위법한 행위 등으로 국위를 크게 손상시킨 자

위의 여권 발급 제한 대상에서 '위법한 행위'란 통상 살인, 강도, 납치, 인신매매, 성범죄, 마약범죄, 밀항, 밀입국 등으로 외국 정부로부터 강제퇴거 조치를 받는 경우 등을 의미한다.

## 3) 영문 성명 변경

여권에 표기된 영문 성명 변경을 쉽게 허용하면 해외에서 우리 국민들의 출입국을 심사하고 체류상황을 관리하는 데 어려움을 겪게 되어 우리 여권에 대한 신뢰도가 저하될 수 있다. 따라서 여권법 시행령 3조의 2는 영문 성명을 변경할 수 있는 경우를 아래와 같이 한정하고 있다.

• 영문 성명의 발음이 한글 성명과 명백하게 일치하지 않을 경우
• 국외 취업이나 유학 등으로 여권의 영문 성명과 다른 영문 성명을 이미 사용한 경우로서 여권의 영문 성명을 변경하지 않으면 국외 체류나 활동에 상당한 불편을 초래할 경우
• 여권의 영문 성에 배우자의 영문 성을 추가할 경우
• 개명된 한글 성명에 따라 영문 성명을 변경하려는 경우 등

K씨는 1995년 자신의 이름에 들어가는 '원'을 영문 'WEON'으로 기재한 여권을 발급받았다. 무역업을 준비하느라 출국이 빈번한 K씨는 여권과 신용카드에 기재된 영문 표기(WON)가 달라 국외에서 사용이 거부되는 일을 겪었다. 2018년 11월 유효기간이 만료된 여권을 재발급 받으며 WEON을 WON으로 변경해 줄 것을 요구했지만 외교부는 단순 발음 불일치라며 이를 수용하지 않았다. 이에 K씨는 서울행정법원에 소송을 제기했지만 패소했다. 법원은 K 씨와 같이 WON대신 WEON으로 표기한 사람이 1만 8,939명이고 이 수치가 영문 성명 변경 제한 기준인 1만 명을 넘는다는 점을 언급했다.[98]

## 4) 여권의 반납 및 회수

외교부장관은 아래의 경우 여권 명의인에게 적절한 기간을 정하여 여권을 반납할 것을 명령할 수 있다. (여권법 19조)

- 여권 명의인이 여권 발급 후 여권 발급 거부 또는 제한 대상임이 밝혀지는 경우
- 여권 명의인이 여권 발급 후 여권 발급 거부 또는 제한 대상이 되는 경우
- 착오나 과실로 인해 여권이 발급된 경우
- 국외여행 허가 대상인 자가 동 허가를 받지 않거나 허가 기간을 지나 국외 체류 중인 경우

---

98) 장필수, "법원 '발음 부정확' 이유 여권 영문이름 표기 변경 안 돼", 한겨레, 2020년 9월 14일.

유효여권을 소지한 자가 신여권을 재발급 받으려면 소지한 여권을 반납해야 하며, 사증 사용 등을 위해 반납해야 할 구여권을 계속 보유하길 원할 경우에는 여권에 구멍을 뚫어 무효화하는 조치를 취해야 한다. 또 여권을 부정한 방법으로 발급 받거나 여권 반납 명령을 받고도 정당한 사유 없이 반납하지 아니한 경우에는 외교부장관이 이를 직접 회수할 수 있다.

## 5) 긴급여권 발급

외교부는 국외에서 발생한 가족이나 친인척의 사건·사고로 긴급히 출국해야 하거나 기타 인도적 사유나 사업상 긴급히 출국할 필요가 있는 경우에 한해 예외적으로 인천공항에서 긴급여권을 발급하는 서비스를 제공하고 있다. 그러나 출국을 위해 인천공항에 도착한 후 여권을 가져오지 않았거나 여권의 유효기간이 만료된 사실을 알게 된 경우 등 본인의 부주의로 출국에 지장을 초래하는 경우에도 긴급여권이 발급되고 있어 본래 취지에 맞지 않는 긴급여권 남발의 문제가 제기되고 있다.

이와 관련, 외교부는 최근 들어 불요불급한 긴급여권 발급 시에는 긴급여권 발급 수수료 15,000원에 급행 수수료를 추가하여 48,000원을 징수하고 있다. 앞으로 긴급여권을 발급받을 수 있는 상황을 보다 구체적으로 명문화하거나 긴급한 사유를 소명해야 하는 법적 근거를 마련하는 등의 추가적인 개선 조치가 필요한 것으로 보인다.

# 사증 발급과 출입국 업무

## 1. 사증의 정의

사증(査證, VISA)은 외국을 여행하고자 하는 자에게 여행 목적지 국가에서 발급하는 입국허가 증명서를 뜻한다. 우리나라를 비롯한 대다수 국가는 사증을 외국인이 자국에 입국할 수 있음을 인정하는 '입국허가 확인'의 의미가 아니라 외국인의 입국허가 신청에 대한 영사의 '입국 추천 행위'의 의미로 보고 있다. 따라서 입국심사 결과, 입국허가 요건에 부합하지 않는다고 판단되면 사증 소지자도 입국이 불허될 수 있다.

## 2. 사증의 종류와 표기 내용

사증은 유효기간 내에 1회에 한하여 입국할 수 있는 단수사증과 2회에 한하여 입국할 수 있는 더블사증 및 횟수에 제한 없이 입국할 수 있는 복수사증 등 3가지로 구분된다. 사증의 유효기간은 우리나라의 경우, 단수사증이 발급일로부터 3개월, 더블사증은 6개월, 복수사증은 1년이나 3년 또는 5년이다.

사증에는 인적사항과 함께 사증의 종류, 체류자격, 체류기간, 사증발급 일자와 만료 일자 등이 표기된다. 사증발급 일자로부터 만료 일자까지의 기간이 사증의 유효기간이며, 체류기간이란 사증의 유효기간 내에 입국하여 체류할 수 있는 기간으로서 입국한 다음 날부터 계산된다. 아래 견본 사증은 2016년 8월 8일 발급되었으며, 유효기간이 5년, 체류기간은 2년임을 볼 수 있다.

우리나라 사증(VISA)의 실제 모습

## 3. 사증 발급 절차

사증은 재외공관장이 법무부 장관의 위임을 받아 발급한다. 즉, 사증을 발급할지 여부를 결정하는 최종적 권한은 법무부에 있으며 외교부 산하 재외공관들은 법무부를 대신하여 사증 신청을 접수하고 교부한다는 뜻이다. 그러나 모든 사증 심사를 법무부가 하기 어려우므로 관광, 상용 등 복잡한 심사를 필요로 하지 않은 사증은 재외공관장이 재량으로 발급 여부를 결정하고 유학, 이주 등 엄격한 심사가 필요한 사증은 법무부 장관의 승인을 받아 발급하고 있다.

재외공관에서 사증 발급 신청을 접수하면 공관장 재량으로 발급할 수 있는 사증인지 여부, 여권과 제출한 서류의 진위 및 신청자가 입국 규제 대상인지 여부와 해당 체류자격별로 허가된 체류기간 내 귀국 가능성 유무 등을 심사하며, 신원이 의심되는 자는 직접 면담하거나 관계기관을 통해 신원을 확인한 후 발급 여부를 결정한다.

법무부 장관의 승인을 요하는 사증 발급의 경우, 입국하고자 하는 외국인이나 국내에 있는 초청자의 신청에 따라 동 초청자의 주소지 출입국 관리사무소에서 사증 발급 대상자에 대한 1차 사전심사를 한 후 '사증발급인정서'를 발급할 수 있다. 해당 외국인이 재외공관에 사증발급을 신청할 때 사증발급인정서를 제출하면 사증발급 기간을 단축할 수 있다.

## 4. 체류자격

우리나라에 입국하는 모든 외국인은 체류자격을 보유하고 있어야 하며, 체류자격별로 활동의 범위를 정해 그 범위 내의 활동만 하도록 허용된다. 현재 출입국관리법 시행령 12조에 따라 아래와 같이 37개 체류자격의 종류가 운영되고 있다.

① 외교·공무·협정 수행자 및 그 가족에 대한 사증

외교(A-1), 공무(A-2), 협정(A-3)

② 비영리목적 단기 체류자에 대한 사증(단기사증)

일시취재(C-1), 단기방문(C-3)

③ 취업활동 가능 체류자격 해당자에 대한 사증(취업사증)

단기취업(C-4), 교수(E-1), 회화지도(E-2), 연구(E-3), 기술지도(E-4), 전문직업(E-5), 예술흥행(E-6), 특정활동(E-7), 연수취업(E-8), 비전문취업(E-9), 선원취업(E-10), 관광취업(H-1), 방문취업(H-2)

④ 기타 사증(일반사증)

문화예술(D-1), 유학(D-2), 기술연수(D-3), 일반연수(D-4), 취재(D-5), 종교(D-6), 주재(D-7), 기업투자(D-8), 무역경영(D-9), 구직(D-10), 방문동거(F-1), 거주(F-2), 동반(F-3), 재외동포(F-4), 영주(F-5), 결혼이민(F-6), 기타(G-1)

⑤ 무사증 입국

사증면제(B-1), 관광·통과(B-2)

# 5. 무사증 입국

출입국관리법 7조 2항은 사증 없이 입국할 수 있는 대상을 아래와 같이 규정하고 있다.

- 재입국허가를 받거나 재입국허가가 면제된 사람
- 사증면제협정 체결 국가 국민
- 국제친선, 관광 또는 대한민국의 이익 등을 위해 입국하는 사람으로서 대통령이 정하는 바에 따라 입국허가를 받은 사람
- 난민여행증명서를 발급받고 출국 후 유효기간 내 입국하는 사람

사증면제협정은 크게 보아 공무 활동 목적을 갖는 외교관여권 또는 관용여권 소지자에 한하여 사증을 면제하는 협정과 외교관, 관용 및 일반여권 소지자 모두에 대해 사증을 면제하는 협정으로 나누어진다. 2023년 4월 기준으로 우리나라는 113개국과 외교관 여권 사증면제협정, 111개국과 관용여권 사증면제협정, 90개국과 일반여권 사증면제협정을 체결하고 있다.

사증면제협정 체결로 사증 없이 입국하는 일반여권 소지자는 통상 관광이나 방문 등의 단순 목적 활동에 한하며 취업 등의 영리활동이나 유학, 연수 등의 활동을 하려면 사증면제협정 체결국 국민도 사증을 발급받아야 한다. 또한 법무부 장관은 공공질서의 유지나 국가이익을 위해 필요하다고 판단하면 사증면제협정의 효력을 일시 정지할 수 있다(출입국관리법 7조 3항). 2020년 4월 코로나19의 확산으로 우리나라와 사증면제협정을 체결한 56개국 국민의 무사증 입국이 제한된 바 있다.

상기 출입국관리법 7조 2항의 3호와 관련, 우리 정부는 국제관례, 상호주의, 국가이익 등을 종합적으로 고려하여 사증면제협정을 체결하지 않은 국가 중 무사증 입국허가 대상 국가를 따로 지정하고(현재 약 50개국) 이들 국가의 국민은 관광, 방문 등의 목적으로 입국할 시 사증 발급을 면제해 주고 있다. 이 경우 대체로 30일 이내 체류를 허용하고 있으나, 캐나다 국민은 6개월, 미국, 일본, 호주, 대만, 홍콩 국민은 90일까지 체류를 허용하고 있다.

한편, 무사증 입국이 허가되지 않은 국가들 가운데 시리아, 이란, 쿠바, 이라크, 나이지리아, 파키스탄, 우즈베키스탄, 이집트 등 24개국을 제외한 국가 국민이 제3국으로의 여행을 위해 우리나라를 통과할 경우 30일 이내 출국 항공편이 예약된 항공권을 소지하면 무사증 입국을 허용하고 있다.

2021년 9월부터 우리 법무부가 전자여행 허가제(K-ETA)를 전면 실시하게 됨에 따라 무사증 입국자는 법무부 공식 웹사이트(www.k-eta.go.kr)에 개인정보와 여행정보를 입력하여 전자여행허가를 받아야 하며, 동 허가를 받지 않으면 항공기나 선박 탑승이 허용되지 않는다. 전자여행 허가를 받으면 입국 심사 시 입국신고서 작성이 면제된다.

# 6. 미국 비자 면제 프로그램(VWP)

VWP(Visa Waiver Program)는 미국 정부가 지정한 국가의 국민에 대해 최대 90일간 관광 또는 상용 목적에 한해 무사증 미국 입국을 허용하는 제도이다. VWP에 참가하기 희망하는 국가는 미국 입국사증 발급 거부

율을 10% 이하로 유지해야 하며 도난 및 분실여권 통보체제 수립, 개별 여행자 정보 제공, 전자여권 사용, 전자여행 허가제 도입 등의 조건을 충족시켜야 한다. 현재 우리나라를 포함하여 약 40개국이 참가하고 있다.

우리 정부는 2004년 12월부터 10회에 걸친 한미 사증 워킹그룹회의 개최 등을 통해 우리 국민의 미국 무사증 입국을 적극 추진하였다. 2008년 4월 이명박 대통령의 미국 방문을 계기로 양국 정부는 한국의 VWP 참가와 관련한 양해각서를 체결하였고, 관련 협상이 2008년 11월 타결됨으로써 2009년 1월부터 우리 국민들의 무사증 미국 입국이 실현되었다. 이 협상에서 최대의 쟁점은 범죄 정보의 제공 문제였는데 결국 살인, 강간, 인신매매, 강도, 사기, 방화 등의 범죄로 1년이 넘는 구금형을 받은 사람에 대한 정보를 자동조회 방식으로 미국 측에 회보하기로 합의함으로써 협상을 타결할 수 있었다.

VWP에 따른 무사증 미국 입국을 위해서는 미국 정부가 운영하는 전자여행허가제(ESTA)를 통해 전자여행 허가를 받아야 한다. 미국 정부의 ESTA 홈페이지(주한 미국대사관 홈페이지에서 링크 연결 가능)에서 인적사항과 여행 목적 및 일정 등을 등록하고 14달러의 수수료를 지불하면 수 시간 내로 허가가 나온다.

ESTA는 출국 72시간 이전에 신청해야 하며 허가는 2년간 유효하다. 한편, ESTA 발급으로 미국 입국이 당연히 보장되는 것은 아니다. 실제로 ESTA를 발급받은 우리 국민이 미국 공항에서 입국을 거부당해 돌아오는 사례가 종종 발생하고 있다. 또한 ESTA로 미국에 입국한 후 체류자격을 변경하는 것은 허용되지 않는다. 다음의 경우에는 ESTA가 아니라 미국 입국사증을 발급받아야 미국에 입국할 수 있다.

- 미국에 체류하는 기간이 90일을 초과하는 자
- 관광이나 상용 목적의 방문이 아닌 자
- 과거 미국 입국사증 발급이 거부되거나 입국 거부 또는 추방된 적이 있는 자
- 2011년 3월 이후 이란, 이라크, 수단, 시리아, 리비아, 예멘, 소말리아, 북한 방문자

## 7. 한일 간 무사증 입국 허용

우리 정부는 일본 관광객 증대를 도모하기 위해 1993년 8월부터 1년 시한으로 일본 국민의 체류기간 15일 이내 무사증 한국 입국을 허용하기 시작했다. 이 조치는 1999년 2월까지 계속되었으며 이어 1999년 3월부터 2005년 2월까지는 30일간, 2005년 3월부터 2006년 2월까지는 90일간으로 무사증 입국 시 체류기간을 늘려 나갔다.

한편, 일본 정부는 2002년 한일 월드컵 축구 공동 개최 계기 40여 일간, 2003년 아오모리 동계 아시안 게임 기간 중 한국 국민의 일본 무사증 입국을 허용하였고, 2004년 3월부터는 수학여행단에 한해 무사증 입국을 허용했다. 또한 2005년 3~9월간 아이치 박람회 계기로 체류기간 90일의 무사증 입국을 허용하고 이 조치를 2006년 2월까지 연장하였으며 2006년 3월 1일 부로 한국 국민의 무사증 입국 조치 시한 자체를 철폐하였다. 이러한 일본 측 조치에 부응하여 우리 정부도 한국에 입국하는 일본 국민에게 동일한 조치를 취하였다.

이와 같이 일본 측이 선제적으로 우리 국민의 무사증 입국을 제도화한

데에는 우리 국민의 일본 방문이 증가하는 가운데 악화일로에 있던 한일 관계를 개선해 보겠다는 의지가 내포되어 있었던 것으로 알려지고 있다. 그러나 이러한 한일 양국의 조치는 사증면제협정과는 달리 양국 정부의 자체적인 결정이므로 상황에 따라 일방적인 철회도 가능하다. 2020년 코로나19가 확산되자 일본 측이 먼저 동 조치를 철회했으며 한국 측이 이에 맞대응한 바 있다.

## 8. 한중 사증면제협정 및 무사증 입국

한중 양국은 2014년 11월 외교관여권 및 관용여권 사증면제협정을 체결했으나 아직 일반여권 소지자들은 상대국 방문하려면 사증을 발급받아야 한다. 그러나 우리 정부는 제주도에 한해 중국 국민에게 30일간 무사증 체류를 허용하고 있으며 제주도를 방문하는 중국 국민들을 위한 72시간 환승관광 무사증 제도도 시행하고 있다.

한편, 중국 정부는 제3국으로 이동하는 직항 항공권을 소지한 우리 국민에게 72시간 환승관광 무사증 제도를 시행하고 있다. 이러한 양국의 무사증 입국 제도는 코로나19 발생 후 시행이 중단된 상태이다.

## 9. 출입국 제도

### 1) 내국인 출입국 심사

출국하는 우리 국민에 대해서는 여권과 사증 확인 등을 통해 위변조여권 소지자, 불법 출국 기도자 및 출국 금지자의 출국을 저지하고 있다.

다음 대상은 출국이 금지된다. (출입국관리법 4조 1항)

- 형사 재판 중이거나 징역형 집행이 종료되지 않은 자
- 1천만 원 이상의 벌금 또는 2천만 원 이상의 추징금 미납부자
- 5천만 원 이상의 세금 미납부자
- 기타 국가이익, 공공안정, 경제 질서를 해할 우려가 있는 자

## 2) 외국인 출입국 심사

외국인 입국심사 시에는 여권과 사증의 유효 여부, 입국 목적이 체류 자격에 부합하는지 여부, 체류기간이 입국 목적에 부합하는지 여부 등을 심사하여 불법 입국 기도자 및 입국 금지자의 입국을 저지한다. 외국인 출국 시에는 범법 행위 등 체류기간 중 귀책사유가 있는 경우 출국이 제한되며, 체류기간 초과 시에는 소정의 절차를 거친 후 출국이 허용된다.

## 3) 자동 출입국 심사대 운영

법무부는 사전에 지문과 얼굴 사진을 등록하고 본인이 여권과 지문을 자동 출입국심사대에 인식시켜 간편하고 신속하게 출입국 심사를 마칠 수 있는 제도를 시행하고 있다. 2008년 6월 인천공항에서 시작하여 현재 전국 공항과 항만에 200여 대의 자동 출입국 심사대가 운영되고 있다.

## 4) 탑승자 사전 확인 제도

출발지 공항에서 탑승권을 발권하기 전에 항공사로부터 승객 정보를

전송받아 입국 규제자, 분실여권 소지자 등 여부를 검색하여 그 결과를 항공사에 통보함으로써 위험 승객의 탑승을 원천적으로 차단하는 제도로 2015년 2월 나고야 공항에서 시범 운영 후 2017년 4월부터 국내 취항 모든 항공사를 대상으로 전면 시행하고 있다.

인천공항 자동출입국 심사대
(출처: 네이버 법무부 공식 블로그, 2018.6.27.)

# 국적 업무

## 1. 우리 국적법의 기본원칙

헌법 2조 1항에 따라 우리 국적법은 대한민국 국민이 되는 요건을 정하고 있다. 대한민국 국적을 보유하고 있는지가 재외국민보호를 비롯하여 우리 정부가 해외에서 국민에게 제공하는 영사조력을 받을 수 있는 대상인지를 결정하는 것인 만큼 국적과 관련된 사항은 엄격한 기준에 따라 판단되어야 하며 영사 업무의 주요 부분 중의 하나이다. 우리 국적법은 아래와 같은 기본원칙을 가지고 있다.

① 단일 국적주의: 우리 국적법은 우리 국민이 외국국적을 보유하는 것을 허용하지 않는다. 다만, 일부 예외적인 경우에 복수국적을 갖는 것을 허용하며 복수국적을 허용하는 범위도 차츰 확대되어 가고 있다.

② 부모 양계 혈통주의: 출생 당시 부 또는 모가 우리 국민이면 출생과 동시에 우리 국적을 당연히 취득한다. 1998년 6월 국적법 개정 이전에

는 부계혈통주의를 채택하였다.

③ 개별 국적주의: 외국인이 우리 국민과 결혼해도 귀화 절차를 거쳐야 우리 국적을 취득할 수 있으며 가족 구성원이 개별적으로 국적을 보유할 수 있다.

## 2. 국적의 취득

### 1) 출생에 의한 국적 취득

국적법 2조는 출생과 동시에 우리 국적을 취득하는 경우를 ① 출생 당시 부 또는 모가 우리 국민인 자 ② 출생하기 전에 사망한 부가 사망 당시 우리 국민이었던 자 ③ 부모가 분명하지 않거나 무국적인 경우에는 한국에서 출생한 자 등 세 가지로 규정하고 있다. 출생에 의한 국적 취득은 본인 의사와 관계없이 자동적으로 이루어지는 것이며 출생지나 출생신고 여부와도 무관하다.

### 2) 인지에 의한 국적 취득(국적법 3조)

출생 당시 부 또는 모가 우리 국민이었으나 법률혼 관계가 아니었기 때문에 출생에 의해 우리 국적을 취득하지 못했던 미성년자는 부 또는 모가 자신의 자녀임을 인정하는 행위인 '인지'에 의해 우리 국적을 취득할 수 있다. 그러나 대상자가 성년인 경우에는 인지에 의한 국적 취득이 인정되지 않으며 별도의 귀화 절차를 거쳐야 우리 국적을 취득할 수 있다.

## 3) 귀화에 의한 국적 취득

귀화는 우리 국적을 취득한 사실이 없는 외국인이 법무부 장관의 허가를 받아 우리 국적을 취득하는 절차를 말한다. 귀화에는 일반 귀화, 간이 귀화 및 특별 귀화 등 세 가지가 있다.

일반 귀화 대상이 되려면 아래 요건을 모두 충족해야 한다. (국적법 5조)

- 5년 이상 계속 한국에 거주할 것
- 한국에서 영주할 수 있는 체류자격을 가지고 있을 것
- 민법상 성년일 것
- 법령을 준수하는 등 법무부령으로 정하는 품행 단정의 요건을 갖출 것
- 생계를 유지할 능력을 가지고 있을 것
- 국어 능력과 한국 풍습에 대한 이해 등 한국 국민으로서의 기본 소양을 갖출 것
- 국가 안전보장, 질서유지 또는 공공복리를 해칠 우려가 없을 것

간이 귀화는 일반 귀화에 비해 국내 거주기간에 관한 요건이 완화되며 귀화 절차도 간단하다. 간이 귀화 대상은 아래와 같이 혈연 또는 결혼에 의해서 우리 국민과의 가족 관계를 형성한 자라야 한다.(국적법 6조)

- 한국에 3년 이상 거주한 자로서 ① 부 또는 모가 우리 국민이었거나 ② 한국에서 출생했고 부 또는 모도 한국에서 출생했거나 ③ 우리 국민의 양자로 입양 시 성년이었던 자
- 한국 국민과 결혼한 자로서 ① 결혼한 상태로 한국에서 2년 이상 거

주하거나 ② 결혼 후 3년이 지나고 결혼 상태로 한국에서 1년 이상 거주하거나 ③ 결혼한 상태로 한국에 거주하던 중 배우자의 사망이나 실종으로 정상적인 결혼생활이 불가한 자

특별 귀화는 국내 주소만 있으면 국내 거주기간을 불문하고 귀화를 허용한다. 특별 귀화 대상이 되려면 ① 부 또는 모가 우리 국민이거나 ② 한국에 특별한 공로가 있거나 ③ 과학·경제·문화·체육 등 특정 분야 우수능력 보유자로서 국익에 기여할 것으로 인정되는 자여야 한다(국적법 7조).

한편, 부 또는 모가 귀화로 우리 국적을 취득할 때 미성년자 자녀는 별도의 심사 없이 우리 국적을 취득하게 되는 데 이를 수반 취득이라고 한다(국적법 8조).

## 4) 국적회복에 의한 국적 취득(국적법 9조)

우리 국민이었던 외국인은 법무부 장관의 국적회복 허가를 받아 우리 국적을 재취득할 수 있다. 그러나 아래에 해당하는 자는 국적회복이 허가되지 않는다. 귀화와 국적회복을 구별하는 것은 한국계 외국인을 우대하여 국적 취득 절차를 간소화함으로써 혈연적 유대를 배려한다는 취지이다.

- 국가나 사회에 위해를 끼친 사실이 있는 자
- 품행이 단정하지 못한 자
- 병역을 기피할 목적으로 우리 국적을 상실하였거나 이탈했던 자
- 국가안전보장, 질서유지 또는 공공복리를 위해 국적회복 허가가 적당하지 않은 자

## 5) 국적 취득자의 외국국적 포기

인지 또는 귀화에 의한 국적 취득자, 수반 취득자 및 국적회복자 중 외국국적을 보유한 자는 우리 국적 취득일로부터 1년 이내에 외국국적을 포기해야 한다. 이 경우 외국 정부가 발급하는 국적포기 증명서를 제출해야 하며 이러한 의무를 이행하지 않을 경우 취득한 우리 국적이 상실된다. 다만 외국국적 포기 의무 불이행으로 우리 국적을 상실하였어도 그 상실일로부터 1년 이내에 외국국적을 포기하면 다시 우리 국적을 취득할 수 있는데 이를 국적의 재취득이라고 말한다(국적법 11조).

상기 외국국적 포기 의무가 있는 사람 중 해당 외국국적을 함께 보유하기를 희망하는 경우가 적지 않다. 이는 복수국적을 의미하기 때문에 단일국적주의를 채택하고 있는 우리 정부로서는 허용하지 않는 것이 원칙이다. 그러나 아래의 조건에 해당하는 자는 국내에서 외국국적을 행사하지 않겠다는 뜻을 서약하는 것으로 외국국적 포기를 대신할 수 있다(국적법 10조).

- 결혼 귀화자로서 결혼 관계를 유지하고 있는 자
- 국적 회복자와 특별 귀화자 중 한국에 특별한 공로가 있거나 국익에 기여할 우수 인재
- 65세 이후 영주 귀국한 국적회복 동포
- 성년이 되기 전 해외 입양으로 외국국적을 취득한 후 우리 국적을 회복한 자
- 본인 의사에도 불구하고, 원국적국의 제도상 외국국적 포기가 불가하거나 외국국적 포기에 소요되는 기간이 1년을 넘는 경우 등 외국

의 법률이나 제도로 인해 외국국적 포기의무 이행이 어려운 자(국적법 시행령 13조)

## 3. 복수국적 제도

### 1) 복수국적 발생 유형

복수국적에는 선천적 복수국적과 후천적 복수국적이 있다. 선천적 복수국적은 국가마다 국적 부여 기준이 다르기 때문에 발생한다. 즉, 우리나라와 같이 혈연을 기준으로 국적을 부여하는 속인주의 국가의 국민이 미국과 같이 출생지에 따라 국적을 부여하는 속지주의 국가에서 자녀를 출산했을 때 그 자녀는 선천적 복수국적을 갖게 된다. 또한 부모가 서로 다른 속인주의 국가 국민일 경우에도 그 자녀는 복수국적을 갖게 된다. 우리나라는 선천적 복수국적에 대해 국적법 12조에서 정한 일정 기간 내에 국적 선택을 할 때까지만 선천적 복수국적을 허용하고 있다.

한편, 후천적 복수국적은 관련 국가 모두 후천적 복수국적을 허용하는 경우에 발생하며 우리나라는 아래와 같은 두 가지 경우에 한하여 후천적 복수국적을 허용하고 있다.

- 국적법 10조에 따라 자진하여 우리 국적을 취득한 자가 이미 보유하고 있는 외국국적을 포기하는 대신 외국국적 불행사 서약을 한 경우
- 국적법 15조에 따라 자신의 의지와는 무관하게 결혼, 입양, 인지 등으로 인해 외국국적을 갖게 된 우리 국민이 우리 국적도 계속 보유하겠다는 국적 보유 신고를 한 경우

## 2) 국적 선택과 국적 이탈

우리 국적법은 복수국적자 중 20세 이전 복수국적자가 된 자는 22세가 되기 전에, 20세 이후에 복수국적자가 된 자는 그때로부터 2년 이내에 국적 선택을 해야 하는 의무를 부과하고 있다. 다만 외국국적 불행사서약에 따른 복수국적자는 국적 선택 의무 대상에서 제외된다. 상기 기한 내에 국적 선택을 하지 않으면 법무부 장관이 1년 이내에 국적 선택을 명령하게 되고, 그 명령도 이행하지 않을 경우 우리 국적을 상실하게 된다.

국적 선택에 있어서 우리 국적을 선택하면 국적 선택 신고를 하게 되며, 외국국적을 선택하게 되면 국적 이탈 신고를 하게 된다. 후천적 복수국적자는 모두 우리 국적을 보유하려는 자이므로 국적 이탈은 선천적 복수국적자에만 해당된다. 국적 이탈은 여자의 경우에는 선택 기한인 22세 이전에 하면 되지만, 남자의 경우에는 병역 의무 이행 문제로 인해 아래와 같이 별도의 국적 이탈 기한이 설정되어 있다.

즉, 선천적 복수국적자인 남자는 18세가 되는 해의 3월 31일까지 또는 병역 의무를 이행한 후 2년 내로 국적 이탈 신고를 해야 한다. 이는 병역법 8조에 따라 우리 국민 남성은 18세부터 병역준비역에 편입되므로, 편입된 후 3개월 이내에 우리 국적을 포기할지 결정하도록 함으로써 병역 의무를 이행하지 않은 채 우리 국적은 유지하려는 것을 막기 위한 것이다.

그러나 실제로는 출생부터 해외에서 거주하면서 우리 관련 법령을 제대로 알지 못하는 선천적 복수국적자들이 이러한 국적 이탈 시한이 경과하는 것을 모르고 지나치기 쉬운데, 이 경우 우리 국적을 포기하는 것이 불가하게 되어서 의도치 않게 귀국하여 군 복무를 해야 하는 상황이 발생할 수 있다. 이와 관련 2020년 9월 24일 헌법재판소는 해당 기간 내에 신고하지 못한 사유를 불문하고 국적 이탈을 제한하는 것은 국적 이탈 자유의 과도한 침해라고 판단하면서 국적법 해당 조항에 대한 헌법불합치 결정을 내렸다.

이에 따라 법무부는 2022년 10월 1일부터 아래 조건에 해당하는 경우 신고 기한이 지나도 예외적으로 국적 이탈 허가를 신청할 수 있도록 해당 조항을 개정하였다.

- 외국에서 출생했거나, 대한민국에서 출생하였더라도 6세 미만의 아동일 때에 외국으로 이주한 경우
- 출생 또는 이주 후 주된 생활의 근거를 계속하여 외국에 두어야 하고, 18세가 되는 해의 3월 31일까지 국적 이탈을 신고하지 못한 정당한 사유가 존재한 경우

### 3) 복수국적자의 법적 지위

복수국적자는 대한민국 법령 적용에 있어서 우리 국민으로만 처우한다. 따라서 주민등록을 원칙으로 하고 외국인등록을 하는 것을 제한하고 있다. 또한 복수국적자가 국가안보, 보안, 외교 등 외국국적을 보유한 상태에서 직무를 수행할 수 없도록 관계 법령에 규정된 분야에 종사하고자 할 때는 외국국적을 포기해야 한다(국적법 11조의 2).

# 4. 국적의 상실

## 1) 국적 상실 사유 및 상실 시점

우리 국민으로서 자진하여 외국국적을 취득한 자는 그 외국국적을 취득한 때에 우리 국적을 자동적으로 상실한다. 자신의 의도와 무관하게 결혼, 입양, 인지 등으로 외국국적을 보유하게 된 비자발성 복수국적자는 외국국적 취득일로부터 6개월 이내에 우리 국적을 계속 보유하겠다는 뜻을 밝히는 국적보유신고를 해야 하며, 동 시한 내 신고하지 않으면 그 외국국적을 취득한 때로 소급하여 우리 국적을 상실한 것으로 본다(국적법 15조).

상기 외에 우리 국적이 상실되는 경우와 그 상실 시점은 아래와 같다.

- 외국국적 포기 또는 외국국적 불행사 서약 의무 불이행: 우리 국적 취득일로부터 1년 후
- 복수국적자의 우리 국적 이탈: 이탈 신고 수리 시
- 복수국적자의 국적선택 명령 불이행: 명령일로부터 1년 경과 시

또한, 법무부 장관은 복수국적자가 국익에 반하는 행위를 하거나 사회질서 유지에 상당한 지장을 초래하는 행위 등을 할 경우 우리 국적의 상실을 결정할 수 있다.

## 2) 국적 상실자의 권리 변동

우리 국적을 상실한 자는 국적을 상실한 때로부터 우리 국민만이 누릴

수 있는 권리를 향유할 수 없다. 그가 우리 국민이었을 때 취득한 것으로서 양도 가능한 것은 별도의 관련 법령이 없으면 3년 이내에 우리 국민에게 양도해야 한다(국적법 18조).

한편, 예금, 부동산 등 재산은 국적 상실 후에도 계속 보유할 수 있으나 토지는 국적 상실일로부터 6개월 내에 지자체에 신고하지 않으면 과태료 처분을 받을 수 있다(외국인토지법 6조).

# 병역 의무

## 1. 국외여행 허가

병역과 관련한 영사 업무는 병역의무자의 국외여행과 관련된 사항들을 재외공관에서 처리하는 것이다. 병역법 70조에 따라 병역의무자로서 군 복무를 마치지 않은 자가 국외여행을 하고자 할 때는 지방 병무청장의 국외여행 허가를 받아야 한다. 국외여행 허가 대상은 25세 이상으로 병역 의무를 이행하지 않은 자와 보충역, 대체역 또는 승선근무 예비역으로 복무 중인 자다.[99] 병역판정 검사나 입영을 기피한 자, 사회복무요원 등의 복무를 이탈한 자 및 국외여행 허가 의무를 위반한 자 등은 국외여행

---

99) 보충역은 전문연구요원, 산업기능요원, 사회복무요원, 공중보건의사, 공익법무관 등이 있으며 대체역은 종교적 이유 등으로 교정시설 등의 대체복무기관에서 현역이나 보충역의 복무를 대신한다. 승선근무 예비역은 항해사나 기관사들이 해운회사 등에 근무하는 것으로 병역 의무를 이행하는 것을 말한다.

허가가 제한된다.

한편, 외국 영주권자를 비롯하여 재외국민으로서 병역 의무가 부과되기 전에 이미 국외로 출국한 경우에는 25세가 되는 해의 1월 15일 이전에 국외여행 허가를 받아야 한다.

국외여행 허가는 허가 목적에 따라 국외이주 목적 외 허가와 국외이주 허가로 구분된다. 국외이주 목적 외 허가는 여행 목적 등에 따라 아래와 같이 허가 기간이 정해진다.

- 단기여행: 1년 범위 내에서 27세까지
- 유학: 학교별 제한연령의 범위 내에서 입학예정일 6개월 전부터 졸업예정일 3개월 후까지
- 훈련 및 연수: 2년 범위 내에서 27세까지
- 학교별 제한연령: 4년제 학사 24세, 2년제 석사 26세, 3년제 석사 27세, 박사 28세

국외이주 허가는 허가 기간이 병역 의무가 해소되는 37세까지며 다음의 경우가 대상이다.

- 영주권을 취득하여 그 국가에 3년 이상 거주하는 자[100]
- 부모와 같이 3년 이상 계속하여 국외에 거주하며 부 또는 모가 영주권자인 자

---

100) 영주권을 취득한 후 거주 기간이 3년 미만인 자가 25세가 되어 국외여행 허가를 신청할 경우 3년의 범위 내에서, 조건부 또는 임시 영주권을 취득한 자가 그러할 경우에는 동 영주권 유효기간 초과 6개월의 범위 내에서 허가 기간이 정해진다.

- 부모와 같이 5년 이상 계속하여 국외에 거주하는 자
- 복수국적자
- 부모와 같이 3년 이상 계속하여 국외에 거주하며 부모가 외국 시민권을 취득한 자

## 2. 국외여행 기간 연장 허가

국외여행 허가를 받아 출국한 후 허가 기간 내 여행 목적을 달성하지 못하여 계속 국외에 체류하고자 하는 경우 허가 기간 만료 15일 전까지 국외여행 기간 연장 허가를 신청할 수 있다. 이 경우 기간 연장은 당초 허가된 기간의 범위 내에서 이루어지는 것이 보통이다. 기간 연장 허가 신청은 재외공관에서 접수하여 관련 서류를 병무청으로 보내며, 병무청에서 이를 심사하여 허가 여부를 결정한다.

## 3. 국외여행 허가 취소

국외이주 목적 외 허가를 받은 자가 허가 기간이 끝나기 전에 귀국하여 3개월 이상 국내에 체류할 경우 동 허가가 취소된다. 또한, 국외이주 허가를 받은 자도 아래 사유에 해당하는 경우 허가가 취소된다.

- 1년 기간 내 통틀어 6개월 이상 국내 체류하는 경우 (단, 국내 교육기관 수학인 경우 제외)

- 국내 교육기관에서 수학하는 자로서 부 또는 모나 배우자가 1년 기간 내 통틀어 6개월 이상 국내 체류하는 경우
- 국내 취업 등 영리활동을 하는 경우
- 해외이주법에 따라 영주귀국 신고를 한 경우

상기 허가 취소 요건의 국내 체류기간 산정에서 본인의 결혼, 배우자 출산, 직계 존비속 장례 참석 등을 위해 국내 체류하는 기간은 제외한다. 또한 영리활동도 1년 기간 내 60일 미만의 경우 등은 허용된다. 또한 국외에서 출생하거나 어릴 때부터 국외 거주한 자에 대해 3년 이내 국내 체제 및 영리활동에 대한 특례를 인정해 주는 '재외국민 2세 제도'도 운영되고 있다.

## 4. 위반자 제재

국외여행 허가를 받지 않고 출국하거나 정당한 사유 없이 허가 기간 내 귀국하지 않는 자는 국외여행 허가 의무 위반에 따른 제재를 받게 된다. 또한, 병역 의무가 있는 국외 체류자가 25세가 되는 1월 15일까지 국외여행 허가를 받지 않는 경우에도 제재 대상이 된다.

병무청은 국외여행 허가기간 만료 90일 전에 해당자에게 기간 만료를 통지하며 허가기간 만료일로부터 30일이 경과해도 정당한 사유 없이 귀국하지 않으면 관할 수사기관에 고발 조치한다. 이들에게는 다음과 같은 제재조치가 취해질 수 있다.

- 3년 이하의 징역(병역기피 목적이 있는 경우 1년 이상 5년 이하의 징역)
- 40세까지 국내 취업 및 관허업의 인허가 제한
- 여권 발급 제한 및 출국 금지 대상자로 관리
- 병무청 홈페이지를 통한 인적사항 공개

# 공증 업무

## 1. 재외공관 공증

### 1) 개요

국내에서의 공증은 공증인법에 따라 법무부장관이 임명한 공증인에 의해 행해지나 국외에서는 재외공관 공증법에 따라 재외공관의 공증 담당 영사가 공증인의 임무를 수행한다. 공증 담당 영사는 아래 세 가지의 공증 사무를 처리한다(재외공관 공증법 3조 1항).

① 법률행위나 사권에 관한 사실에 대한 공정증서 작성
② 사서증서의 인증
③ 공증에 관계되는 문서의 확인

공증 담당 영사는 아래의 경우를 제외하고는 촉탁을 거절할 수 없다. (재외공관 공증법 9조) 촉탁 거절 시에는 그 사유를 촉탁인에게 통보해야 하며 촉탁인은 1개월 이내 이의를 제기할 수 있다.

- 촉탁 받은 공증 사무가 대한민국 법령을 위배하거나 법령에서 금지된 경우
- 촉탁 받은 공증 사무가 조약이나 주재국 법령을 위배하거나 조약이나 주재국 법령에서 금지된 경우
- 문서가 불법 목적 또는 대한민국의 이익을 해치는 목적으로 사용된다고 인정될 경우
- 촉탁인의 신원을 확인할 수 없는 경우
- 관련 서류의 허위 작성 사실이 발견되는 경우 등

외국인이 공증을 촉탁하는 경우에도 재외공관 공증법은 외국인의 촉탁을 제한하는 규정을 두고 있지 않으므로 단지 외국인이라는 이유로 촉탁을 거절할 수 없다.

## 2) 공정증서 작성

공정증서 작성은 공증 담당 영사가 직접 당사자의 법률행위 등에 관하여 기재한 증서를 작성해 주는 사무를 말한다. 공정증서에는 공정 담당 영사가 촉탁인을 대면하여 청취한 진술, 목격한 사실, 그 밖에 경험한 사실과 방법을 기재해야 한다. 금전 소비대차 계약, 건물 임대차 계약, 어음, 유언, 협의이혼 등에 관한 공정증서가 빈번하게 사용된다.

촉탁인이 청각장애인 등 의사소통이 불가한 경우 공정증서를 작성하기 위해 통역인을 사용할 수 있다. 또한, 촉탁인이 시각장애인이거나 글자를 읽지 못하는 경우에는 공정증서를 작성할 때 참여인을 참석시켜야 한다.

### 3) 사서증서 인증

사서증서 인증은 당사자가 법률행위 등에 관해 기재한 문서에 대해 그 문서에 기재된 서명 날인이 당사자의 것임을 증명해 주는 사무로서 문서의 내용을 검토하여 사실 여부나 진위를 확인하는 행위는 아니다. 다만, 공증 담당 영사는 촉탁인이 사서증서의 내용을 이해하고 있는지를 확인한 후에 인증해야 한다.

빈번히 사용되는 사서증서는 아래와 같다.

- 법률행위에 관한 증서: 상속재산 분할 협의서, 신용보증 약정서, 은행 대출거래 약정서
- 사실행위에 관한 증서: 서명인증서, 여권 원본 대조 확인서, 가족관계 등록부 번역문
- 위임장: 은행 업무, 부동산 업무, 증명서 발급, 상속 포기 용도 등

2013년 1월 간첩 혐의로 기소된 탈북자 출신 서울시 공무원 Y의 재판에서 Y가 중국을 통해 북한으로 들어갔다는 것을 증명하는 출입국 기록 확인서가 제출되었는데, 주한 중국 대사관에서 동 문서가 위조된 것이라고 발표함에 따라 동 문서의 사실 여부가 최대 쟁점으로 부각되었다.

결국 동 확인서는 국정원에서 주 선양 총영사관에 파견된 A 영사가 위조한 것으로 판명되었다.

A 영사는 동 확인서를 작성한 후 공증 담당 B 영사에게 사서인증을 받아 재판부에 제출하였는데, 이때 B 영사의 인증은 A 영사가 자신이 작성한 문서에 자신이 서명하였다는 사실만을 인증한 것이므로 문서 위조와 무관한 것이다.

## 4) 문서 확인

문서 확인은 외국과의 언어, 제도의 차이로 국내에서 확인하기 어려운 외국 발행 문서에 대한 특정 사실을 확인해 주는 사무로서 주재국 발행 공문서의 확인과 국내 행정부처 제출 문서의 확인으로 구분된다.

### (1) 주재국 발행 공문서의 확인

공증 담당 영사는 주재국 공무원이 발행하였거나 주재국 공증인이 공증한 문서에 대해 그 문서에 날인된 인장 또는 서명의 사실 여부와 해당 공무원이나 공증인의 직위를 확인할 수 있다(단, 후술하는 바와 같이 아포스티유 협약 체결국은 아포스티유 인증이 필요하다). 동 확인은 주재국 관계기관으로부터 인장, 서명 및 직위를 제출받거나 확인받아 작성한 서명부와의 대조를 통해 이루어진다. 그러한 대조 방식으로 확인이 불가한 경우에는 주재국 관계기관에 직접 조회한다.

### (2) 국내 행정부처 제출 문서의 확인

공증 담당 영사는 국내 행정부처에서 업무 처리상 필요로 하는 문서에 관해 그 문서가 영사 관할구역 안에서 발행되었다는 사실이나 관할 재외공관을 경유하였다는 사실을 확인할 수 있다. 이는 재외공관이 국내 행정부처의 문서 확인을 대행한다는 의미를 갖는다. 확인 대상 문서는 아래와 같다(재외공관 공증법 시행령 별표 3).

    ① 발행 사실 확인: 고용계약서, 재직증명서, 근로자 사망보고서, 학적서류(초중고교 재학증명서, 성적증명서, 졸업증명서), 국외체재 목적 확인 서류, 영주권 취득 사실 확인 서류
    ② 경유 사실 확인: 인감 관련 서류, 가족 거주사실 확인 서류

## 2. 아포스티유와 영사확인

각국의 공증법이 다르기 때문에 한 국가의 공문서나 그 국가에서 공증받은 문서의 효력이 다른 국가에서는 인정되지 않는다. 따라서 한 나라에서 발행된 공문서나 공증 받은 문서의 효력을 타국에서 인정받기 위해서는 국내에 상주하는 해당 국가 재외공관에서 '영사확인'이라는 절차를 거쳐야 한다. 그런데 재외공관이 주재국 발행 문서를 신속히 확인하기는 어려우므로 확인 절차에 장시간이 소요될 수밖에 없다. 따라서 재외공관에서는 먼저 주재국 외교부의 확인을 받아올 것을 요구하게 되며, 이 경우 두 차례의 영사확인을 받아야 하는 불편이 초래된다.

이러한 번거로운 절차를 간소화하기 위해 문서 발행국의 권한 있는 당국이 확인한 문서의 효력을 다른 나라들이 별도의 확인 절차 없이 인정하기로 합의한 것이 1965년 발효된 '외국 공문서에 대한 인증을 폐지하는

협약'이다. 이 협약 가입국의 권한 있는 당국은 문서의 관인이나 서명 대조 등을 통해 진위를 확인하여 '아포스티유(Apostille)'라고 부르는 확인증을 발급하며, 아포스티유를 부착한 문서는 모든 협약 가입국에서 그 효력이 인정된다.

우리나라는 2007년 7월 아포스티유 협약에 가입했으며 2022년 6월 기준 가입국은 총 123개국이다. 우리나라에서 아포스티유를 발급하는 권한 있는 당국은 외교부와 법무부이다. 공증 문서 및 법무부와 그 소속기관의 공문서는 법무부에서, 그 외의 문서는 외교부에서 아포스티유를 발급한다.

한편, 우리 정부는 약 70개국 정부와 협의하여 재외공관에서 발급하는 공문서를 아포스티유나 영사확인 없이 주재국에서 사용할 수 있도록 하는 데 합의하였다. 그러나 이러한 합의가 이루진 국가라도 일부 지역 또는 기관에서는 아포스티유나 영사확인을 요구하는 사례가 있다.

# 기타 영사 서비스 업무

## 1. 재외국민등록

재외국민등록은 외국에 거주하거나 체류하는 우리 국민을 관할 재외공관에 등록하도록 하여 재외국민의 국내외 활동 편익 증진, 행정사무의 적정한 처리, 재외국민보호정책 수립에 이바지하기 위한 제도이다. 외국의 일정한 지역에 계속해서 90일을 초과하여 거주 또는 체류할 의사를 가지고 그 지역에 체류하는 우리 국민은 주소를 정한 날로부터 90일 이내에 재외국민등록을 해야 할 의무를 진다. 재외국민등록은 여권과 기본증명서를 지참하고 체류지 관할 재외공관을 방문하거나 외교부의 영사민원24 사이트에서 온라인으로 등록할 수 있다. 온라인 등록 시에는 여권 신원정보 면, 입출국 스탬프 표시 면, 사증정보 면 및 기본증명서의 이미지 파일이 필요하다.

재외국민등록 시에는 다음과 같은 내용을 등록한다.

- 성명, 주민등록번호, 여권번호, 등록 기준지, 병역관계
- 체류국 최초 입국일, 체류 목적 및 자격, 체류국 내 주소 및 전화번호, 직업 및 소속기관
- 이메일, 국내 연고자 연락처

등록사항이 변경되었을 때는 변경된 날로부터 30일 이내에 변경 신고를 해야 하며 다른 재외공관 관할구역으로 이주할 경우에는 주소가 변경된 날로부터 90일 이내에 이동 신고를 해야 한다. 또한, 등록자가 90일을 초과하여 국내에 체류하거나 거주할 의사를 가지고 귀국할 경우 귀국일로부터 90일 이내에 외교부에 귀국신고를 해야 한다.

아래의 경우에는 재외국민등록이 말소된다.

- 귀국신고를 한 경우
- 등록된 지역에 183일을 초과하여 계속 거주하지 않는 경우
- 183일 이상 계속 국내에 거주하고 있는 경우
- 대한민국 국적을 상실하거나 사망한 경우

재외국민등록 사실을 증명하기 위해 재외국민등록부 등본이 발급된다. 등본은 자녀 국내학교 편입 및 특례 입학 시 제출하거나, 국내 공공기관 등에서 해외 체류 사실 증빙자료로 활용된다. 또한, 부동산 거래 등 재산권 행사 및 국민연금 환급 등에도 필요하다. 단, 재외국민등록부 등본으로 해외 체류 사실을 확인할 수는 있으나 해외 체류기간이나 거주지 사실 여부를 증명하는 것은 불가하다.

## 2. 해외 이주

해외 이주자는 외교부의 해외 이주 창구나 재외공관에 해외 이주 신고를 해야 한다. 신고하지 않은 경우 법적 제재는 없으나 해외로의 재산 반출이 불가하다. 해외 이주 신고를 하면 주민등록상 재외국민으로 분류되며 신고 30일 후에 건강보험이 정지된다.

해외 이주는 매우 복잡한 절차를 거쳐야 하기 때문에 해외 이주 알선업체를 이용하는 경우가 대부분이다. 해외 이주 알선업체는 1999년까지는 허가제로 운영되었으나 규제 완화 방침에 따라 일정한 요건을 구비하여 외교부에 신고하면 등록증이 발급된다. 현재 90여 개의 등록 업체들이 있으며 등록하지 않은 업체들도 영업하고 있다.

해외 이주 알선업체는 해외 이주 신고 대행, 입국사증 발급 신청 대행, 해외 이주 관련 상담 및 이주 정착 지원 등의 업무를 수행하며 이주 알선 과정에서 발생하는 손해보전을 위해 3억 원 이상의 보증보험에 가입하여야 한다. 해외 이주자는 손해 발생 시 외교부에 보험금 지급을 청구할 수 있다. 특히 캐나다로의 취업 이민, 미국 취업 이민 사증 발급 등과 관련 해외 이주자와 해외 이주 알선업체 간 분쟁이 자주 발생한다.


## 3. 워킹홀리데이

### 1) 워킹홀리데이 협정

워킹홀리데이는 협정 체결 국가 청년들에게 상대국에 체류하면서 관광, 취업, 어학연수 등을 병행하여 현지의 문화와 생활을 경험하는 기회를 제공하는 제도로서 해외여행을 하면서 합법적인 취업으로 경비를 충당할 수 있다는 장점 때문에 많은 청년들의 관심을 받고 있다.

우리 정부는 청년들의 해외 진출과 글로벌 인재로서의 성장을 지원하기 위해 1995년 호주, 1996년 캐나다 등 1990년대 중반부터 워킹홀리데이 협정 체결을 적극 추진하고 있다. 2023년 4월 기준 우리나라가 워킹홀리데이 협정을 체결한 국가는 아래와 같은 24개국이다.

- 유럽(15개국): 영국, 프랑스, 독일, 이탈리아, 스페인, 포르투갈, 네덜란드, 벨기에, 오스트리아, 스웨덴, 덴마크, 아일랜드, 체코, 헝가리, 폴란드 [영국은 청년교류협정(YMS)체결]
- 아시아 및 대양주(6개국): 호주, 뉴질랜드, 일본, 대만, 홍콩, 이스라엘
- 미주(3개국): 캐나다, 아르헨티나, 칠레

## 2) 워킹홀리데이 비자

워킹홀리데이에 참가하기 위해서는 해당국 대사관에서 비자를 취득해야 한다. 워킹홀리데이 비자에 관해서는 국가마다 다소의 차이는 있으나 대부분 아래와 같은 제한을 두고 있다.

- 해당국별 평생 1회에 한하여 비자를 발급한다.
- 비자 발급 후 12개월 이내 해당국에 입국해야 한다.
- 체류기간은 대부분 입국일로부터 12개월이다(단, 호주 3년, 영국 2년, 오스트리아 6개월).
- 최초 입국 후 체류기간 내 자유로운 입출국이 가능하다.
- 입국 후 현지에서 다른 비자로의 전환은 불가하다.

호주, 독일, 스웨덴, 덴마크, 칠레는 비자 발급 인원에 대한 제한이 없으나 여타 국가들은 연간 쿼터가 설정되어 있다. 연간 쿼터 1천 명 이상 국가는 캐나다(1만 2천 명), 일본(1만 명), 뉴질랜드(3천 명), 프랑스(2천 명), 영국(1천 명), 스페인(1천 명), 홍콩(1천 명) 등이다. 코로나 발생 이전까지 우리나라 청년들의 워킹홀리데이 참가는 호주 2만여 명을 비롯하여 이 밖에 일본, 캐나다, 뉴질랜드, 독일, 영국 등을 중심으로 4만여 명을 상회하였다. 그러나 워킹홀리데이로 우리나라로 들어오는 외국 청년들은 3천여 명에 불과했다.

### 3) 주요 과제

워킹홀리데이 제도 운영과 관련하여 해결해야 할 가장 중요한 과제는 참가자들의 안전을 확보하는 것이다. 2013년 11월과 12월 호주 브리즈번에서 연이어 한국인 워킹홀리데이 참가자가 피살되는 사건이 발생한 후 안전 문제에 관한 관심이 급증하였다. 특히 마약, 도박, 성매매, 환전, 중고 매매 등에 대한 주의가 필요하다. 외교부는 2010년부터 운영하고 있는 워킹홀리데이 인포센터를 통해 각국의 안전수칙 등 필요한 정보를 제공하고 있다.

워킹홀리데이로 해외로 나가는 우리 청년들의 수에 비해 우리나라로 들어오는 외국 청년들의 수가 너무 작다는 '아웃바운드와 인바운드 간 불균형 문제'도 해결해야 할 과제이다. 이러한 불균형이 지속되거나 심화할 경우 상대국에서 연간 쿼터를 축소하려고 할 우려가 있다. 이와 관련해 외국인 참가자 증대를 위한 홍보활동을 강화하고 이들의 애로사항 해결을 위한 노력을 배가할 필요가 있다.

## 4. 운전면허 상호인정

운전면허 상호인정은 양국 간 협정에 따라 유효한 운전면허증을 소지하고 상대국에 합법적으로 거주하는 양국 국민에게 별도의 교육 및 시험을 면제하고 거주국 운전면허증으로 교환해 주는 제도이다. 현재 우리나라는 25개 국가 및 지역과 운전면허 상호인정 협정을 체결하고 있으며 협정을 체결하지 않았지만 상호 합의에 의해서 우리나라 운전면허증을 인정하는 국가 및 지역도 110개에 달한다.

외국 면허증을 한국 면허증으로 교환하기 위해서는 90일 이상 장기체류자로서 2종 보통면허 소지자여야 하며, 면허증 진위 확인을 위해 ① 해당국 소재 한국 공관이나 주한 해당국 공관에서 한국어나 영어로 발급한 증명서 ② 아포스티유 협약 가입국에서 한국어나 영어로 발급한 인증서 중 하나를 제출해야 한다.

## 5. 한시적 근로 협정

한러 수교 이후 경제관계 확대에 따라 우리 기업인들의 러시아 입국 편의 제고를 위한 양국 간 협의 결과로 2010년 11월 한러 양국 간 한시적 근로협정이 체결되었다. 동 협정에 따라 양국은 상대국 기업 근로자에게 최장 1년간 유효한 복수사증을 발급하고, 사증기간 만료 시 해당 근로자는 체류국을 떠날 필요 없이 최장 3년의 범위 내에서 근로계약 기간만큼 체류기간을 연장하는 것을 허용하게 되었다. 또한 기업 근로자의 한시적 근로활동은 외국인 노동 허가 쿼터 산정에 포함하지 않기로 합의했다.

상기 한러 간 협정을 모델로 하여 2012년 3월에는 우즈베키스탄,

2016년 4월에는 카자흐스탄과 유사한 내용의 협정이 체결되었다. 카자흐스탄과의 협정은 국내법인 지사 근무를 위한 카자흐스탄 방문 근로자에 대한 노동 허가를 종전 1년간에서 최장 3년간으로 연장하였다.

이와 같은 한시적 근로협정은 우리 정부의 영사 서비스가 우리 국민의 외국 출입국에 관한 편의를 제공하는 단계에서 현지에서의 안정적인 체류를 보장하는 단계로 격상되었다는 중요한 의미를 갖는다.

## 6. 명예영사 제도

### 1) 명예영사 제도의 연혁

중세 말기 이탈리아 도시국가들 사이에서 영사 제도가 태동하였을 때 상인들의 국제적 활동 보호를 위해 영사를 외국에 파견하기도 하였지만 상대국에 거주하고 있는 유력인사를 명예영사로 임명하여 영사 활동을 대신하도록 하기도 하였다. 이들은 각자의 생업을 유지하면서 대부분 사비를 들여 파견국의 상인들을 보호하고 무역을 촉진하는 임무를 수행했다.

이러한 명예영사 제도는 영사활동 영역의 확대와 함께 수 세기에 걸쳐 유지되어 왔으며, 오늘날에도 우리나라를 포함한 많은 국가에서 명예영사 제도를 활발하게 운영하고 있다. 「영사관계에 관한 비엔나 협약」도 명예영사의 특권과 면제를 중심으로 명예영사 제도에 관해 별개의 장을 두어 구체적으로 규정하고 있다.[101]

---

101) 「영사관계에 관한 비엔나 협약」 제3장 제58조부터 68조까지 참조.

## 2) 명예영사의 직무

명예영사는 파견국의 영사를 대신하여 활동하는 것이므로 원칙적으로 영사가 수행하는 모든 업무를 수행할 수 있다. 그러나 영사 제도가 보편화되어 있는 오늘날에는 주로 지리적으로 재외공관과 떨어져 있고 영사 업무 수요가 크지 않은 지역에서 기본적인 영사 사무를 관장하거나, 재외공관 설치 지역에서 영사의 활동을 지원하는 등으로 명예영사의 임무를 한정하는 것이 보통이다.

우리나라의 경우, 「명예영사의 임명 및 직무범위 등에 관한 규정」 6조에서 명예영사의 직무를 아래와 같이 규정하고 있다.

- 재외국민보호를 위한 사무
- 공공등기소 문서의 사본 및 발췌본 입수
- 대한민국 국적을 가진 선박 및 항공기의 보호
- 상거래 및 외국자본 도입을 위한 연락 및 알선
- 통상, 경제, 예술, 과학 및 교육 등의 교류 촉진
- 통상, 경제, 문화, 과학 등 사정의 조사 보고
- 기타 대한민국 정부 또는 주재 지역 관할 공관장이 지시하는 사무 처리

명예직인 명예영사는 임명국 정부로부터 보수를 받지 않으나 임무 수행에 소요되는 경비를 적정 한도(우리 정부는 1년에 3천 달러) 내에서 지급받는 경우가 보통이다.

### 3) 명예영사의 임명

　명예영사 임명 요건 및 절차 등은 국가별로 다소의 차이가 있으나 대부분 상대국에 거주하고 있는 유력 경제인이나 명망 있는 인사를 임명하는 것이 보통이다. 우리 정부는 상기 규정 2조에 따라 주재 지역에 5년 이상 거주했고 사회적 지위와 경제적 능력이 있는 인사 중 주재 지역 관할 공관장이 추천하는 인사를 외교부장관이 임명하도록 하고 있다. 2022년 10월 기준 82개국에서 총 142명의 한국 명예영사가 활동하고 있다.

　명예영사로 임명되기 위해서는 반드시 주재 국가의 국민이어야 할 필요는 없으나 대부분 주재국 국민 가운데 유력인사가 임명된다. 한국의 경우, 미국 시민권을 보유한 동포인사가 미국 지역 명예영사로 임명되는 경우가 종종 있으며 간혹 이와 관련한 동포사회 내 분규가 발생하기도 한다.

### 4) 명예영사의 특권과 면제

　명예영사는 불가침, 과세 면제, 재판관할권 면제 등과 관련한 일부 경미한 차이를 제외하고 전반적으로 영사와 동등한 특권과 면제를 향유한다. 다만 명예영사의 가족이나 명예영사관 사무직원에 대해서는 특권과 면제가 인정되지 않는다. 한편, 명예영사가 주재 지역의 일반 국민이 갖지 못하는 특권과 면제를 향유함에 따라 사회적 위화감 조성 등의 문제가 야기될 수 있다는 부정적 인식도 존재한다.

　2012년 2월 애틀랜타 주재 한국 명예영사로 임명된 질 켈리는 평소 대사라고 자칭하고 개인 차량에 명예영사라고 새긴 번호판을 부착하는 등 명예영사의 지위를 남용하는 행태로 지탄받았다. 2012년 11월 동인이 CIA 국장의 불륜 대상임이 밝혀지면서 세간의 주목을 받자 경찰에게 외교적 보호권을 주장하며 취재진을 쫓아내 줄 것을 요구하였다는 사실이 언론에 크게 보도되었다. 이 경우 동인의 행위는 명예영사 직무 수행을 위한 공적 활동이 아니므로 특권과 면제의 대상이 될 수 없다. 결국 우리 정부는 동인을 명예영사의 직위에서 해임하였다.

## 7. 세계 영사포럼

### 1) 세계 영사포럼 발족

2013년 영국 주도로 영사 분야의 국제적 협력을 촉진하기 위한 다자협의체로서 세계영사포럼(GCF: Global Consular Forum)이 발족되었다. 우리나라는 발족 초기 과정부터 적극 관여하면서 동 포럼 운영에 있어서 주도적인 역할을 담당하였다. 2013년 9월 영국 런던에서 1차 회의가 개최되어 24개국이 참여하였으며 2015년 5월 멕시코 쿠에르나카바에서 2차 회의가 개최되어 26개국이 참가하였다. GCF는 한국, 영국, 호주, 캐나다, 멕시코, 네덜란드, 터키, UAE 등 8개국이 운영위원회를 구성하도록 하고, 아래와 같은 활동 목표를 설정하였다.

- 영사 서비스, 위급상황 관리 및 위기 대응 관련 습득한 경험·사례 및 교훈 공유
- 영사 문제에 관한 공통 이해 증진 및 심화
- 영사 서비스 및 재외국민보호에 부정적 영향을 미칠 수 있는 문제들에 대한 해결책 강구
- 회원국 영사 분야 정책결정자들 간 네트워크 촉진 등

GCF는 상기 목표 달성을 위해 해외긴급사태 대응, 취약계층 지원, 국제 영사규범 형성, 이주노동자 지원, 안전여행 문화 조성, 위험에 처한 아동 및 부모에 대한 지원 등 6개 분야의 워킹그룹을 설치하였다.

## 2) 한국의 GCF 회의 유치

GCF 3차 회의는 2016년 10월 인천 송도 오크우드 호텔에서 33개국 영사 담당 정부 대표와 국제기구 및 국내외 기업 등 19개 비정부 관계자를 포함하여 100여 명이 참석한 가운데 성황리에 개최되었다. 특히 세계여행기구(UNWTO), 국제민간항공기구(ICAO), 에어비앤비, 영국 여행사협회, 일본 여행업협회, SKT, KT, 아시아나항공, 대우건설 등이 참가했다.

3차 회의에서는 13개 항목으로 구성된 '영사협력에 관한 서울 합의문'을 채택하였다. 안전여행 문화 촉진, 테러·재난 등 위기상황 공통 대응, 이주 노동자 대상 영사 서비스 제공, 행려병자 등 취약 국민 대상 영사 서비스 제공에 적극 협력하겠다는 내용 등이 골자이며 세계영사포럼 사이버사무국을 신설하고 한국이 이를 담당하도록 하는 내용도 포함되었다. 동 합의문 채택은 1963년 「영사관계에 관한 비엔나 협약」 채택 이후 영사 분야 최초의 다자적 합의라는 중요한 의미를 갖는다.

## 참고문헌

임한택, 『국제법 이론과 실무』, 박영사, 2020.

정인섭, 『신국제법 강의 제9판』, 박영사, 2019.

국립외교원, 「영사서비스·재외동포」, 늘품플러스, 2019.12.

국립외교원, 「재외국민보호」, 늘품플러스, 2019.12.

백주현, 『영사법무학개론』, 글로벌콘텐츠, 2019.

법무부 출입국외국인정책본부, 「(2011)축조식 국적법 해설」, 법무부, 2010.

김영종, 「한국의 미국 비자면제 프로그램 가입 추진현황과 전망」, 《한양법학》, 제20집, 한양법학회, 2007.02.

# 제5장

## 재외동포 지원

제1절

# 재외동포 관련 법령과 제도

## 1. 재외동포의 정의

### 1) 재외동포의 출입국과 법적 지위에 관한 법률의 규정

재외동포 지원 업무 수행의 첫 단계는 재외동포를 어떻게 정의하느냐의 문제다. 이에 관해 재외동포의 출입국과 법적 지위에 관한 법률 2조는 재외동포를 아래와 같이 2개의 유형으로 규정하고 있다.

① 재외국민: 대한민국 국민으로서 외국의 영주권을 취득한 자 또는 영주할 목적으로 외국에 거주하는 자
② 외국국적 동포: 대한민국의 국적을 보유하였던 자(대한민국 정부 수립 전 국외로 이주한 동포를 포함) 또는 그 직계 비속으로서 외국 국적을 취득한 자 중 대통령령으로 정하는 자

동법 시행령 2조는 재외국민 중 '외국 영주권을 취득한 자'는 거주국으로부터 영주권 또는 이에 준하는 거주 목적의 장기 체류 자격을 취득한 자를 의미하며 '영주할 목적으로 외국에 거주하는 자'는 해외이주법 2조의 규정에 의한 해외 이주자로서 거주국으로부터 영주권을 취득하지 않은 자를 의미한다고 규정하고 있다. 한편, 해외이주법 2조는 해외 이주자를 생업에 종사하기 위해 외국에 이주하는 자와 그 가족 또는 외국인이나 외국에서 영주권을 취득한 대한민국 국민과 결혼하거나 연고 관계로 이주하는 자로 규정하고 있다.

또한 동 시행령 3조는 외국국적 동포를 출생에 의하여 대한민국의 국적을 보유했던 자(대한민국 정부 수립 전에 국외로 이주한 동포를 포함한다)로서 외국국적을 취득한 자와 그의 직계 비속으로서 외국국적을 취득한 자를 의미한다고 규정하고 있다.

## 2) 외국국적 동포의 개념 확대 과정

상기와 같이 외국국적 동포에 대한민국 정부 수립 전에 국외로 이주한 동포를 포함한 것은 1948년 대한민국 정부가 수립되기 전인 구한말이나 일제 강점기에 국외로 이주한 조선족 동포 및 고려인 동포 등을 우리 재외동포에 포함하기 위해서이다. 1999년 9월 동법률이 제정되었을 당시에는 외국국적 동포를 '대한민국의 국적을 보유했던 자 또는 그 직계비속'으로 규정함으로써 조선족 및 고려인 동포가 제외되었으나, 이에 대한 문제 제기로 2001년 11월 관련 규정에 대해 헌법 불일치 선고가 내려졌다. 이에 따라 2004년 3월 "대한민국 정부 수립 전에 국외로 이주한 동포를 포함한다"라는 문구가 추가되었다.

그러나 이때 시행령에서 직계비속의 범위를 '부모의 일방이나 조부모의 일방이 대한민국 국적을 보유했던 자'로 한정함으로써 조선족 및 고려인 동포 4세 이하는 제외되었다는 문제가 재차 발생하였으며, 마침내 2019년 7월 직계비속의 범위를 한정하지 않도록 하는 내용으로 시행령 개정이 이루어져 오늘날에 이른 것이다. 이러한 과정은 1990년대 초 미소 냉전이 종식된 후 우리나라가 러시아 및 중국과 국교를 수립하고 이들과의 관계와 교류를 확대해 나가는 시대적 변화가 반영된 결과라고 볼 수 있다.

### 3) 재외동포재단법의 규정

한편, 1997년 4월 제정된 재외동포재단법 2조는 재외동포를 ① 대한민국 국민으로서 외국에 장기 체류하거나 외국의 영주권을 취득한 자와 ② 국적에 관계없이 한민족의 혈통을 지닌 자로서 외국에 거주·생활하는 자로 정의하고 있다. 이는 외국국적 동포를 출생에 의하여 대한민국 국적을 취득하였던 자와 그 직계비속으로 한정한 상기 법률에 비해 포괄적인 개념으로서 재외동포재단 설립 목적이 전 세계 재외동포사회에 대한 지원 제공이라는 점 등이 반영된 것으로 보인다.

2023년 6월 5일 재외동포청의 설립으로 재외동포재단이 재외동포청에 흡수되면서 동 규정의 법적 효력은 상실되었다. 그러나 앞으로 재외동포청이 재외동포정책을 수립·집행해 나가는 데 있어서 재외동포의 범위 확대 검토 등 보다 적극적인 정책 시행의 차원에서 동 규정이 중요한 참고가 될 수 있을 것으로 보인다.

## 2. 재외동포 현황

외교부는 격년으로 전 재외공관에서 조사·작성하여 보고하는 재외동포 현황을 취합·정리하여 발표한다. 각 재외공관은 주재국 인구통계 자료, 한인회 등 동포단체 조사 자료, 재외국민등록부 등 민원 처리 기록 및 직접 조사 결과 등을 근거로 관할 구역 재외동포 현황을 산출한다. 우리 공권력의 범위 밖인 해외에서 재외동포의 현황을 정확하게 파악하는 것은 불가하므로 이러한 공관의 산출은 추산치에 불과하지만, 대략적인 현황과 변화 추이 등을 파악함으로써 우리 정부가 보다 효과적인 재외동포 정책을 실행하는 데 기여할 수 있다.

2020년 12월 31일 기준으로 193개국에 7,325,143명의 재외동포가 체류·거주하고 있는 것으로 파악되었으며 이는 2년 전과 비교하여 약 2.2% 감소한 수치이다. 이는 코로나19 등의 영향으로 유학생 등 재외국민의 수가 감소한 결과인 것으로 보인다. 전체 재외동포 중 재외국민은 2,511,521명, 외국국적 동포는 4,813,622명으로 집계되었다. 재외동포 수는 2007년에 700만 명을 넘어서서 계속 증가하여 2019년에 약 750만 명에 이르렀다가 2020년 감소세로 전환하였다.

국가별로는 미국 2,633,777명, 중국 2,350,422명, 일본 818,865명, 캐나다 237,364명, 우즈베키스탄 175,865명, 러시아 168,526명, 호주 158,103명, 베트남 156,330명, 카자흐스탄 109,495명, 독일 47,428명, 영국 36,690명, 브라질 36,540명 등이다.

# 3. 재외동포의 법적 지위와 처우

## 1) 국내 체류

국내에서 활동하는 외국국적 동포에게는 재외동포 체류자격(F-4)이 부여된다. 단, 병역을 마치거나 면제 받지 않은 상태에서 우리 국적을 이탈하거나 상실한 자와 안전보장, 질서유지, 공공복리, 외교관계 등 우리나라 국익을 해칠 우려가 있는 자에게는 재외동포 체류자격 부여가 금지된다. 재외동포 체류자격에 따른 체류기간은 최장 3년으로 하되, 일정한 요건을 갖추면 체류기간 연장 허가가 가능하다. 또한 체류기간 내 출국하였다가 재입국해도 재입국허가가 불요하다.

외국국적 동포가 국내 체류 중 법률에 따른 합당한 처우를 받기 위해서는 거소(居所)를 정하여 그 거소를 관할하는 출입국외국인 관서의 장에게 거소신고를 해야 한다. 거소 이전 시에는 14일 이내에 신거소의 읍·면·동의 장이나 출입국외국인 관서의 장에게 신고해야 한다. 거소신고를 한 외국국적 동포에게는 거소신고 번호가 부여되고 거소증이 발급된다. 주민등록증, 주민등록표 등본이나 초본, 외국인등록증이나 외국인등록 사실증명이 필요한 경우 거소증이나 거소 사실증명으로 갈음할 수 있다.

한편 30일 이상 국내 체류를 목적으로 입국한 재외국민은 거주지 주민센터나 읍면 사무소를 방문하여 주민등록 신고를 하고 재외국민 주민등록증을 발급받아야 한다. 종전에는 재외국민도 외국국적 동포와 마찬가지로 거소신고를 했었으나 2016년 7월부터 재외국민주민등록 제도가 시행되고 있다.

## 2) 국내 경제활동

다른 외국인들과는 달리 재외동포 체류자격을 받은 외국국적 동포의 취업이나 그 밖의 경제활동은 기본적으로 자유롭게 허용된다. 단, 출입국관리법 시행령 23조에 따라 ① 단순 노무 행위를 하는 경우, ② 선량한 풍속이나 사회질서에 반하는 행위를 하는 경우, ③ 공공의 이익이나 국내 취업 질서 등을 유지하기 위해 그 취업을 제한할 필요가 있는 경우에는 외국국적 동포의 취업 및 경제활동이 제한될 수 있다.

국내 거소신고를 한 외국국적 동포는 국내에서 부동산을 취득·보유·이용 및 처분할 때 내국민과 동등한 권리를 갖는다. 단, 군사시설보호구역 등 국방 목적으로 외국인의 토지 취득을 제한하는 지역은 예외이다. (부동산 거래신고 등에 관한 법률 9조) 금융거래와 관련, 주민등록을 한 재외국민과 거소신고를 한 외국국적 동포는 예금·적금의 가입, 이율의 적용, 입금과 출금 등 국내 금융기관을 이용할 때 내국민과 동등한 권리를 갖는다. 또한 주민등록을 한 재외국민과 거소신고를 한 외국국적 동포가 6개월 이상 국내 체류하는 경우에는 건강보험 적용이 가능하다.

## 3) 소득세 납부 문제

재외동포는 국내 거주기간에 따라 거주자로 판정되면 내국민과 마찬가지로 소득세를 납부해야 한다. 2014년 12월 소득세법 개정으로 2015년부터 거주자 판정 기준이 종전의 '1년 중 183일 이상 체류'에서 '2년 중 183일 이상 체류'로 강화되었다. 이는 해외 이주를 이유로 국내 세금 납부를 회피하는 경우를 차단하고 세수를 확보하겠다는 의도였으나, 소득세를 납부해야 하는 재외동포들이 급증함에 따라 강한 불만이 표출되었다. 국내 체류 중 장기간 병원에 입원하게 된 재외동포가 뜻하지 않게 거주자로 판정되어 지난 기간에 대한 과태료까지 포함한 세금 폭탄을 맞게 되는 경우도 발생했다.

이에 우리 정부는 2016년 3월 소득세법 시행령과 시행규칙을 개정하여 단기 관광, 질병 치료, 병역 이행, 친족 경조사 등 사업 경영이나 업무와 무관한 사유로 입국하는 재외동포의 국내 체류기간은 거주자 판정을 위한 국내 거주기간 계산에서 제외하였다. 그러나 여전히 비업무적 방문임을 입증하는 것이 불편하다는 불만이 제기되어 2018년 2월 재차 시행령을 개정하여 거주자 판정 기준을 '1년 중 183일 이상'으로 환원하였다.

## 4. 재외동포기본법 제정

재외동포청 신설이 결정된 후 2023년 4월 27일 종합적이고 체계적인 재외동포정책 시행을 위한 재외동포기본법이 마침내 국회를 통과하여 2023년 11월 10일부터 시행되었다. 동법의 핵심 내용은 아래와 같다.

- 재외동포청장이 관계 중앙 행정기관의 장과 협의하여 5년마다 재외동포정책에 관한 기본계획을 수립·시행
- 재외동포정책 주요 사항의 심의 및 조정을 위해 외교부장관이 위원장이 되는 재외동포정책위원회 설치
- 재외동포의 정체성 함양 및 모국과의 유대감 강화 지원을 위한 재외동포협력센터 설립

# 5. 재외선거

## 1) 재외선거 제도 도입 경위

　재외동포의 1/3을 차지하는 재외국민에게는 대한민국 국민으로서 국내 선거에서 한 표를 행사할 수 있는 권리를 갖는 것은 중요한 문제일 것이다. 1972년 해외 부재자 투표 제도가 폐지되면서 재외국민이 선거권을 행사하지 못하게 되었으며, 이에 1997년 일본 및 프랑스 거주 재외국민들이 헌법 소원을 제기하였으나 1999년 기각되었다. 그러나 2004년 일본, 미국, 캐나다 거주 재외국민들이 재차 헌법 소원을 제기한 데 대해 2007년 6월 헌법재판소가 재외국민의 선거권 제한은 헌법 37조 2항의 기본권 제한 요건[102]에 해당하지 않는다면서 헌법불일치를 선고했다. 이에 따라 2009년 2월 공직선거법 개정으로 재외선거 제도가 도입되었다.

　재외선거 제도 도입 문제를 둘러싸고 오랜 기간 찬반양론이 대립해 왔으며, 주무부처인 외교부와 중앙선거관리위원회는 신중한 입장을 견지해 왔다. 재외국민이 선거권이라는 기본권을 행사할 수 있도록 해야 한다는 당위성은 인정되었으나, 해외에 정착하여 거주국 주류사회에 뿌리를 내리는 데 진력해야 할 재외동포들이 모국의 국내 정치에 과도한 관심을 갖는 것은 바람직하지 않다는 의견도 적지 않았다. 결국 우리나라 국력의 신장과 재외동포 사회의 성장이 재외선거 제도가 도입될 수 있는 밑바탕이 되었다고 볼 수 있다.

---

102) 헌법 37조 2항: 국민의 모든 자유와 권리는 국가 안전보장, 질서 유지 또는 공공복리를 위하여 필요한 경우에 한하여 법률로써 제한할 수 있으며, 제한하는 경우에도 자유와 권리의 본질적인 내용을 침해할 수 없다.

## 2) 재외선거 선거권자 및 대상 선거

재외선거에 참여할 수 있는 재외국민은 국외에 거주 또는 체류하는 선거일 현재 18세 이상의 대한민국 국민으로서 국내에 주민등록이 되어 있는지에 따라 재외선거인과 국외 부재자로 구분된다. 이들이 참여할 수 있는 대상 선거는 아래와 같다.

- 재외선거인(국내에 주민등록이 되어 있지 않은 자): 대통령 선거와 임기만료에 따른 비례대표 국회의원 선거
- 국외부재자 중 재외국민 주민등록자: 대통령 선거와 임기만료에 따른 비례대표 국회의원 선거
- 국외부재자 중 국내에 주민등록이 되어 있는 자: 대통령 선거와 임기만료에 따른 지역구 및 비례대표 국회의원 선거
- 국회의원 재보궐선거, 지방선거, 국민투표 및 주민투표는 재외선거 대상이 아니다

## 3) 재외선거 이행 및 관리 기구

공직선거법 218조의 2에 따라 재외선거에 관한 사무를 처리하기 위해 재외공관마다 재외투표관리관을 두어야 한다. 재외투표관리관은 공관장으로 하되, 공관장과 총영사를 함께 두고 있는 공관의 경우 그 공관장이 총영사를 재외투표관리관으로 지정할 수 있다. 재외투표관리관은 다음과 같은 사무를 처리한다.

- 재외선거인 등록 신청과 국외 부재자 신고의 접수 및 처리
- 재외국민의 선거권 행사에 필요한 사항의 홍보 및 지원
- 재외투표소 설비
- 재외투표 국내 회송 등 재외선거 사무 총괄 관리
- 재외선거 관리위원회 운영 지원 등

또한, 재외선거를 관리하기 위해 선거 180일 전부터 선거 30일 후까지 모든 재외공관(대표부는 제외되며 분관 및 출장소는 포함)에 '재외선거 관리위원회'를 설치한다. 동 위원회는 중앙선거관리위원회가 지명하는 2명 이내, 국회 교섭단체 구성 정당이 추천하는 각 1명, 공관장 또는 공관장이 추천하는 공관원 1명으로 구성하되 위원 정수는 홀수로 해야 한다. 위원장과 부위원장은 위원 중에서 호선하되 공관장이나 공관원은 위원장이 될 수 없다. 재외선거 관리위원회는 아래와 같은 임무를 수행한다.

- 재외투표소 설치 장소와 운영기간 등 결정 및 공고
- 재외투표소의 투표 관리
- 재외투표소 투표 사무원 위촉 및 투표 참관인 선정
- 재외투표관리관(공관장)이 행하는 선거 관리 사무 감독
- 선거 범죄 예방 및 단속에 관한 사무 등

## 4) 유권자 등록

재외선거인은 선거일 60일 전까지 공관을 직접 방문하거나 관할구역을 순회하는 공관 직원에게 서면으로 신청 또는 우편이나 전자우편 및 중

양선거관리위원회 홈페이지를 통해 재외선거인 등록 신청을 해야 한다. 국외부재자는 선거일 60일 전까지 서면이나 전자우편 또는 중앙선거관리위원회 홈페이지를 통해 관할 시·군·구의 장에게 국외부재자 신고서를 제출하여 국외부재자 신고를 해야 한다.

### 5) 투표 방법

재외선거 투표는 재외공관에 설치하는 재외투표소에 직접 가서 해야 한다. 재외투표소는 원칙적으로 재외공관에 설치하나, 공관의 협소 등 부득이한 사유가 있을 경우 한인회관 등 대체 시설에 설치할 수 있으며 재외투표소의 장소와 명칭 등은 선거일 20일 전까지 재외공관 홈페이지를 통해 공고한다.

투표 기간은 선거일 14일 전부터 9일 전까지의 기간 중 6일 이내의 기간을 재외선거관리위원회가 정하여 선거일 20일 전까지 공고한다. 투표 시간은 오전 8시부터 오후 5시까지로 한다. 재외선거 투표 기간 개시 이전에 귀국한 재외선거인 및 국외부재자는 국내 주소지를 관할하는 구·시·군 선거관리위원회에 신고한 후 선거일에 해당 선관위가 지정하는 투표소에서 투표할 수 있다.

## 6. 헌법의 재외동포 관련 조항 포함 문제

재외동포에 관한 법률은 오랜 기간 재외동포의 출입국 및 법적 지위에 관한 법률뿐이었으며 2023년 4월에 이르러 재외동포기본법이 제정되었다. 일각에서는 보다 적극적인 재외동포 업무 추진을 위해 헌법에 재외동포에 대한 지원 근거를 명기하는 것이 필요하다는 주장을 제기하고 있다. 우리 헌법 2조 2항은 "국가는 법률이 정하는 바에 따라 재외국민을 보호할 의무를 진다"로 규정함으로써 외국국적 동포를 보호 및 지원 대상에 포함하지 않고 있다는 점을 지적하는 것이다.

그러나 외국국적 동포까지 포함하는 재외동포에 대한 지원은 자칫 해당국 정부와의 외교적 마찰을 초래할 수 있으므로 신중한 접근이 필요하다. 재외동포의 출입국 및 법적 지위에 관한 법률 제정 당시 재외동포를 대한민국 정부 수립 이후 우리 국적 취득자로 한정하여 정의한 것도 중국 및 러시아 등이 자국 국민인 조선족 및 고려인 동포 등에 대해 우리 정부가 관여하는 것을 주권 침해로 받아들일 가능성을 우려했기 때문이었다. 재외동포기본법 제5조도 "재외동포 거주국의 정책 및 관할권과 조화를 이루는 방향으로 재외동포정책을 수립·시행할 수 있도록 노력해야 한다"라고 명기하고 있다.

따라서 우리나라가 헌법에 재외동포 지원에 관한 규정을 포함하는 경우, 지원의 내용이나 유대 강화의 대상은 문화 및 교육 분야에 한정하고, 거주국 법률 존중 및 국제법에 저촉되지 않아야 한다는 점을 포함하는 것이 바람직할 것으로 보인다.

# 우리 정부의 재외동포 정책

## 1. 재외동포 정책 발전 과정

1948년 대한민국 정부 수립 후 이승만 정부하에서 재외동포 정책은 사실상 부재했다. 남북한 분단과 중국의 공산화 등으로 소련과 중국 지역에 거주하는 재외동포들과 한국과의 관계는 단절되었으며, 유일한 정책 대상이라고 할 수 있는 재일동포들은 친일파나 공산주의자들로 인식되었다. 당시 북한 정부는 조총련을 중심으로 재일동포들에 대한 지원 및 북송을 위해 적극적인 정책을 시행하였으나 이승만 정부는 재일동포에 대한 실태 조사만을 시행하는 등 소극적 대응으로 일관했다.

1960~1970년대 박정희 정부는 산업화 목표 달성을 위해 재일동포 사회를 중시하는 정책을 전개하였다. 재일동포에 대한 교육 지원 및 모국 방문 사업 등을 적극 시행했으며 재일동포 기업인들의 대한국 투자 유치를 추진하였다. 또한 1962년 해외이주법을 제정하여 국내 실업 문제 해

결과 외환 확보를 위한 노동력 해외 송출을 추진했다. 이와 관련, 광부와 간호사의 독일 송출과 브라질 등 중남미로의 농업 이민이 이루어졌다.

1980년대 재외동포사회의 성장에도 불구하고 전두환 정부는 군사독재에 대한 재외동포들의 비판 등을 의식하여 적극적인 재외동포 정책을 추진하지 못하였다. 1990년대 초 냉전의 종식으로 우리나라와 러시아 및 중국과의 국교가 수립되면서 조선족 동포와 고려인 동포가 새로운 재외동포 정책 대상으로 대두하였다. 또한 해외여행 자유화 및 미국 이민의 지속적인 증가 등으로 체계적인 재외동포 정책을 수립할 필요성이 제기되었다.

이에 따라 1996년 재외동포 정책의 심의·조정을 위해 재외동포 정책위원회가 설치되었으며 1997년에는 재외동포사회에 대한 지원을 전담하는 재외동포재단이 외교부 산하 기관으로 설립되었다. 1999년에는 재외동포의 출입국 및 법적 지위에 관한 법률이 제정되어 재외동포 정책 추진의 법적 근거가 마련되었다. 2010년에는 고려인 동포 지원을 위한 특별법이 제정되었고 2012년부터 재외선거가 실시됨으로써 재외동포들의 참정권 행사가 보장되었다.

미국 등 각지의 재외동포사회가 경제력 신장을 바탕으로 주류사회의 긍정적 평가를 받게 되면서 재외동포들의 영향력이 확대됨에 따라 우리 정부가 재외동포 정책에 부여하는 우선순위도 점차 높아져 갔다. 마침내 2023년 6월 재외동포들이 지속적으로 요구해 오던 재외동포청이 설립됨으로써 우리 정부의 재외동포 정책은 새로운 시대를 맞이하게 된 것으로 보인다.

## 2. 재외동포 정책의 기본방향

우리 정부의 재외동포 정책은 우선 각지의 재외동포들이 거주국 주류 사회에서 존경받는 소수 민족 커뮤니티로서 뿌리를 내릴 수 있도록 정부가 가능한 지원을 제공하는 데 초점이 맞추어져야 할 것이다. 그러나 이와 같이 거주국에서 성공적으로 정착한 재외동포들이 한민족으로서의 정체성과 모국과의 유대를 망각한다면 정부의 그러한 지원이 갖는 의미가 퇴색될 수밖에 없다. 한편, 재외동포사회가 성장하여 국내에서 의미 있는 영향력을 갖게 됨에 따라 재외동포사회가 우리나라 국익 신장에 기여하는 문제의 중요성이 더욱 커지고 있다. 이제는 정부가 일방적으로 재외동포사회를 지원하는 것이 아니라 정부와 재외동포사회가 서로 도움을 주는 상생의 협력관계를 형성하는 단계에 접어들었다는 것이다.

그런데 이러한 상생의 관계를 구축하는 데 있어서 가장 큰 애로사항은 주류사회에 성공적으로 정착한 재외동포는 모국과의 유대감이 부족해 모국의 국익에 기여할 수 있는 능력은 충분하지만 그러한 기여를 하겠다는 의지가 부족하며, 모국 국익에 기여하겠다는 적극적인 의지를 가진 재외동포는 주류사회에서의 영향력이 미흡한 경우가 적지 않다는 것이다. 이와 관련, 우리 정부의 재외동포 정책은 ① 재외동포 사회에 대한 지원을 제공하는 것과 ② 재외동포 사회의 기여를 이끌어 낸다는 것의 두 가지 방향의 정책을 균형 있게 추구하는 것이 무엇보다 중요하다고 볼 수 있다.

2023년 11월 시행된 재외동포기본법 제3조는 재외동포정책의 기본 방향을 다음과 같이 규정하고 있다.

- 재외동포가 거주국에서 모범적 구성원으로서 정착하고 그 지위를 향상시킬 수 있도록 지원하는 등 재외동포사회의 안정적 발전 추구
- 재외동포가 한인으로서 정체성을 함양할 수 있도록 지원하고 모국과의 유대감 강화
- 재외동포사회와 대한민국 간 교류 증진
- 재외동포의 국내 출입 및 체류 관련 편의 제공 및 국내 사회 적응을 위한 지원
- 재외동포 역량을 모국과 동포사회 발전에 활용하기 위한 재외동포 인적자원 개발 지원
- 재외동포 대상 다양한 교류사업 실시

## 3. 재외동포 정책 수립 및 이행 체계

재외동포기본법 제7조에 따르면 재외동포청장은 5년마다 ① 재외동포정책의 기본목표와 추진방향 ② 재외동포정책의 추진과제, 추진방법 및 추진시기 ③ 필요한 재원의 규모 및 조달방안 등이 포함된 재외동포정책에 관한 기본계획을 수립·시행해야 한다. 또한 동법 제8조에 따라 재외동포청장 및 관계 중앙행정기관의 장은 상기 기본계획에 따라 연도별 시행계획을 수립·시행해야 한다.

재외동포 관련 정책을 종합적으로 심의하고 조정하며 최종적인 결정을 내리는 기구가 재외동포정책위원회이다. 재외동포정책위원회는 외교부장관을 위원장으로 하여 기재부, 교육부, 외교부, 통일부, 법무부, 행안부, 문체부, 고용노동부 등 관계 중앙행정기관의 차관 또는 차관급

공무원을 포함하여 25명 내의 위원으로 구성되며 매년 최소 1회 회의를 개최한다. 또한, 동 위원회의 심의사항을 사전에 연구·검토하고 위임사항을 처리하기 위해 재외동포정책실무위원회(위원장: 재외동포청장)가 운영되고 있다.

그간 재외동포 관련 업무는 외교부에서 정책을 수립하고 재외동포재단이 이를 집행하는 이원적인 체계로 이루어져 왔으나 재외동포청의 출범으로 이제 모든 업무를 재외동포청이 관장하게 되었다. 인천 송도에 위치한 재외동포청은 청장을 보좌하는 차장 휘하에 기획조정관, 운영지원과, 재외동포정책국, 교류협력국을 두고 있으며 서울 광화문에 재외동포들에 대한 원스톱 서비스를 제공하는 재외동포 서비스지원센터를 운영하고 있다.

또한 재외동포기본법 제11조에 따라 재외동포의 정체성 함양 및 모국과의 유대감 강화 정책을 효율적이고 체계적으로 지원하기 위해 2023년 6월 재외동포협력센터(서울시 서초구 외교센터 내 위치)가 설립되었으며 재외동포 대상 초청, 연수, 교육, 문화, 홍보 사업 및 재외동포 이주 역사에 대한 조사, 전시 사업 등을 수행하게 된다.

## 4. 주요 재외동포 지원 사업

### 1) 재외동포 교육

재외동포들이 한민족으로서의 정체성과 모국과의 유대를 유지하기 위한 교육 사업은 한글학교를 중심으로 이루어지고 있다. 한글학교는 한국어, 한국 역사 및 한국 문화 등의 교육을 위해 각 지역 동포사회가 자체적으로 설립하여 재외공관에 등록한 자생 민간단체로서 2022년 4월 기준 111개국에 1,438개교가 운영되고 있으며 이 중 절반에 가까운 713개가 미국 등 북미 지역에 소재하고 있다.[103)]

재외동포청은 재외공관에 등록된 한글학교에 학생 수, 교사 수, 수업 내용, 운영 건전성, 현지 물가 등을 종합적으로 검토하여 운영비를 지원한다. 2023년도 141억 원의 운영비 지원 예산을 2024년도에는 177억 원으로 25.7% 증액하는 것을 추진하고 있다. 또한, 한글학교 학생과 교사에게 비대면 교육 환경에 활용할 수 있는 다양한 교육 콘텐츠를 제공하는 온라인 학습사이트 '스터디 코리안'을 운영하고 있다.

한글학교가 소기의 교육 성과를 거두기 위해서는 능력과 자질을 갖춘 교사 양성이 무엇보다 중요하다. 이와 관련 재외동포청은 각 지역 한글학교 협의회가 주최하는 교사 대상 연수 프로그램에 대해 소요 경비를 지원하고 강사를 파견하고 있다. 이와 함께 매년 여름 한글학교 교사들을 국내로 초청하는 모국 연수 프로그램도 시행하고 있다. 2021년도에는 2회에 걸쳐 440명의 한글학교 교사들이 참가했다.

한편, 조선족 동포사회와 고려인 동포사회의 민족교육 육성을 위해 다수의 동포 학생이 재학하고 있는 학교에 대해 음악·무용 기자재, 정보화 기자재, 한국어 도서 등 교육 기자재를 지원하고 있다. 또한 중국 지역 조선족 학교 교사의 역량 강화를 위해 이들을 국내로 초청하여 과목별 집

---

103) 한글학교와 구별되는 한국학교는 재외국민에게 초중등교육법에 따른 학교 교육 실시를 위해 교육부의 승인을 받아 설립한 정규교육 기관으로서 16개국에 34개교가 운영되고 있다.

중 연수를 시행하고 있으며, CIS 지역 한국어 교사의 한국어 능력 향상과 모국과의 유대감 증진을 위해 고려인 한국어 교사를 국내로 초청하여 한국어 및 한국 문화 연수를 시행하고 있다. 2021년도에는 조선족 교사 150명 및 고려인 한국어 교사 36명이 참가했다.

## 2) 재외동포 교류 지원

각 지역 재외동포사회에는 한인회, 민주평통협의회, 한인상공회의소 등 각 분야의 다양한 자생 단체들이 활동하고 있다. 이들이 동포사회의 발전과 동포들의 권익 증진을 위한 나름의 역할을 수행해 나갈 수 있도록 돕기 위한 정부의 적절한 지원이 필요하다. 단, 이러한 지원은 단체들의 일상 운영 경비를 충당하는 것은 아니며 의미 있는 내용의 사업에 대해 이루어지는 것이다. 이를 위해 2021년도에는 약 96억 원을 지원하였다. 이 중 약 80억 원이 재일동포사회의 대표적인 단체인 민단에 대해서 지원되고 있는데 이는 재일동포사회가 국익에 기여하는 바와 일본 내 특수한 환경 등을 감안한 것이나 다른 지역 동포사회로부터 지나치게 편중된 지원이라는 비판을 받고 있다.

한편, 가장 열악한 환경에 처해 있는 고려인 동포사회에 대해서는 고려인들의 체류자격 획득 및 경제적 자립기반 마련을 위한 특별지원이 이루어지고 있는데 2021년도에 약 4억 원이 지원되었다. 또한 국내 체류 동포단체들의 활동에 대해서도 2021년도에 약 2억 2천만 원이 지원되었다.

거주국 내 한국 이미지 제고를 위한 타민족 커뮤니티와의 교류 사업, 거주국 유권자 등록 및 한인 정치인 육성 등 정치력 신장 사업, 한인의 날

기념 사업, 아시아계 혐오범죄 대응 사업 등은 재외동포의 공공 외교 활동이라고 볼 수 있으며 이를 위해 2021년도에 75억 6천만 원이 지원되었다. 또한, 재외동포 사회 내 구심적 역할을 하는 다목적 회관과 모국 문화 교육을 위한 학교 시설 확보 등을 지원하는 재외동포 숙원 사업 지원에 2021년도 중 13개 사업에 대해 총 80억 4천만 원이 지원되었다.

우리 정부는 2007년 재외동포의 민족적 자긍심을 높이고 모국과의 호혜적 관계 구축을 목적으로 10월 5일을 '세계 한인의 날'로 지정하였다. 재외동포기본법 제15조도 재외동포와 대한민국 간의 유대감을 강화하기 위해 매년 10월 5일을 세계 한인의 날로 정하고 개천절부터 한글날까지 1주간을 세계 한인 주간으로 정한다고 규정하고 있다. 한인의 날과 한인 주간을 기념하기 위해 다양한 행사가 개최된다. 매년 10월 초에 전 세계 동포사회 지도자들을 국내로 초청하여 세계 한인의 날 기념행사를 개최하며, 동 계기에 각 지역 한인회장들이 한 자리에 모이는 세계 한인 회장 대회를 개최한다. 또한 매년 1회 동포 정치인들의 네트워킹 구축 등을 위한 세계 한인 정치인포럼도 이 기간 중 개최한다.

## 3) 차세대 네트워크

재외동포사회의 미래를 책임질 차세대 동포들의 역량을 증진하고 이들 간의 긴밀한 네트워크를 구축하는 것이 중요함은 두말할 나위도 없다. 재외동포청은 매년 1회 각 지역 동포 차세대 리더들을 국내로 초청하여 세계 한인 차세대 대회를 개최하고 있다. 또한, 매년 국내 대학 및 대학원에서 수학하기를 희망하는 동포 학생 약 100명을 선발하여 항공료와 생활비를 지원하는 재외동포 장학사업을 시행하고 있으며, 재외동포 청소년들의 모국 사회·문화·역사 체험 기회를 제공하는 재외동포 청소년 교류 사업을 시행하고 있다. 2021년도에 약 1천 명의 동포 중고생 및 대학생들이 참가하였다.

### 4) 한상 네트워크

재외동포청은 동포 기업인과 국내 기업인들 간의 비즈니스 교류를 활성화하여 한민족 경제인 네트워크를 구축하기 위해 매일경제신문과 협력하여 매년 1회 세계 한상대회를 개최한다. 한상대회 기간 중에는 기업 전시회, 세미나, 콘서트, 일대일 비즈니스 미팅, 리딩 CEO 포럼, 영비지니스 리더 포럼 및 한상의 밤 행사 등이 개최된다. 2022년도 한상대회는 11월 1~3일 울산에서 개최되었다. 2023년 한상대회는 10월 11~14일 미국 캘리포니아 오렌지카운티에서 개최되었으며, 대회의 명칭을 '세계 한인비지니스대회'로 개칭하였다.

### 5) 조사연구

그간 재외동포재단은 매년 5~6회 재외동포사회 실태 조사를 위한 용역을 실시하였고 국내외 재외동포 전문가 의견 수렴을 위한 간담회나 학술대회를 개최해 왔다. 또한, 각급 학교, 공직자 및 일반인을 대상으로 '찾아가는 재외동포 이해 교육'을 실시해 왔으며, 2021년도에는 총 23개교에서 45회의 강연을 실시했다. 재외동포청은 이러한 조사연구 활동을 더욱 확대해 나가고자 할 것으로 전망된다.

## 6) 재외동포 인권 지원

재외동포청은 해외 입양 동포 후손 및 다문화 취약 동포 자녀가 증가함에 따라 소외 동포들의 거주국 내 안정적 정착 및 지위 확보를 위해 재외동포 인권 지원 사업을 시행하고 있다. 유럽, 미국, 호주 등 주요 입양국 거주 차세대 동포 실태 조사를 실시하고 현지 입양 동포 자생단체들의 활동 및 네트워크 구축을 지원하며 차세대 입양 동포 모국 초청 연수 및 추방 위기 입양 동포 법률 상담 지원 등을 실시하고 있다. 또한, 베트남 등 동남아 지역 다문화 가정 실태조사 실시, 법률 상담 등 안정적 정착 지원, 한국어 및 한국 역사·문화 교육 지원 등을 실시하고 있다.

## 7) 홍보문화

재외동포재단은 월간지《재외동포의 창》을 발간하고, 재외동포 언론단체를 지원하고 재능 있는 동포예술인을 발굴하여 국내에 소개하는 '코리안 페스티벌'을 개최해 왔다. 또한, 재외동포 한글문예 창작활동을 장려하기 위해 '재외동포문학상'을 공모하고 재외동포 사회의 지원이 있는 곳에 사물놀이 용품이나 전통 의상 등 전통 문화용품을 지원해 왔다. 이러한 활동은 재외동포청에 의해 계속 전개될 것으로 보인다.

## 8) 재외동포 교육문화센터 건립

2021년도 재외동포재단 예산에 재외동포 교육문화센터 건립을 위한 설계비용 12억 7천만 원이 배정됨으로써 재외동포들의 숙원이었던 센터 건립 사업이 결실을 보게 되었다. 재외동포 교육문화센터는 재외동포

이주 역사 유물 전시, 차세대 동포에 대한 한국어 및 한국 역사·문화 교육 및 강연회·포럼·세미나 등 각종 재외동포 관련 행사 개최 등을 위한 다목 적용 공간으로서 글로벌 한민족 네트워크의 거점 역할을 하게 될 것으로 기대된다.

그러나 동 센터 건립은 당초 계획했던 부지 매입 등에 차질을 빚으면 서 추진이 지연되었다. 결국 서울대학교 시흥캠퍼스 내에 5층 건물로 건 립하는 것으로 확정하고 2023년 초부터 설계 과정이 진행되고 있으며 2023년 하반기에 착공하여 약 2년 후에 완공한다는 계획이다. 동 센터 건립 사업 비용은 총 299억 원으로 책정되었으며 이 중 250억 원은 정부 예산으로, 나머지는 재외동포 사회 기부금으로 충당할 예정이다. 2022 년도에 공사비 약 71억 원이 배정되었으나 공사가 지연되자 2023년도 예산에는 공사비 예산이 전액 삭감되었다.

## 5. 재외동포 정책 당면 과제

### 1) 관계부처 간 협력 문제

2023년 6월 재외동포청의 설립으로 그간 정부의 재외동포 정책 추진 에 있어서 여러 관계부처 간 업무의 중복 및 협력의 부족에 따른 비효율 의 문제가 해결될 것으로 기대하는 목소리가 높다. 이른바 재외동포들을 위한 원스톱 서비스가 가능해지지 않겠느냐는 기대이다. 그러나 재외동 포 관련 업무의 다양성 및 복잡성을 감안할 때, 신설된 재외동포청이 과 연 재외동포 업무 전담기관으로서의 위치를 확고히 할 수 있을지는 좀 더

지켜보아야 할 것이다.

특히 외국인 정책을 관장하고 있는 법무부 출입국외국인 정책본부가 저출산 고령화 시대를 맞아 이민 문제의 중요성이 날로 커지고 있는 상황을 감안하여 이민 문제를 전담하는 독립 부처로서 이민청을 설립하는 것을 적극적으로 추진하고 있으며, 제반 상황을 감안할 때 이민청 설립이 멀지 않은 장래에 실현될 가능성이 있다. 그런데 법무부의 외국인 정책 대상에는 조선족 동포와 고려인 동포를 위시한 국내에 체류하고 있는 외국국적 동포들도 포함되어 있기 때문에 이들에 대한 정책을 수립하고 관련 업무를 처리해 나가는 데 있어서 재외동포청이 어떠한 위치를 점하게 되느냐의 문제가 제기될 수밖에 없다.

법무부로서는 불법 체류자의 단속 등 국내 체류 외국인이 국내 경제사회 질서를 저해하지 않도록 관리하고 통제하는 데 초점을 맞추는 반면, 재외동포청은 국내 체류 외국국적 동포들의 권익 신장 및 편의 제고에 역점을 두게 될 것이기 때문에 양 부처 간 조화로운 협력이 중요한 과제로 대두할 가능성이 크다. 이러한 측면을 감안, 재외동포청과 이민청을 통합하여 동포이민청을 설립해야 한다는 주장이 제기된 바도 있다.

## 2) 재외동포에 대한 내국민의 인식 개선 문제

우리 정부가 재외동포 사회에 대한 적극적인 지원을 시행하기 위해서는 이에 대한 우리 국민의 이해와 지지가 뒷받침되어야 할 것이다. 우리 국력이 신장되고 재외동포 사회가 모국에 기여하는 바가 증대되면서 재외동포에 대한 국민의 인식도 긍정적인 방향으로 바뀌고 있지만 아직도 병역 및 납세의 의무를 지지 않는 외국국적 동포들에 대해 정부의 재정

지출이 이루어지는 것을 불만스럽게 여기는 국민들이 적지 않다.

특히 70만 명에 달하는 조선족 동포들에 대한 부정적 인식을 개선하는 문제는 앞으로 정부가 해결해야 할 중요한 과제의 하나이다. 조선족 동포가 강력 범죄 사건의 피의자로 보도되거나 흥행에 성공한 영화 〈범죄도시〉, 〈청년경찰〉 등에서 조선족 동포를 무자비한 범죄자로 묘사함에 따라 이들에 대한 부정적 인식이 확산되는 결과를 낳았다. 또한 조선족 동포만큼은 아니지만 고려인 동포들에 대해서도 부정적인 인식이 존재한다. 이는 과거 냉전 시대에 우리나라와 대치 관계에 있었던 공산국가 중국과 러시아에 대한 경계감이 잔존하고 있는 것과도 관련이 있는 것으로 관찰된다.

우리 정부는 재외동포재단을 중심으로 주요 재외동포 인물 및 단체 관련사항의 교과서 수록, 재외동포 관련 콘텐츠 프로그램 방송, 재외동포 관련 특강 및 교원 연수, 재외동포의 모국 기여 사례 발굴 및 홍보 등의 활동을 통해 재외동포에 대한 국민의 이해와 긍정적 인식을 제고하기 위해 노력해 왔다. 이제 신설된 재외동포청에서 이 문제를 핵심 과제로 인식하고 그러한 노력을 배가하면서 보다 효율적인 해결 방안을 강구해 나가야 할 것이다.

# 재미 동포사회

## 1. 재미 동포사회의 역사

### 1) 구한말 및 일제 강점기(1903~1945년)

한국인이 미국 지역으로 이주하게 된 것은 1903년 하와이 사탕수수 농장 계약 근로자로서 이주할 때부터 시작되었다. 1882년 미국에서 중국인 배척법이 제정됨에 따라 중국인의 이민이 금지된 상황에서 일본인 노동자들마저 파업을 벌이자, 농장주들이 대체 노동력을 물색하게 되면서 조선인의 하와이 이주가 이루어지게 된 것이다. 1903년 1월 최초로 101명이 하와이에 도착한 이후 1905년 일본의 저지로 중단될 때까지 약 7천 명이 이주하였다. 대부분이 미혼 남성이었으며 기독교도들이 많았다.

하와이로 이주한 조선인들은 1910년경부터 조선인 신부를 구하기 시작했고 1924년 미국 이민금지법이 제정될 때까지 약 1천 명의 '사진 신부'(사진 교환으로 결혼한 여성)들이 하와이로 이주하여 가정을 꾸리게 되었다. 하와이에 정착한 조선인 중 1천여 명은 철도 건설이나 과수원 등지의 취업 기회를 찾아 1915년경까지 캘리포니아주 등 미국 본토로 재이주하였다. 이어 1920년대 중반까지 독립운동에 참여하는 정치 망명자와 유학생 600여 명이 하와이와 미국 본토로 이주하였다. 1913년 샌프란시스코에서 흥사단을 설립한 도산 안창호 선생도 그중 한 명이었다. 제2차 세계대전이 끝나는 1945년까지 하와이에 약 6,500명, 미국 본토에 약 3,000명의 조선인이 거주하였다.

## 2) 전후 과도기(1945~1965년)

2차 세계대전 이후의 미국 이민은 주한 미군과 결혼한 한국 여성들의 이주로부터 시작되었다. 1965년까지 약 6천 명의 한국 여성들이 미군 배우자를 따라 미국으로 이주하였으며 2000년까지 그 숫자는 10만 명에 달한다. 또한 1954년부터 전쟁고아 문제 등의 해결을 위한 해외 입양이 시작되어 2000년대 초반까지 약 10만 명의 아동이 미국 가정으로 입양되었다. 한편 1965년경까지 약 6천 명의 한국인 학생들이 미국에서 유학하였으며 이들 중 상당수가 귀국하지 않고 미국에 정착하였다.

1952년 「이민국적법」의 제정으로 미국의 이민정책이 큰 변화를 맞게 되었다. 유럽 난민들의 미국 입국을 허용하고 숙련된 노동력의 유치를 위해 인종이나 성별을 불문하고 미국 시민권을 취득하는 것을 허용했으며, 아시아 태평양 지역 국가들에게 연간 100명의 이민 쿼터를 부여했다. 이에 따라 당시 미국에 체류하고 있던 한국인들이 미국 시민권을 취득할 수 있는 길이 열림으로써 이들이 미국 정착을 결심하게 되는 계기가 마련되었다.

## 3) 이민 확장기(1965년~1990년대 초)

1965년 민주당의 필립 하트 상원의원과 임마누엘 셀러 하원의원의 주도로 「이민과 민족법(Immigration and Nationality Act)」이 제정되면서 미국 이민의 새로운 시대가 열렸다. 동법에 따라 국가별 이민자의 수를 이미 미국에 거주하고 있는 이민자 수의 3%로 제한하는 국가별 쿼터제가 폐지되었다. 이에 따라 유학생, 의사, 간호사 등 전문직 종사자들이 영주권을 취득한 후 가족들을 초청할 수 있게 되어 한국인의 미국 이민이 급속도로 증가하게 되었다. 군사독재의 억압, 낮은 생활수준, 대학 입시의 어려움, 남북한 간의 긴장 등이 한국인의 이민 확대에 주요한 동인이 되었다.

1970년대 초반까지는 대도시 출신, 대졸, 전문직 종사자 등 화이트칼라 노동자들을 중심으로 이주했으나 차츰 블루칼라 노동자들의 이민이 증가하면서 한인 이민 사회의 구성이 복잡해지고 한인사회 내에서 다양한 문제와 갈등이 발생하게 되었다. 1979년대 초부터 1990년까지 신규 이민자 규모는 연 3만 명대를 유지하여 1990년에는 미국 내에 약 80만 명의 한인이 거주하게 되었다. 1986년 레이건 정부에서 이민자의 노동력 공급이 경제 활성화를 위한 긍정적 요인이라는 인식 하에 1982년 이전 입국한 불법 체류자 약 270만 명에게 합법적 지위를 부여하는 개혁적 조치를 단행함으로써 미국 거주 한인 이민자들의 여건도 크게 개선되었다.

## 4) 이민 감소기(1990년대)

미국으로 이주하는 한국인의 수는 1987년 35,849명을 정점으로 점차 감소하기 시작하여 1999년에는 12,301명으로 축소되었다. 이러한 1990년대의 이민자 감소 현상에는 한국의 경제성장에 따른 해외 이주 동인의 약화와 함께 1992년 발생한 LA 폭동이 중요한 요인으로 작용한 것으로 보인다. 1991년 3월 3일 LA 경찰이 과속 질주하던 흑인 로드니 킹을 체포하여 무자비하게 구타하는 사건이 발생했고 약 2주 후인 3월 16일에는 상점을 운영하는 재미동포 두순자가 오렌지 쥬스를 훔친 흑인 소녀 라타샤 할린스를 총격 사살하는 사건이 발생했다.

1991년 11월 15일 두순자가 400시간 사회봉사 명령과 집행유예 판결을 받았으며 1992년 4월 29일 로드니 킹을 구타한 백인 경찰들이 무죄 판결을 받으면서 마침내 흑인들의 분노가 폭발하였다. 이들은 한인타운 등을 무차별 약탈하고 방화하거나 총격을 가하였고 히스패닉 갱단들도 이에 가세하였다. 갑작스레 발생한 폭동에 LA 경찰은 속수무책이었고 베버리힐스와 헐리우드만 방어하는 데 집중함에 따라 한인들은 폭도들의 만행에 무방비 상태로 내버려졌다. 5월 1일 주 방위군의 투입으로 사태가 진정될 때까지 한인타운의 90%가 파괴되었고 19세 한인 청년 이재성이 총탄을 맞아 사망하였다.

LA 폭동은 재미 한인들로 하여금 자신들의 안전과 권익은 스스로 보호해야 한다는 사실을 각성하게 하였으며 한인사회 내에서 민권 운동과 정치력 신장 노력이 본격화하는 계기가 되었다. 또한, 흑인 및 라티노 등 다른 소수민족들과의 화합과 협력의 중요성을 인식하고 한인타운 내 경찰서 유치 등 치안 강화를 위해 노력하는 계기가 되었다.

## 5) 이민 회복 및 안정기(2000년대 이후)

한국인의 미국 이민은 2000년대 초부터 다시 증가세로 환원된 후, 연 2만~2만 5천 명대를 유지하게 되었다. 이는 1998년 외환위기, 2008년 금융위기 등에 따른 경제 침체 및 청년 실업난 등이 복합적으로 작용한 결과로 보인다. 2012년에는 오바마 정부가 불법 체류 청소년 추방을 유예하는 행정명령(DACA: Deferred Action for Childhood Arrivals)을 발동하는 등의 이민 개혁 조치를 취함으로써 불법 체류 한인들의 생활여건이 크게 개선되었다. DACA에 따라 16세 이전 미국 입국 후 5년 이상 거주했고 학교에 재학 중이거나 고교를 졸업한 30세 이하의 외국인에게 합법적으로 체류할 수 있는 지위가 부여되었으며 약 60만 명이 구제되었다.

오바마 정부는 2014년 11월 추가적인 이민개혁 행정명령을 발동하여 DACA 적용 대상을 2010년 이전 입국자로 확대했으며, 합법적인 체류 자격을 가진 자녀를 둔 불법 체류 부모의 추방을 유예하는 조치를 취함으로써 약 400만 명이 그 혜택을 받게 되었다. 그러나 행정명령의 대통령 권한 남용 여부 시비와 관련 2016년 6월 연방대법원의 최종 기각 결정으로 동 이민 개혁 조치의 실행은 무산되었다.

2017년 출범한 트럼프 정부의 반이민 정책은 재미 한인사회 내 불안을 확산시켰다. 트럼프 대통령은 2017년 9월 DACA 폐지 명령을 발동했으나 결국 2020년 6월 연방 대법원의 위법 판결로 그 효력이 무산되었다. 이로써 한인 1만 명을 포함한 약 70만 명의 청년들이 추방 위기를 모면하였다. 그러나 트럼프 정부는 2020년 4월 영주권 발급을 중단한 데 이어 2020년 6월 취업비자 발급까지 중단함으로써 한국인의 미국 이주에 큰 타격을 주었다. 2021년 바이든 정부가 출범하면서 트럼프 정부의 반이민 조치들이 대부분 원상 복귀되었으며 재미 한인사회도 안정을 되찾았다. 다만 2019년 코로나19의 확산과 함께 미국 전역에서 아시아계 혐오 범죄가 빈발하여 재미 한인사회가 이에 대한 대처에 부심하고 있다.

## 2. 재미 동포사회의 중요성과 가치

재미 동포사회는 규모나 정치·경제적 역량 등 제반 분야에서 750만 재외동포를 대표하며 선도하고 있다. 다른 지역 동포사회들에 비해서 이민의 역사는 짧지만 급속도의 성장과 발전을 통해 미국 사회 내에서 중요한 소수민족 사회의 하나로 자리매김한 것으로 평가된다. 이미 재미 동포사회의 경제력은 세계 60~70위 국가의 경제력에 해당하는 수준까지 성장하였다. 이러한 경제력 신장을 바탕으로 이제 재미 동포사회는 미국 내 여론 형성에 있어서 의미 있는 영향력을 행사하고 있다고 말할 수 있다. 이와 같은 재미 동포사회의 역량은 미국 정부나 의회 등이 우리나라와 관련된 대외정책 결정에 있어서 우리 정부의 입장을 적극 반영하도록 하는데 활용될 수 있다.

2007년 7월 미국 하원은 일본계 미국인인 마이클 혼다 의원이 제출한 일본군 위안부 관련 결의안을 만장일치로 채택하였다. 이 결의안은 일본 정부가 위안부 피해자들에게 사죄하고 일본 교과서에 위안부에 관한 사실을 기록할 것을 요구하는 내용이었다. 당초 미국과 일본의 관계 및 미국 내 일본의 로비 능력 등을 감안할 때 그러한 내용의 결의안이 미국 의회에서 통과된다는 것은 매우 기대하기 어려운 일이었다. 그럼에도 불구하고 불가능에 가까웠던 결의안 통과가 실현될 수 있었던 것은 재미 한인들의 지속적이고 단합된 노력 덕택이었다. 이는 우리 정부도 하기 어려웠던 일을 재미 동포사회가 해낸 대표적인 사례라고 할 수 있다.

미국 동부 버지니아주 한인단체들은 2012년부터 버지니아주 공립학교가 일본해(Sea of Japan)와 동해(East Sea) 표기가 병기된 교과서와 지도를 사용하도록 하는 법안 채택을 추진했다. 일본 대사관을 중심으로 일본 측의 다각적인 반대 로비활동이 전개되었으나 결국 2014년 1월 버지니아주 상원에서 38명 재적 의원 중 31명의 찬성으로 통과되었고 2014년 3월 버지니아주 하원에서도 81대 16으로 통과되었다. 이러한 결과는 우리 정부의 동해 병기 확산을 위한 외교 활동에 큰 힘이 되었음은 두말할 나위도 없다.

이러한 개별 사례뿐 아니라 재미 동포사회는 북한 문제 및 한반도 평화통일 문제 등과 관련해 미국 내에서 우리 정부의 입장을 이해하고 지지하는 여론을 확산시키는 데 있어 핵심적인 역할을 수행할 수 있다. 특히 민주주의의 본산인 미국은 정책 결정 과정에서 국민의 여론을 중요하게 여긴다는 점에서 재미 동포사회가 중요한 역할을 할 공간이 크다고 말할 수 있다.

## 3. 재미 동포사회의 주요 과제

### 1) 주요 동포단체들의 역량 제고

재미 한인사회 내에는 각 분야의 다양한 동포단체들이 자생적으로 설립되어 활동하고 있는데 때로는 감투에 관심을 가진 인물들이 동포단체 장이 되어 동포사회 내 분열과 갈등만을 야기하는 경우도 발생하고 있다. 동포단체들이 그러한 부작용을 최소화하고 소기의 설립 목적을 충실히 이행해 나갈 수 있는지는 동포사회의 미래와 관련하여 중요한 의미를 가 질 것이다. 정부가 동포단체들의 운영과 활동에 직접적으로 관여하는 것 은 부적절하겠지만, 이들이 올바른 방향으로 성장해 나갈 수 있도록 지원 하고 계도하는 것은 재외동포 관련 중요 업무 중 하나이다.

### (1) 한인회

먼저 동포사회의 대표 조직으로 인식되고 있는 한인회는 재미 동포사 회의 성장과 규모 확대에 따라 미국 전역에 약 300개가 설립되어 있다. 그러나 동포사회를 위한 봉사단체라는 취지에 부합하지 못하고 일부 동 포들의 감투 욕구 등 사리사욕을 충족하기 위한 단체로 인식되면서 동포 사회로부터 외면당하는 경우가 적지 않게 발생하고 있다. 또한 한인회는 미국 정부의 지원을 받는 공익단체로서 성장하지 못한 채 회장 등의 개인 재력에 의존하는 재정 운영으로 인해 활발한 활동을 전개하지 못한 채 잡 음만 야기하는 경우가 비일비재하다. 이러한 상황의 개선은 주류사회와 연계된 차세대 동포들의 주도적인 역할을 필요로 하나 차세대들은 전반 적으로 한인회 활동에 무관심한 상황이다.

### (2) 평통 협의회

한인회와 함께 재외동포사회 내에서 인지도가 높은 동포단체는 민주 평화통일자문회의(약칭 평통) 각 지역 협의회이다. 평통은 헌법 92조에 따른 통일정책 자문기구로서 국내 자문위원과 해외 자문위원을 두고 있다. 2023년 4월 기준 124개국에서 약 3,800명의 해외 자문위원이 임명되어 있으며, 이 중 미국 지역에 약 1,300명이 활동하고 있다. 본래 평통 협의회의 설립 취지는 평화통일에 관한 자문이지만 실제로는 각 지역 동포사회의 행사와 활동에 폭넓게 관여하고 있으며, 많은 지역에서 지역 동포사회를 대표하는 조직으로서 한인회와 경쟁 관계에 있는 것처럼 인식되고 있다. 이는 평통 협의회 자문위원들이 사실상 동포사회 각 분야에서 활발히 활동하고 있는 인사들이기 때문이며 이에 따라 통일정책 자문기구라는 성격이 희석되고 있다.

과거에는 평통 협의회 자문위원 위촉을 둘러싼 경쟁이 치열했으나 최근에는 자문위원 희망자가 줄어 위촉 정수에 미달되는 지역도 발생하면서 평통 무용론이 제기되기도 한다. 또한, 미국 지역의 경우 자문위원들의 상당수가 미국 시민권을 취득한 인사들인데 외국국적 동포들이 대한민국 헌법기관의 자문위원으로서 적극적 활동을 하는 것이 과연 적절하냐는 문제의식이 상존하고 있다. 예를 들면 이들이 미국 정부의 대외정책 결정에 영향력을 행사하려고 할 경우 미국 정부 입장에서는 자국민이 외국 정부를 위해 일한다고 인식할 가능성도 배제할 수 없는 것이다.

### (3) 동포 언론

로스앤젤레스, 뉴욕 등 우리 동포가 다수 거주하고 있는 지역에는 TV, 라디오, 일간지, 주간지 및 인터넷 매체 등 다양한 동포 언론 기관들이 활동하고 있다. 이들은 그 지역 한인이라는 제한된 구독 대상으로 인해 충분한 재원 확보에 어려움을 겪고 있으며 이에 따라 독자들의 관심을 끌기 위해 입증되지 않은 자극적인 내용의 보도를 남발하는 경우가 많다. 또한, 미국과 한국 양국 정부의 감독과 규제로부터 사실상 자유롭다는 환경이 이러한 무책임한 보도 행태를 양산하고 있다고 볼 수 있다. 이러한 상황에서 동포 언론들이 우리 재외공관들의 활동에 대한 비판적 성향을 가지게 될 수밖에 없으며 이는 공관의 적극적이고 효과적인 업무 수행에 장애가 되기도 한다.

### (4) 한글학교

미국 전역에 산재한 약 1천 개의 한글학교들도 재미 동포사회 내에서 중요한 역할을 담당하고 있는 조직으로 볼 수 있다. 동포사회 내에서는 이들을 한글학교가 아니라 한국학교라고 칭하는데 이는 한국어뿐 아니라 한국 역사와 문화 등을 교육하는 민족 정체성 교육기관이라는 점을 강조하려는 뜻으로 보인다. 이들에 대한 재외동포재단의 재정 지원은 미국 전역의 14개 지역 한국학교협의회들을 대표하는 재미한국학교협의회를 통해 이루어진다.

최근 들어 문화체육관광부가 운영하는 외국인 대상 세종학당의 성장세가 지속됨에 따라 이들과 한글학교들 간 학생과 교사의 중복 문제가 발생하고 있다. 이는 재외동포이자 외국인이라는 외국국적 동포들의 이중적 성격에 따른 문제라고 볼 수 있다. 또한, 교육부가 추진하고 있는 미국 내 각급 정규 학교에 한국어 과목을 개설하는 것에 대해서도 한글학교의 역할을 축소하는 근시안적인 비판이 존재하고 있다. 한글학교 존립의 주된 이유가 동포 자녀들의 한글 교육이라는 관점에서 현지의 공교육 기관들에 의한 한국어 교육이 활발해진다면 설사 한글학교의 필요성을 감소

시킨다고 하더라도 이를 환영해야 할 것이다.

## 2) 정치력 신장 및 주류사회 진출

1992년 LA 폭동을 계기로 재미 한인사회 내에서 미국 주류사회에 대한 영향력 제고를 위해 동포사회의 정치력을 신장하기 위한 노력이 본격화되었다. 정치력 신장을 위한 첫걸음은 각종 선거에서 한인들의 투표 참여율을 높이는 것이다. 또한, 투표 참여율을 높이기 위해서는 우선 유권자 등록률을 제고해야 한다. LA 폭동이 발생한 1992년 한인들의 유권자 등록률은 5%에 불과했다. 그간 여러 한인 단체들의 지속적인 노력과 우리 정부의 간접적인 지원으로 유권자 등록률과 투표 참여율이 빠르게 증가하여 최근에는 각각 60%와 40%대까지 올라왔으나 아직 백인 및 타 인종 커뮤니티들에 비해 낮은 수준이다.

정치력 신장과 관련해 또 하나의 중요한 과제는 유력 한인 인사들의 정관계 진출이다. 재미 한인의 연방 의회 최초 진출을 실현한 것은 김창준 공화당 하원의원(캘리포니아주)으로 1992년 선거부터 3선에 성공했다. 이후 상당 기간의 공백기를 거쳐 2018년 11월 중간선거에서 앤디 김이 뉴저지주 연방 하원의원에 당선되었으며 2020년 11월 선거에서 재선되었다. 또한 매릴린 스트리클랜드(민주당, 워싱턴주), 영 김(공화당, 캘리포니아주), 미셸 스틸(공화당, 켈리포니아주) 등 3명의 한인 여성들이 연방 하원의원에 당선됨으로써 미국 연방 의회에 4명의 한국계 의원이 탄생하였다. 이들 4명은 2022년 11월 선거에서 무난히 재선되었다.

재미 한인사회의 정치력 신장은 각 지역 한인회뿐 아니라 다양한 자생단체들에 의해 적극 추진되고 있다. 우리 정부로서는 자칫 미국 정치에 개입하는 것으로 비쳐질 수 있음을 감안하여 이러한 단체들의 활동을 격려하고 지원하는 데 있어서 신중을 기할 필요가 있다.

미국 연방 하원 진출 한국계 의원 4명
[왼쪽부터 매릴린 스트리클런드(Marilyn Strickland·민주당·워싱턴주·초선), 영 김(Young Kim·공화당·캘리포니아주·초선), 미셸 박 스틸(Michelle Steel·공화당·캘리포니아주·초선), 앤디 김(Andy Kim·민주당·뉴저지주·재선) 의원]
(출처: 해외문화홍보원, 2022.11.16.)

### 3) 지역사회 봉사활동 강화

재미 동포사회가 미국 주류사회 내에서 인정받는 소수 민족 커뮤니티로 뿌리를 내리기 위해서는 지역사회의 안정과 발전의 기여 등을 통해 한인사회의 위상을 제고하고 이미지를 고양해야 한다. 이를 위해 의료, 건강, 청소, 소외계층 배려 등 지역사회 문제 해결을 위해 봉사하는 한편, 흑인 및 라티노 등 다른 소수 인종 커뮤니티와의 화합 및 협력을 위해 적극 노력할 필요가 있다. 이와 관련 가장 모범적인 사례가 뉴욕을 중심으로 활동 중인 한인커뮤니티재단(KACF: Korean American Community Foundation)이다.

KACF는 2002년 주 뉴욕 한국 총영사관의 지원으로 뉴욕에 거주하는 한인 차세대 리더들이 건립한 비영리단체이다. 매년 갈라 만찬, 콘서트, 골프대회 등의 다양한 행사를 개최하여 기부금을 모금하고, 소외계층 지원 등 지역사회를 위해 의미 있는 활동을 전개하는 비영리단체들에게 보조금을 지급하고 있다. 또한, 다른 한인 단체들의 안정적 운영 및 전문성 함양을 위한 프로그램도 운영하고 있다. KACF는 기부 문화에 익숙하지 않은 한인사회의 이미지를 개선하는 데 크게 기여하고 있다. KACF의 성공에 힘입어 2014년에는 샌프란시스코 지역 한인 차세대 리더들이 샌프란시스코 한인커뮤니티재단(KACF-SF)을 설립하였다.

## 4) 복수국적 제도 개선

2011년 1월부터 65세 이상에 대해 복수국적이 허용된 이래 재미 동포사회 내에서는 복수국적 전면 허용 또는 허용 연령 하향 조정이 필요하다는 주장이 지속적으로 제기되고 있다. 이들은 자유로운 출입국과 국내 취업 및 국내 선거 참정권 행사 등을 그러한 주장의 근거로 제시하고 있다. 특히 대다수 노인들이 자녀와 생활 기반을 미국에 두고 있다는 점을 감안하여 복수국적을 취득하기 위한 요건(국적회복 신청을 위한 한국 방문 및 관련 절차 6개월 이상 소요)을 완화해 줄 것을 요청하고 있다.

또한, 미국에서 출생한 선천적 복수국적자 남성은 복수국적을 유지하려면 군 복무를 마쳐야 하는데, 언어 및 문화의 차이 등을 감안하여 군 복무를 대체할 수단을 마련해 줄 것을 희망하고 있다.

제4절

# 재일 동포사회

## 1. 재일 동포사회의 역사

### 1) 구한말 및 일제 강점기

　1910년 일제강점 이전까지 일본에 체류하는 조선인은 소수의 유학생, 외교관, 정치 망명자 등 700~800명에 불과했는데 이는 일본 정부가 외국인 노동자의 일본 유입을 금지했기 때문이었다. 그러나 1차 세계대전의 파급효과로 활황을 맞은 일본 경제가 저임금의 노동력을 필요로 하게 되면서 조선인 노동자의 일본 이주가 본격화되었다. 일본 내 조선인 인구는 1915년 3,917명에서 1920년 30,189명으로 5년 만에 약 8배 증가하였다. 1920년대에는 일제의 토지조사사업[104]으로 토지를 수탈당

---

104) 일제의 식민지 통치를 위한 조세 확보책의 일환이며, 토지 소유권을 실제 경작자가 아니라 토지와의 연고관계 신고자에게 부여하고 미신고 토지는 국유화한 후 일본인 지주 및 기업에게 불하하였다.

한 농민 등이 일자리를 찾아 일본으로 도항하는 사례가 급증했으며 1930년 일본 내 조선인은 약 30만 명으로 늘어났다.

1923년 9월 1일 진도 7.9의 지진이 시작되어 이틀간 진도 6 이상의 지진이 15회 발생한 관동대지진으로 엄청난 피해가 발생하고 민심이 흉흉해지자 일본 내무성은 계엄령을 선포하였다. 이때 경찰에 하달된 지시 가운데 "재난을 틈타 조선인들이 방화 및 폭탄 테러와 강도를 획책하고 있으니 유의하라"는 내용이 포함되었다는 것이 신문에 보도되었고, "조선인들이 우물에 독을 탔고 독이 든 만두를 나눠주고 있다"라는 유언비어가 유포되었다. 이러한 상황에서 일본인들이 자경단을 조직하여 불심검문을 했다. 조선인으로 확인되면 살해하는 만행을 저질렀는데 치안당국은 혼란 수습을 명분으로 이를 수수방관하였다. 관동대지진 직후 학살된 조선인은 6,661명으로 알려져 왔으나 2013년 발굴된 독일 외무성의 1924년 사료에는 23,058명으로 기록되어 있다.

1938년 4월 병력 및 전시산업 인력 확보를 위한 국가총동원법 공포에 이어 1939년 9월 조선인 강제징용이 시작되었다. 약 200만 명의 조선인이 일본 및 동아시아 각지 전쟁 지역의 탄광, 항만, 비행장, 터널, 군수공장 등지로 징집되었는데 이들 중 약 40만 명이 전쟁이 끝난 후 귀국하지 못하고 일본에 잔류하게 되었다. 1944년 일본 체류 조선인은 총 1,936,843명으로 집계되었다.

## 2) 전후 혼란기(1945~1965년)

1946년 3월 일본 정부는 연합군총사령부(GHQ)와 합의하에 조선인 귀국 희망자 등록을 실시했으나 귀환자가 소지할 수 있는 금액을 1천 엔으로 제한함에 따라 많은 조선인이 귀국을 포기하였다. 또한, 귀국 선편 확보의 어려움과 한국 내부의 혼란 상황 등도 귀국 포기 요인으로 작용하여 결국 약 60만 명이 귀국을 포기하였다.

1948년에는 제주 4.3사건, 여순사건의 발생으로 반공단체의 탄압을 피해 상당수의 한국인들이 오사카 일대로 밀입국하였다. 1952년 샌프란시스코 강화조약 발효와 동시에 일본 정부는 일방적 통지로 일본 체류 한국인들의 일본 국적을 상실시켰다. 일본 정부는 한국인들을 '조선적'으로 분류했으나 이는 행정 편의상 출생지역을 나타낸 것이었으며 국적과는 무관한 것이었다.

1945년 10월 최초의 재일동포 단체로서 '재일본 조선인 연맹(조련)'이 결성되어 한국인들의 귀국 사업과 생활 지원 및 한국어 강습 등의 활동을 벌였다. 조련이 점차 좌익 운동의 방향으로 움직이게 됨에 따라 이에 반대하는 사람들이 1946년 10월 '재일본 조선인 거류민단(민단)'을 결성하였고 민단은 1948년 대한민국 정부 수립 후 '재일본 대한민국 거류민단'으로 개칭되었다.

한편, 조련은 우여곡절 끝에 1955년 재일본 조선인 총연합회(조총련)로 재결성되어 민단 대 조총련의 대결 구도가 형성되었다. 초기에는 조총련 세력이 민단을 압도하였으나 1959~1962년 일본과 북한의 합의에 따라 약 10만 명의 조총련계 재일 한국인 북송이 이루어지면서 조총련 세력이 약화되었다.

### 3) 재일 동포사회 형성기(1965년 이후)

1965년 6월 한일기본조약과 함께 '재일한국인의 법적 지위와 대우에 관한 협정' 체결로 재일한국인에 대한 영주 자격이 부여되었다. 1945년 8월 15일 이전부터 계속 일본에 거주하고 있는 자와 그 직계비속으로서 협정 발효 후 5년 이내 출생하는 자에게 '협정영주' 자격을 부여한 것이다. 1991년 1월 일본의 '출입국에 관한 특례법' 제정으로 협정영주는 특별영주로 개칭되었으며 후손들의 영주 자격도 인정되었다.

국교 정상화 이후에도 일본 내 재일한국인에 대한 차별은 계속되었다. 1980년대 들어 재일동포사회의 조직적인 차별 반대 운동이 본격화되었으며 특히 지문 날인, 외국인등록증 상시 휴대, 재입국 허가, 강제 퇴거 등 4개 제도의 개선을 집중 요구하였다. 1991년 1월 한일 양국 정부 간 교섭의 결과로 재입국허가는 출국 기간을 최대 5년으로 연장하고 강제 퇴거는 내란 등 중대범죄로 제한하는 데 합의가 이루어졌다. 지문 날인은 1999년, 외국인등록증 상시 휴대는 2012년에 폐지되었다.

일본 경제의 빠른 성장 아래 재일동포사회의 경제력도 급속히 성장했다. 재일동포 1세대는 일본 내 외국인 취업 차별 등으로 자영업의 비중이 높고 요식업, 건설업, 부동산업, 오락산업(파친코)에 집중하였다. 1990년대 후반부터 차세대의 전문직 진출이 활발해지기 시작했다.

## 2. 재일 동포사회의 중요성과 가치

재일 동포사회에 대해서는 과거 어두운 역사의 최대 피해자라는 관점에서 우리 정부의 배려가 필요하다. 그들은 일제 식민 통치의 직접적 피해자일 뿐 아니라 일본 패전에 따른 2차 피해까지 감수해야 했다. 또한, 일본 사회에서 차별과 냉대를 감내하면서 민족 정체성을 유지하고 모국 발전에 기여하기 위해 총력을 기울였다는 공로를 인정할 필요가 있다. 특히 재일 동포사회는 우리나라 국가 경제 발전을 위한 기틀을 마련하는 데 결정적으로 기여했다.

1965년 우리나라가 수출 1억 불을 달성하는 시점에 재일동포들의 모국 투자 누적액은 2천만 불을 상회했다. 1966년에 설립된 구로 공단에 입주한 21개 기업 중 14개가 재일동포들이 투자한 기업이었으며 마산 및 구미 공단 건설도 재일동포 투자로 시작되었다. 이들은 '재일한인 본국투자협회'를 결성하여 섬유, 기계, 전기·전자, 호텔 분야에 집중 투자했으며 기술 도입이 어려웠던 시기에 일본으로부터 최신식 기계와 설비를 도입하고 국내에 무료로 기술을 이전하는 등 경영 노하우를 전수하였다.

재일동포들은 1988년 서울올림픽에 100억 엔을 기부했고 1998년 외환위기 시에는 780억 엔을 모국에 송금했으며 태풍, 홍수 등 자연재해 복구 지원과 새마을 운동 지원 및 고향 개발사업 등을 통해 모국 경제 발전의 견인차 역할을 수행했다. 또한, 1962년 재일동포 서갑호가 사저를 주일 한국 대사관 용도로 헌납한 것을 계기로 오사카, 요코하마, 후쿠오카 등 8개 지역 총영사관 건물도 기부하였다.

재일동포 사회는 과거사에 매몰된 한일관계의 돌파구 마련을 위해 중요한 역할을 할 수 있으며 일본 권력 핵심부에 대한 재일동포들의 이해와 더불어 일본 각계 주요 인사들과 재일동포들 간의 네트워크를 활용하는 것도 중요한 의미를 가질 수 있다. 또한, 민단과 조총련의 화합 진전에 따라 남북한 관계 개선 및 평화통일 여건 조성에 있어서도 의미 있는 역할 수행을 기대할 수 있다.

## 3. 재일 동포사회의 주요 과제

### 1) 국적과 민족 정체성

재일동포 사회 내에는 그 형성 초기부터 일본의 차별적 대우에도 불구하고 대한민국 국적을 유지함으로써 민족 정체성을 유지해야 한다는 당위론적 인식이 존재해 왔다. 그러나 시간이 경과하면서 외국인으로서 생활하는 데 따르는 불편함, 일본 정부의 귀화 요건 완화, 한반도 분단 상황 지속에 따른 실망 및 민단 조직의 문제점에 대한 비판적 인식 등이 복합적으로 작용하면서 점차 귀화자가 증가하고 있다. 특히 1985년 일본 국적법이 부계 혈통주의에서 부모 양계주의로 개정되면서 귀화 절차를 거치지 않은 일본 국적 취득자(일본인 모를 가진 재일동포 아동)가 증가하고 있다.

일본에서 출생한 재일동포 차세대들은 세계화 진전 등의 영향으로 한민족으로서 민족 정체성을 유지하는 데 큰 의미를 두지 않으며 일본사회 내 차별 문제에 대해서도 민감하게 반응하지 않고 일본 사회와의 공생을 적극적으로 모색하고 있다. 이에 따라 한국어를 배우겠다는 동기도 저하되어 재외동포 청년들 가운데 한국어 능통자를 찾아보기 어려운 실정이다.

재일동포 사회가 모국에 기여하기 위한 역량을 갖추기 위해서는 일본 주류사회에 적극적으로 참여하는 것이 필요하다는 관점에서 이러한 재일동포 차세대들의 자세를 무조건 비판적으로 보는 것은 바람직하지 않다. 우리나라 국적 보유 여부로 민족적 정체성을 판단하는 흑백론적인 시각보다는 일본 국적 취득자들도 재일동포 사회가 껴안는 포용적인 접근이 필요하다고 본다. 이와 관련, 귀화자들을 배신자 취급하던 재일동포

사회 내 경직된 분위기가 최근 들어 많이 완화되어 가고 있는 것은 다행스러운 일이다.

그러나 일본 국적을 취득하고 일본 주류사회에 진출한 재일동포 차세대들이 한민족으로서의 정체성과 모국과의 유대감을 상실한다면 앞서 말한 포용적인 접근의 의미가 사라질 것이다. 이와 관련해 차세대의 민족 정체성 고양을 위한 민족교육을 강화하는 것이 재일동포 사회가 당면한 핵심 과제 중 하나다. 현재 동경 한국학교, 오사카 금강학원 및 백두학원, 교토 국제학교 등 4개에 불과한 한국학교를 증설하고 주말 한글학교 시스템을 강화하는 노력이 필요하며 이는 우리 정부의 지원이 절실한 문제다.

## 2) 올드커머와 뉴커머 간 화합

1990년대 후반경부터 한국에서 이주자가 급증하면서 재일동포 사회 내 뉴커머 그룹이 자연스럽게 형성되었다. 2001년 5월 동경 신오쿠보 지역에 정착한 자영업자들을 중심으로 한인회가 결성되면서 뉴커머들의 조직화가 시작되었다. 특별영주자 중심의 올드커머는 자신들을 일본의 차별과 냉대를 견디면서 민족 정체성을 유지해 온 유일무이한 존재로 인식하는 경향이 있어서 이들과 섞이기 어려운 뉴커머들이 스스로 별개의 조직을 갖추게 된 것이다.

한인회 등 뉴커머들의 조직이 점차 확대되면서 올드커머들의 조직인 민단과의 갈등이 불가피하게 발생했으며 이는 한일관계가 악화된 가운데 더욱 절실해지고 있는 재일동포 사회의 단합과 결속을 저해하고 있다. 현재 뉴커머가 올드커머의 1/3 수준이지만 이들이 계속 늘어나고 있어서 앞으로 양측 간 세 대결이 더욱 심화될 가능성이 있다. 뉴커머들의 한인회 측은 민단이 정치적 성향이 강한 봉건적 조직이라고 비난하면서 민단의 명칭 변경 및 조직 축소, 뉴커머측 의견을 반영한 정책 수립, 뉴커머 당연직 보직 배정 및 젊은 인재 등용 장치 마련 등을 요구하고 있다.

## 3) 민단 개혁

중앙본부, 48개 지방본부, 258개 지부, 140개 산하단체 및 서울사무소 등으로 구성(2021년 말 기준)된 민단은 철저한 위계질서에 입각한 중앙집권형 조직으로서 다양한 문제점을 노출하고 있다. 먼저 올드커머 1~2세대 중심의 조직으로서 차세대들의 참여가 미약하다는 취약점을 가지고 있다.

또한, 민단은 우리 정부 지원금의 집행과 관련하여 신랄한 비난의 대상이 되고 있다. 1970년대 박정희 정부 시절부터 계속되어 온 우리 정부의 민단 보조금은 현재까지 매년 70~80억 원이 지원되고 있으나, 다른 지역 재외동포 사회들로부터 형평의 문제가 있다는 비난과 함께 친목활동이나 조직 운영에 보조금을 사용하는 등 불투명하고 부적절한 집행의 문제점이 제기되어 왔다.

재일동포 사회 내에서도 동포사회의 단합을 실현하기 위해서 민단조직의 근본적 개혁이 필요하다는 데에 대한 공감대가 형성되어 있으며 이와 관련하여 다음과 같은 방향이 제시되고 있다.

- 차세대 인사들을 적극 영입함으로써 세대 간 단절을 극복
- 뉴커머들에게 간부 보직 배정 확대
- 최종 의사 결정기구인 중앙위원회에 다양한 분야의 인사들 영입

- 총영사관 소재지에 지방협의회를 설립하고, 현재의 지방본부 이하의 조직은 과감하게 정리하여 동포 복지시설이나 문화시설로 활용하는 등 조직의 슬림화 추진
- 민단 운영의 투명성 확보를 위해 법인화 추진(당초 일본 정부의 감독을 피하기 위해 법인 등록을 하지 않았으나 보조금이 개인 계좌로 입금되는 등의 문제점 해결)

1947년 민단 집회 모습
(출처: 재일본대한민국 민단 홈페이지)

## 4) 일본 내 법적 지위 및 처우 개선

　재일동포 사회 형성 초기부터 일본 내에서 재일동포들의 법적 지위와 처우를 개선하기 위한 노력은 지속적으로 이루어져 왔다. 전술한 바와 같이 지문 날인, 외국인등록증 휴대, 재입국허가, 강제퇴거와 관련한 문제는 대부분 해결되었지만 지자체 공무원 및 국공립학교 교원 채용 시 국적에 따른 차별 등이 아직 근본적인 해결을 보지 못하고 있고 지방 참정권 보장 문제도 큰 진전이 없는 상황이 계속되고 있다.

　1990년 9월 재일동포 11명이 선거인 명부 미등재가 위법임을 주장하면서 오사카 선거관리위원회에 제소한 것을 계기로 재일 한국인에 대한 지방참정권 문제가 부각되기 시작하였다. 1995년 일본 최고재판소가 "영주권자에게 지자체의 장이나 의원 선거권을 부여하는 것은 헌법상 금지된 것이 아니다"라고 판시한 후 지방참정권 확보를 위한 민단의 조직적인 활동이 본격화되었다. 1998년 10월 관련 법안이 일본 국회에 제출된 후 6차례 선거법 개정 특별위원회에 상정되었으나 보수 성향 의원들의 반대로 번번이 표결에 회부되지 못한 채 자동 폐기되었다.

　2009년 8월 중의원 선거에서 민주당이 지방참정권 부여를 선거공약으로 내세웠고 정권을 잡은 후 하토야마 총리 등이 공약 이행을 추진했으나 우익 단체들이 자민당을 압박하여 각 지자체 의회들이 참정권 부여를 반대하는 의견을 채택하도록 유도하였고 2011년 8월 이 문제에 소극적인 노다 총리가 취임한 후 논의가 종결되고 말았다. 의회에서의 논의와 별개로 일부 지자체들이 스스로 참정권의 일부를 부여하고 있으나 이 경우에도 단체장이나 의원 선거가 아닌 주민투표에 한해 허용하고 있는 실정이다. 2020년 기준 총 1,741개 기초자치단체 중 43개가 외국인의 주민투표 참여를 허용하고 있다.

## 5) 조선적 동포 한국 입국 문제

1965년 한일 국교 정상화 이후 대한민국 국적을 취득하지 않은 재일 동포들은 조선적(朝鮮籍)으로 분류되어 무국적 상태가 되었다. 조선적 동포는 ① 조총련계인 경우 ② 북한에 친지가 있는 경우 ③ 통일된 조국의 시민이 되고 싶다는 신념 등으로 한국 국적을 선택하지 않았으며, 일본 정부가 미수교국인 북한의 국적을 인정하지 않기 때문에 무국적자로 남아 있는 것이다. 그러나 조선적 동포들의 성향과 배경 등을 감안할 때 설사 일본이 북한 국적을 인정한다고 하더라도 북한 국적을 선택하지 않을 조선적 동포들도 상당수 있을 것이다. 따라서 우리 정부로서는 이들을 무조건 친북 성향으로 배척해서는 안 될 것이며 넓은 의미의 재외동포로 간주하는 자세가 바람직하다고 본다.

조선적 동포들에 대한 처우와 관련하여 이들의 한국 입국 문제가 논란의 대상이다. 남북교류협력에 관한 법률 10조는 무국적 재외동포의 한국 왕래 시 여행증명서를 발급하도록 함으로써 이들의 모국 방문을 허용하고 있다. 그러나 이명박 정부 및 박근혜 정부에서 여행증명서 발급 심사를 엄격하게 함으로써 조선적 동포의 한국 입국자가 현저히 감소하였다. 여행증명서 발급 심사 시 심사관이 애국가를 부를 것을 강요하거나 한국 국적을 취득할 것을 강요하는 등 고압적 자세로 대한 것으로 알려지고 있다. 2005년 약 3천 건의 여행증명서가 발급되었는데 2010년 100건 이하로 감소하였고 2016년에는 19건에 불과하여 사실상 조선적 동포들의 입국을 제한하는 결과가 되었다.

문재인 정부 출범 후 2018년 1월 '무국적 해외거주동포 여행증명서 발급 지침'을 개정하여 무국적 외국 거주 동포의 방문을 인도주의적인 차원에서 최대한 보장한다는 선언적 조항을 신설하고 여행증명서 발급 거부 사유를 8개에서 4개로 축소하였으며 발급 거부 시 본부 사전 보고를 의무화하였다. 이러한 조치에 따라 여행증명서 발급 건수는 2017년 105건으로 회복된 후 2018년 728건, 2019년 1천 건 이상으로 증가하였다. 기본적으로 우리 정부의 성향에 따라 조선적 동포들의 모국 방문 허용 문제와 관련한 부침이 거듭되는 상황은 포용적인 재외동포정책의 관점에서 바람직하지 않은 측면이 있다.

# 조선족 동포사회

## 1. 조선족 동포사회의 역사

### 1) 구한말 및 일제 강점기

1860~1870년대 한반도에서 기근 및 자연재해가 빈발하면서 7~8만 명의 조선인들이 간도 지역(압록강 상류와 두만강 이북으로 현재의 연변 지역에 해당)으로 이주하였다. 이어 1885년 청나라의 문호 개방으로 조선인들의 이주가 급증하여 1900년경에는 간도 지역에 약 22만 명의 조선인이 거주하였다. 또한, 1910년 한일합방 이후 일제의 토지조사 사업으로 토지를 빼앗긴 농민들과 일제의 탄압을 피하려 했던 독립운동가 등이 간도를 비롯한 만주 지역으로 대거 이주하였다.

1920년 홍범도 장군의 봉오동 전투[105]와 김좌진 장군의 청산리 전투[106] 후 일본군의 화풀이 조선인 학살 사태인 간도참변이 발생하여 약

3천 명의 무고한 조선인들이 희생되었다. 1931년 만주사변으로 만주국을 건설한 일제는 중국 동북부를 대륙 침략을 위한 병참 및 식량기지로 활용하겠다는 계획 아래 조선인의 집단 이주를 실행했다. 이에 따라 1년에 약 1만 호의 이주가 이루어졌으며 1945년에 이르러서는 만주 지역에 거주하는 조선인의 인구가 170만 명에 달하였다.

## 2) 해방 이후 혼란기(1945~1953년)

일본의 패전 후 중국 대륙에서 국민당과 공산당 간 치열한 내전이 전개되는 과정에서 만주 지역에 거주하던 조선인 중 약 80만 명은 귀국하였고 잔류한 자들의 대부분은 모택동의 공산당을 지지하였다. 국민당을 지지했던 우파 인사들이 1940년경 이미 상해 등지로 이동한 상태에서 만주 지역에 남아 있던 조선인들은 공산당의 토지 개혁, 소외계층 배려, 소수민족 지지 노선을 긍정적으로 평가하였다. 국민당이 조선인을 한교라고 칭하며 차별한 것도 영향을 미쳤다.

조선인들은 공산당의 대국민당 투쟁에 적극적으로 참여하였다. 내전이 끝난 후 중국 대륙을 평정한 중국 공산당 정부는 중국에 거주하는 55개 소수민족 가운데 조선족이 가장 열성적으로 전쟁에 참여하여 신중국 건설에 크게 기여했다고 높이 평가했다. 조선인은 총 62,942명이 참전하여 3,550명이 전사한 것으로 집계되었다. 1950년 한국전쟁 때도 중국

---

105) 1920년 6월 홍범도 장군이 이끄는 독립군이 일본군을 만주 봉오동 계속으로 유인한 후 공격하여 약 400명의 일본군 사상자를 발생시킨 전투.
106) 1920년 10월 김좌진 장군이 이끄는 독립군이 독립군 토벌을 위해 간도에 출병한 일본군과 청산리 일대에서 10여 회의 전투를 벌인 끝에 약 1,200명의 일본군을 사살하고 대승리를 거둔 전투.

의용군에 조선족 병사들이 포함되었다. 1952년 모택동은 조선족의 공로를 높이 평가하면서 이들에게 중국 공민 자격을 부여하고 연변 지역에 조선족 자치주를 건설하는 것을 허용하였다. 또한, 연변에 최초의 소수민족 종합대학인 연변대학이 건립되었다.

### 3) 중국 정착기(1954~1992년)

1950년대 말의 대약진운동, 1960년대의 문화혁명으로 이어지는 혼란기에 연변 자치주 초대 주석 주덕해를 비롯한 조선족 사회 지도자 다수가 숙청되었고 조선족 지식인, 학자 및 기술자들이 대거 북한으로 망명하기도 하였다. 그러나 이러한 혼란 속에서도 조선족 사회는 특유의 근면성 실함으로 경제적인 여건 면에서는 타민족 커뮤니티에 비해 양호한 상태를 유지하였다.

1980년대 등소평의 지도하에 이루어진 중국 개혁개방의 급물살 흐름에서 공동체적 생산 양식에 익숙해져 있던 조선족 사회는 시대 변화에 빠르게 대응하지 못하면서 한족 사회와의 경제력 격차가 확대되어 갔다. 중국 정부가 신속한 공업화에 역점을 두면서 전통적으로 농업에 기반을 둔 조선족 사회의 경제력 위축은 불가피했다. 1993년 연변 자치주의 GDP는 30개 민족 자치주 중 1위였으나 1998년에는 5위로 추락하였다. 이러한 배경으로 조선족의 대도시 이동이 본격화하였다.

### 4) 모국 이주기(1992년 이후)

1992년 8월 한중 수교로 중국인의 한국 입국이 가능해지면서 조선족 사회는 급변하게 되었다. 상당수의 조선족 동포들이 취업 기회를 찾아 한국으로 이주하였으며, 이에 더해 중국 경제성장에 따른 중국 내 대도시로의 이주도 계속되면서 연변 자치주와 동북 3성의 전통적 조선족 거주 지역 인구의 급속한 유출 현상이 발생하기 시작했다. 이에 따라 200만 명에 달하던 동 지역 조선족 인구가 2010년경에는 그 절반으로 격감되었다.

이러한 인구 감소와 함께 한국어와 한국 문화를 가르치는 조선족 학교들의 수도 급감하였다. 연변 지역 초중고교는 2001년 196개교에서 2016년 74개로 72.6% 감소하였고 학생 수는 86,300명에서 26,900명으로 76.2% 감소했다. 또한, 부모의 이주로 노인들이 아이들을 돌보는 가정이 급증하였고 부부 중 일방의 이주에 따른 이혼 사례도 빈발하는 등 다양한 사회 문제들이 발생하였다.

한편, 한중관계 발전에 따른 한국인의 중국 이주로 중국 내에서 조선족 동포사회와 구별되는 한인사회가 형성되었다. 코로나19 발생 이전까지 단기 체류자들을 포함하여 70~80만 명의 한국인이 중국에 거주한 것으로 파악되고 있다. 이에 따라 조선족 동포사회와 한인사회 간 협력의 필요성이 제기되고 있으나 양 사회의 이질적인 요소들로 인해 다양한 갈등이 발생하고 있다.


## 2. 조선족 동포의 한국 이주 약사

1982년 중국 정부가 조선족 동포의 한국 친척 방문을 최초로 허용하였으며, 1986년에는 KBS 라디오가 조선족 동포 대상 이산가족 찾기 프로그램을 방영하면서 조선족 동포가 이산가족의 일원으로 홍콩을 경유하여 한국을 방문하는 사례가 등장했다. 1988년 서울올림픽 개최 후 사증발급 요건 완화로 한국을 방문하는 조선족 동포들의 수가 점차 증가하였다.

1992년 한중 수교 이후 이른바 코리안 드림을 꿈꾸는 조선족 근로자들의 한국행 러시가 시작되었다. 1993년 산업연수생 제도[107] 도입 이후 매년 한국에 입국하는 조선족 동포들의 수가 2천 명씩 증가하여 1997년에는 1만여 명이 유입되었다. 그러나 충분한 준비 없이 한국에 들어온 조선족 동포들은 저임금 및 열악한 근로 환경으로 작업장을 이탈하여 불법 체류자가 되는 경우가 많았다.

2002년 '취업 관리제'의 도입으로 일부 서비스 분야에서 조선족 동포들의 취업이 가능해지면서 수도권 일대에 조선족 동포 커뮤니티가 형성되기 시작했다. 또한 법무부가 자진 신고하는 불법 체류자들에 대해 일정 기간 경과 후 재입국을 허용하는 '불법 체류자 자진 신고제'를 실시하면서 동 신고 후 재입국하는 조선족 동포들도 늘어났고 이에 따라 조선족 커뮤니티의 규모가 점차 커져 갔다.

2004년 고용허가제, 2007년 방문취업제의 도입으로 조선족 동포의 국내 취업이 한층 용이해지면서 한국으로 이주하는 조선족 동포들이 지속적으로 증가하였다. 특히 국내에 연고가 없는 동포들의 한국 입국과 단순노동을 포함해 자유로운 취업을 가능하게 한 방문취업제 도입은 조선족 동포의 국내 유입이 급증하는 결정적 요인이 되었다. 2005년부터 5

---

107) 1990년대 기업 연수를 통한 선진 기술 이전을 명분으로 개발도상국의 저임금 노동력을 인력 부족을 겪는 국내 중소기업에 근무하도록 하는 제도로서 2006년까지 운영되었다.

년간 국내 조선족 동포의 수는 약 21만 명 증가하였다. 또한 2008년에는 재외동포(F-4) 체류자격 도입으로 조선족 동포들의 법적 지위가 향상되었다.

국내 이주 조선족 동포들은 초기에는 한국인이 기피하는 3D 업종에 종사하는 경우가 대부분이었으나 차츰 자영업자나 소규모 무역상 등으로 발전하였으며 백화점, 식당, 여행 가이드 및 통역 등으로 취업 분야를 확대해 나갔다. 현재 국내 간병인의 70~80%가 조선족 동포인 것으로 추산된다. 일부 조선족 동포 3세들은 한국 교육기관에서 수학한 후 교수나 대기업 직원 등이 되어 소수 엘리트층을 형성하고 있다.

그러나 전반적으로 국내 조선족 동포들은 언어, 노동 개념, 행동 방식, 가치관의 차이 등으로 한국인과의 갈등을 유발하는 경우가 적지 않다. 이들은 노동 현장에서 차별과 부당한 대우를 받으면서 한국 사회에 대해 불만을 표출하고 있으나 이들에 대한 부정적 이미지로 인해 이러한 불만 제기가 제대로 공감을 얻지 못하고 있다. 2012년 오원춘, 박춘봉의 토막살인 사건으로 조선족 혐오 분위기가 확산되었으며 2017년 영화 〈범죄도시〉 등 미디어를 통해 불법 체류, 범죄, 조폭, 위장 결혼, 가정 파괴 등과 연결되는 조선족 이미지가 형성되었다.

조선족 동포들의 주 거주지는 서울시 구로구의 대림동, 가리봉동, 자양동과 성남시 수정구 및 안산시 단원구 등이며 특히 대림 2동이 중심지로서 차이나타운 조성도 거론되고 있다. 대림동 일대는 대규모 인력 시장이 있는 지하철 7호선 남구로역과 가까우며 지하철 2호선으로 강남 지역 식당에 접근하기도 비교적 수월하다는 등의 이유로 조선족 동포들의 중심지가 된 것으로 보인다.

## 3. 조선족 동포사회의 중요성과 가치

국내 조선족 동포에 대한 부정적인 인식에도 불구하고, 이들은 우리 경제에 양질의 저렴한 노동력을 제공함으로써 저출산 고령화에 따른 경제활동 인구의 감소로 야기되는 문제 해결에 크게 기여하고 있다고 평가할 수 있다.

또한, 조선족 동포사회는 중국 내에서 긍정적으로 평가받고 있는 소수민족 사회의 입지를 활용하여 한중 양국관계 발전을 위한 의미있는 가교 역할을 수행할 수 있다. 중국 정부가 한국 사회 및 한국 정부 입장을 이해하고 지지하도록 하는 데 있어서 조선족 동포사회도 응분의 기여를 할 수 있으며, 한중 양국의 문화교류를 선도하는 역할도 조선족 동포사회에 기대할 수 있다. 한편, 조선족 동포사회는 아래와 같은 측면으로 볼 때 한반도 평화통일에 이르는 과정에서 의미 있는 기여를 할 수 있다.

- 북한에의 접근성을 활용하여 남북한 간 가교 역할 수행
- 북한을 방문하는 조선족 동포들이 우리 정부의 선의를 북측에 전달
- 북한 왕래를 통해 습득한 정보를 우리 정부에 제공
- 북·중 간 변경 무역, 대북한 투자 등을 통해 북한의 개혁개방 진전에 기여

아울러 조선족 동포들은 우리 기업들의 중국 진출 및 중국 내 활동을 지원할 수 있다. 특히 중소기업의 진출 및 활동과 관련하여 조선족 동포들은 유용한 인적 및 물적 네트워크와 관련 정보를 제공할 수 있을 것으로 기대된다.

# 4. 조선족 동포사회의 주요 과제

## 1) 연변 조선족 동포사회의 활성화

한국 및 중국 내 대도시로의 이주 러시로 인해 연변 조선족 자치주의 조선족 동포 인구가 현저히 감소하여 자치주의 존폐를 우려하지 않을 수 없는 상황이 되었다. 이러한 인구의 급감은 풍요로운 생활을 위한 기회를 찾는다는 경제적 동인에 의한 것이므로 이 문제를 해결하기 위해서는 조선족 자치주의 경제가 스스로 노동력을 충분히 흡인할 수 있는 여건을 조성하는 일이 관건일 것이다. 이를 위해서는 무엇보다 외부의 투자 유치가 급선무인데 이와 관련해서 조선족 자치주가 자본과 기술 밀집 지역인 일본과 한국에 인접해 있으며 한반도와 중국 대륙 간 교류의 요충지라는 지정학적 이점을 최대한 살리는 전략이 필요할 것으로 본다.

장차 북한이 개혁개방의 방향으로 움직이게 된다면 조선족 동포사회가 중요한 중개 역할을 담당할 수 있을 것이다. 또한, 나진·선봉 특구를 중심으로 한 조선족 동포 경제인들의 대북 투자가 갖는 의미는 매우 클 것이다. 여러 측면에서 조선족 동포사회는 한반도의 평화적 통일이 진전되면 가장 큰 수혜를 볼 대상이다. 따라서 조선족 동포들이야말로 평화통일 달성을 위해 모든 노력을 아끼지 않을 것이다.

## 2) 민족 정체성 유지

연변 지역 등의 조선족 학교의 급감으로 조선족 동포들에 대한 민족교육이 부실해지고 이로 인해 조선족 동포들의 민족 정체성 유지에 차질을 빚게 될 것이 우려되는 상황이다. 이러한 민족 정체성의 약화는 중국 내 조선족 사회의 위상 및 가치의 저하로도 연결될 수 있다. 이 문제야말로 우리 정부가 중국 정부와 긴밀히 협의하면서 가능한 지원을 아끼지 말아야 할 것이다.

### 3) 국내 조선족 사회에 대한 인식 개선

국내의 조선족 동포사회가 해결해야 할 가장 중요한 문제는 조선족 동포들의 초기 이주 과정에서 형성된 국내의 부정적 인식과 편견을 해소하는 것이다. 조선족 동포들 스스로가 그러한 부정적 인식을 받을 만한 행동을 한 측면이 있는 것도 사실이지만, 이들이 특수한 역사적 경험에 따른 피해자들이라는 점과 장차 한반도 평화통일 과정에서 매우 중요한 역할을 담당할 것이라는 점 등이 충분히 인정될 수 있도록 여론을 계도하는 노력이 필요한 것으로 보인다.

특히 미디어가 이미지 왜곡을 초래하지 않도록 하기 위한 조치를 강구하는 것이 필요하다. 2017년 방영된 영화 〈범죄도시〉는 조선족 조폭의 잔인성을 지나치게 부각하였고, 〈청년경찰〉은 조선족 집거지인 대림동 일대를 납치 및 장기 적출의 근거지로 묘사했다. 조선족 동포단체가 영화 제작사를 대상으로 손해배상 청구 소송을 제기했으나 패소했다. 그러나 미디어에 드러나는 것과 달리 조선족 동포들의 범죄율은 10만 명당 약 2,200명으로 한국인 평균 범죄율인 10만 명당 약 3,500명을 훨씬 하회한다. 또한 대림동 일대는 손꼽히는 상업 지역이며 많은 한국인이 맛집을 찾아오고 있어 들러볼 만한 이색적 동네로 자리매김하고 있다. 앞으로도 이러한 사실이 널리 전파될 수 있도록 다각적인 홍보 노력을 지속해 나가야 할 것이다.

### 4) 출입국 및 체류 제도 개선

2008년에 도입된 재외동포(F-4) 체류자격은 법적으로는 조선족 동포들도 적용 대상이나 실제 발급 심사에 있어서 조선족 및 고려인 동포들에게 미국 등 선진국 거주 동포들보다 엄격한 기준을 적용하는 차별적 조치를 취하고 있다는 불만이 제기되고 있다. 법무부는 고용노동부의 국내 노동시장 교란 우려 등을 이유로 중국 및 CIS 국가들을 포함한 21개국 출신 재외동포들에게는 교육 수준, 직종, 직위, 재산 등과 관련하여 일정한 조건을 충족하는 경우에 한해 F-4를 발급해 주고 있다.

또한, 출입국 시행령 23조 2항은 F4 자격 보유자의 단순 노무 취업을 금지하고 있는데 제반 여건상 단순 노무 취업이 불가피한 조선족 동포들에게 불리한 조항이라는 주장이 제기되고 있다. 예를 들면 미용사 자격증으로 F4 자격을 취득한 조선족 동포가 식당에서 일하다가 적발되어 500만 원의 범칙금을 납부한 사례가 있다.


## 5. 조교 현황과 문제점

조교(朝僑)는 중국 내 거주하고 있는 북한 국적자를 말하며 동북 3성을 중심으로 3천~4천 명이 거주하고 있는 것으로 추산된다. 1990년대 이전까지 북한 당국이 북한 출판물 제공 및 북한 명승지 무료관광 등의 혜택을 베풀고 우대했으나 북한이 탈북자 색출 임무를 부여하면서 밀고자 집단이라는 오명을 쓰게 되었다. 이들은 친북 단체인 재중 조선인 총연합회(재중총련)를 조직하여 운영하고 있다. 2010년대 초반 조교들의 중국 국적 취득 신청이 몰리자 중국 정부가 북한 국적 포기확인서를 요구하게 되면서 중국 국적으로의 변경은 사실상 어려워졌다. 조교 2세는 중국 국적자가 많아 일부는 조선족 동포들과 함께 한국에서 취업한 경우도 있다.

2019년 6월 60대 조교 여성이 북한 여권을 소지하고 인천공항으로 입국하여 탈북자로 인정해 줄 것을 요구했다. '북한이탈주민보호법' 2조는 탈북자를 '북한에 주소, 직계가족, 배우자, 직장 등을 둔 외국국적 미취득자'로 규정하고 있으므로 조교를 탈북자로 인정할 수 없다. 그러나 헌법 3조는 우리나라 영토를 한반도와 그 부속도서로 규정하고 있으므로 북한 여권을 소지하고 있다는 이유로 입국을 불허하기도 곤란한 상황이 되었다. 결국 동 조교 여성은 국적 판정 절차를 진행하여 본인의 희망대로 국내에 거주하게 되었다. 향후 북한 상황 악화에 따라 탈북자와 함께 조교 및 재북한 화교 등의 한국 입국 시도가 있을 경우의 대책을 마련해 놓을 필요가 있을 것이다.

# 고려인 동포사회

## 1. 고려인 동포사회의 역사

### 1) 연해주 시대(1860~1937년)

1860년 중러 국경조약으로 우수리강 동쪽 지역이 러시아 영토로 편입됨에 따라 조선 유사 이래 러시아와 최초로 국경을 공유하게 되었다. 1864년 14가구 65명의 조선인 이주로 고려인 이주 역사가 시작되었다. 1860년대 말 대기근 발생으로 조선인의 러시아 이주가 본격화되었다. 이주 초기에는 조선인들의 황무지 개간 및 저렴한 노동력 공급을 환영하는 분위기였으나 러시아 정부가 러시아인의 이주를 통한 개발을 장려하게 됨에 따라 토지를 둘러싸고 러시아인과 조선인 간의 경쟁과 갈등이 발생하였다. 러시아 정부는 조선인의 추가 유입을 억제하고 기정착 조선인들을 내륙 지역으로 이주시키고자 하였으나 실현되지 못했다.

1917년 10월 러시아 공산혁명 발발 시 연해주를 비롯한 러시아 거주 조선인은 약 10만 명에 달했으며 연해주는 전체 인구의 1/3이 조선인이었다. 공산화 이후에도 경제적 동기에 따른 이주뿐 아니라 독립운동가 및 지식인들을 중심으로 한 연해주 이주가 계속되었으며 1920년대 말에는 약 25만 명의 조선인이 러시아에 거주하게 되었다. 조선인들은 선진적 영농방식과 특유의 근면성으로 지역사회로부터 경제사회적 역량을 인정받았으며 민족교육을 실시하고 독립군을 양성하였다. 이들은 1928년 소련 정부에 극동 조선 공화국 수립을 청원하는 등 조선인 자치지역 건설 운동을 전개하였다.

## 2) 강제 이주 시기(1937~1955년)

스탈린은 조선인이 일본의 첩자일 가능성을 대비하고 낙후된 중앙아시아 지역을 개발하기 위해 조선인의 집단 이주를 계획하였으며 마침내 1937년 8월 극동 지역 거주 조선인들을 중앙아시아 지역으로 집단 이주시키는 조치를 단행하였다. 강제 이주에 앞서 조선인들의 반발 가능성을 사전에 차단하기 위해 조선인 지도급 인사 약 3천 명을 투옥하고 일부를 처형하였다. 조선인들은 124칸의 화물열차로 한 달여간 약 6천 km를 이동하여 약 9만 5천 명은 카자흐스탄에, 약 7만 5천 명은 우즈베키스탄에 도착했는데 일부 소지품만 휴대할 수 있었기 때문에 그동안 축적한 재산을 일거에 상실하였다. 이동 과정에서 홍역 등으로 60%가 사망하였다.

강제 이주된 조선인은 고려인으로 불렸으며 자유로운 이주가 제한된 가운데 집단농장을 형성하여 생활을 영위하였는데, 농기구와 물자의 부족과 열악한 주거 및 의료 환경 내에서 취업이 제한되고 민족교육이 금지되는 등 탄압을 감수해야 했다. 이러한 역경 속에서도 고려인들은 쌀 생산지가 아니었던 우즈베키스탄을 주요 쌀 농사 지역 및 면화 생산지로 만들었고 소련 내 대표적인 집단농장으로 성장시켰으며 이러한 공로를 인정받아 고려인 209명이 사회주의 노동영웅 훈장을 받았다.

2차 세계대전에서 고려인들은 참전과 후방 지원으로 소련의 승전에 크게 기여했다. 이들은 현금, 생필품 및 식량을 기부했으며 편법으로 입대하면서까지 적극적으로 참전했다. 또한 여성들도 간호사로 참여했다. 소련 정부는 이러한 고려인의 공로를 인정하여 약 1천 명에게 '조국 수호 노동 메달'을 수여하기도 했다.

### 3) 소련 정착 시기(1956~1991년)

스탈린 사후 1956년부터 고려인들의 거주 이전의 자유가 보장되고 소련 내 성공적인 소수민족으로서의 정착 과정이 전개되었다. 고려인은 소련인과 원주민족 사이에서 중개 역할을 수행하면서 원주민족보다 높은 경제사회적 지위를 확보하였다. 신분상의 제약으로 공직 및 군사 분야로의 진출은 포기해야 했지만 개인의 재능과 노력으로 승부할 수 있는 경제 분야에 집중하여 경제적 자립의 토대를 구축하였다. 이들은 쌀, 채소, 과일 등 원주민족들이 경작하지 않는 작물 경작에 집중함으로써 경쟁을 피하였다. 고려인은 농업으로 축적한 자본으로 자녀들의 고등교육에 투자함으로써 고등교육을 받은 2~3세들의 전문직 및 기술직 종사자가 점차 증가하게 되었다.

고려인의 소련 주류사회 진입과 함께 언어, 의식, 생활 방식 등에서 고려인 사회의 러시아화가 진행되었다. 소련의 소수민족 동화정책으로 한국어 등 민족 교육을 실시하기 어려웠던 것이다. 그러나 한국어 능력의 상실에도 불구하고 한국 음식을 비롯한 한민족으로서의 문화적 정체성은 어느 정도 유지할 수 있었다.

1988년 6월 전소 고려인협회 결성을 계기로 고려인이라는 용어 사용이 보편화되었는데 조선인이나 한인 등의 표현은 남한과 북한 중 어느 한쪽을 지지한다는 오해를 불러일으킬 수 있다는 가능성을 염두에 둔 것이었다. 1980년대 말 고르바초프 대통령에 의한 고려인 복권이 추진되었으며 1993년 4월 러시아 의회에서 강제 이주 등 피압박 민족들에 대한 명예회복과 보상을 위한 법률이 통과되었다.

## 4) 소련 해체 후 재이주기(1991년 이후)

소련 해체 후 중앙아시아 지역 독립 국가들의 탄생으로 고려인 사회는 새로운 도전에 직면하게 되었다. 독립한 신생국들이 민족의 언어와 역사를 되찾고 민족 정체성을 확립해 나가는 과정에서 타민족들에 대한 차별과 배척이 심화되었다. 또한, 자본주의 경제체제로의 이행 과정에서 실업, 부정부패, 불평 등의 증가로 삶의 질이 하락하고 경제적 기회가 감소되는 상황을 고려인도 감내해야 했다.

이러한 상황 변화에 대처하기 위해 고려인은 남부 러시아, 우크라이나, 벨라루스 및 연해주 등지로 대규모 이주를 단행했다. 특히 러시아어 사용을 불허하는 등 배타적 성격이 강한 우즈베키스탄 거주 고려인의 대규모 이주가 불가피했다. 고려인은 현재 우즈베키스탄에 약 18만 명, 러시아에 약 15만 명, 카자흐스탄에 약 10만 명, 우크라이나에 약 1만 명 등 각지에 흩어져 거주하고 있으며 전체 고려인 인구는 한국으로 이주한 고려인 약 5만 명을 합하여 50만여 명에 달한다.

## 2. 국내 고려인 동포사회 약사

1988년 서울 올림픽은 한국에 대한 고려인의 관심을 높이는 중요한 계기가 되었으며, 1991년 한소 수교 및 우리 정부의 북방외교 추진으로 고려인의 한국 방문 문호가 개방되었으나 초기에는 단기 방문에 국한되었다. 2004년 고용허가제 및 2007년 방문취업제의 시행으로 고려인 동포들의 대규모 국내 이주가 본격화되었다. 2008년부터 방문허가제가 시험 대신 추첨 선발 방식으로 전환되면서 고려인 동포의 지속적인 국내 이주 기반이 마련되었다.

국내에 정착한 고려인 동포들은 한국어가 익숙하지 않아 대부분 직업소개소를 통해 일용직으로 근무하였다. 이들은 주로 염색, 조립, 화학 공장 등에서 최저임금 노동에 종사하였고 임금 체불, 산업 재해, 성희롱 및 폭언 등 다양한 문제에 노출되었다. 고려인 동포들은 안산에 약 5천 명이 거주하는 고려인 마을을 형성하였다. 이들은 한국어를 구사하는 조선족 동포들에 비해 문제 대처 능력이 떨어질 수밖에 없어 우리 정부를 비롯한 외부의 지원이 절실한 상황에 처해 있다. 고려인 동포에 대한 국내의 인식은 조선족 동포에 비해 부정적인 측면은 덜하지만 전반적으로 무관심과 냉대의 대상이 되어 있는 상황이다. 고려인 지원 단체 '너머' 등의 지원 활동에 힘입어 이러한 국내 인식은 점차적으로 개선되고 있다.

## 3. 고려인 동포사회의 중요성과 가치

고려인 동포사회는 강제이주 등 수 차례의 대이동을 겪어야 했던 과거의 어두운 우리 역사가 낳은 최대 희생자이다. 게다가 소련의 무자비한 탄압과 엄격한 동화정책에 시달려야 했던 고려인 동포들은 한국어를 사용하고 민족 정체성을 유지하는 것이 허용되었던 조선족 동포들보다 더 혹독한 역경을 감내해야 했다. 이러한 고려인 동포사회를 우리 정부가 어떻게 받아들이느냐는 식민지와 내전으로 얼룩진 과거를 극복하고 세계가 부러워하는 성장을 이룩한 나라의 민족적 자존심과 관련된 문제라고 말할 수 있다.

또한, 조선족 동포사회와 마찬가지로 공산주의 체제에 익숙하고 북한에 접근이 용이한 고려인 동포사회는 장차 남북한 관계 개선과 한반도의 평화적 통일 달성으로 향하는 과정에서 우리 정부의 중요한 자산이 될 수 있다. 우크라이나 전쟁으로 한러 관계도 어려운 상황에 처해 있으나 중장기적으로 러시아와의 관계적 중요성을 결코 간과할 수 없으며, 자원과 에너지 외교 등의 관점에서 중앙아시아 국가들과의 관계도 적극 강화해 나갈 필요성이 있다. 이와 관련한 고려인 동포사회의 가교 및 윤활유 역할이 기대된다.

우리 정부 재외동포 정책의 궁극적인 목표 중 하나가 글로벌 한민족 네트워크라는 측면에서 볼 때, 우리와 다른 언어·문화를 가진 고려인 동포사회를 재외동포 정책의 중요한 한 축으로 받아들이는 것이 갖는 의미는 매우 크다고 본다.

# 4. 고려인 동포사회의 주요 과제

## 1) 무국적 고려인 문제

소련 해체 후 하루아침에 거주 국가가 바뀌어 버린 고려인 동포들은 아래와 같은 사정으로 신규 독립국의 국적을 취득하지 못하고 어려운 상황에 봉착하게 되었다.

고려인은 국적 취득에 필요한 서류를 분실한 경우가 많았고 국적 취득과 관련한 제반 법률과 제도에 대해 무지했다. 고려인이 세입자로 살고 있는 주택의 집주인들이 세금 납부나 주택의 매매 등에 불편하다는 이유로 고려인들의 거주 등록을 회피하는 경우가 많았다. 국적 취득에는 상당한 경비가 필요한데 이를 조달할 여유가 없는 고려인이 적지 않았다.

무국적 고려인은 교육, 의료 및 취업 등에서 국민으로서의 기본 혜택을 향유하지 못하며 타국으로 이주한 경우에는 합법적인 국외 이동이 불가하다는 문제를 안게 되었다. 우리 정부는 2007년부터 이러한 사정에 처한 고려인들의 국적 취득을 돕기 위해 법률 자문 등의 지원을 제공하는 사업을 시행하고 있다. 이러한 정책의 성과로서 우크라이나 정부가 주 우크라이나 대사관의 증명으로 고려인이 우크라이나 국적을 취득하는 것을 허용하는 조치를 결정하기도 했다. 그러나 러시아나 우즈베키스탄과 같이 소수 민족에 대해 민감한 시선을 가지고 있는 국가들은 우리 정부가 국적 취득에 관여하는 것에 대해 이의를 제기할 수도 있으므로 정부가 전면에 나서기보다 고려인협회 등을 통해 간접적 지원에 주력하는 편이 바람직할 것이다.

## 2) 고려인 농민 자립 기반 구축

소련 해체 후 삶의 터전을 상실하고 타지로 이주하여 빈곤한 생활을 영위하고 있는 고려인이 경제적 자립 기반을 마련하는 것을 우리 정부가 적극 지원할 필요가 있다. 고려인 농민들에게 온실 사용법 등 선진 농업 기술을 전수하고 비료 및 농약 등의 지원으로 농업 생산성을 높이는 영농 지원 사업을 지속적으로 확대해 나가야 할 것이다. 또한 우리 정부는 고려인의 역량 강화 및 일자리 창출을 위해 국내 초청 직업연수 프로그램을 운영하고 있다. 2016년부터 고려인 40여 명을 대상으로 3개월간 미용, 한식, 사진, 영상 촬영, 커피 바리스타 등의 분야와 관련한 직업연수를 실시하여 좋은 성과를 거두고 있다.

## 3) 고려인 사회 통합

소련 해체에 따른 고려인의 각지 분산 이주, 타민족과의 결혼에 따른 혈연적 혼합, 차세대 고려인의 현지화 등으로 인해 고려인 동포사회의 민족 정체성이 약화하고 있는 상황에서 각지 고려인 사회를 규합할 수 있는 구심점을 마련하는 것이 시급하다. 이를 위해 우리 정부가 주요 고려인 동포단체들을 육성하는 한편 각지 고려인 사회들 간 긴밀한 네트워크 구축을 지원해야 할 것이다.

## 4) 국내 이주 고려인 정착

언어 및 문화적 차이로 취업 및 자녀교육과 한국 사회 적응에 어려움을 겪고 있는 국내 거주 고려인 동포들에 대한 우리 정부의 지원을 확대해 나갈 필요가 있다. 우선 재외동포(F-4) 체류자격을 취득하지 못한 고려인 동포들의 안정적 체류를 보장하는 효과적인 대책이 마련되어야 할 것이다. 건강보험 문제도 국내 고려인 동포사회의 중요한 현안이다. 최근 관련 법령의 개정으로 외국국적 동포인 고려인들은 국내에서 6개월 이상 체류해야 건강보험에 가입할 수 있는데 정착 초기의 6개월 기간에 발생하는 의료비를 고려인들이 부담하기는 어려운 실정이다. 또한, 현행 법령은 외국국적 동포들의 건강보험 적용에 있어서 피부양자 요건을 한국인보다 엄격히 적용하고 있어서 배우자 등록을 하지 못한 고려인 동포 등이 보험료를 이중으로 부담해야 하는 경우도 발생하고 있다.

한국어 능력이 부족한 고려인 동포 자녀들에게 대학 입학 특례를 부여해야 한다는 주장도 힘을 얻고 있다. 또한, 이들에 대한 효과적인 한국어 교육을 위해서는 러시아어를 구사하는 강사의 확보가 필요하며 러시아어로 작성한 교재 및 각 대학 러시아어 학과 학생들과의 연계 등의 방안을 강구해 나갈 필요가 있다.

2013년 3월 제정된 「고려인 동포 합법적 체류자격 취득 및 정착 지원을 위한 특별법」은 전 세계 재외동포사회 중 정부의 지원이 가장 절실한 고려인 동포사회를 특정한 지원을 법제화했다는 점에서 중요한 의의를 갖는다. 이 법은 고려인 동포사회 실태 조사, 국적 취득 지원, 경제적 자립 기반 마련 지원, 한인문화센터 건립 등 문화적 지원, 한국어 및 정보기술 교육 지원 등을 규정하고 있으며 이 법에 따라 정부는 매년 정기국회 개회 전에 지원 현황에 관한 보고서를 제출해야 한다. 그러나 국내로 이주한 고려인은 이 법의 적용 대상에서 제외된다. 그간 우리 국회에서 수차례에 걸쳐 국내 이주 고려인도 이 법에 따른 지원 대상에 포함하는 내용의 개정안이 제출되었지만 아직 실현되지 못하고 있다.

제7절

# 사할린 동포사회

## 1. 사할린 동포사회의 역사

1905년 러일전쟁의 승리로 일본이 사할린섬 북위 50도 이남을 차지하였다. 1940년대부터 일제의 강제징용 등으로 남사할린에 거주하는 조선인이 급증하여 2차 세계대전 종전 시점에는 약 4만 3천 명으로 늘어났다. 일본의 패전으로 소련이 사할린 지역을 되찾게 되었으나, 이 지역 거주 조선인은 소련과 일본의 무관심과 비협조로 인해 귀국하지 못한 채 소련 사회로 편입되고 말았다. 소련 정부는 1946년 사할린 조선인들에 대해 국적 취득은 허용하지 않은 채 거주등록을 실시함으로써 사할린 거주 한인들은 무국적자로 전락한 후 취업 제한 등 온갖 차별 대우를 감내해야 했다.

1946년 사할린 지역에 거주하던 일본인들이 귀국하면서 노동력의 공백이 발생하자 북한에서 약 2만 6천 명의 노동자가 사할린 지역으로 파견되었다. 또한 소련 정부는 조선인을 감시하기 위해 고려인 공산당원 약 2천 명을 파견하였다. 이로써 사할린 지역에는 전쟁 이전부터 거주해 온 조선인, 일시 파견된 북한 노동자 및 고려인이 함께 거주하게 되었는데 이들 간의 갈등과 반목이 심했다. 5년 경력 고려인이나 북한 노동자의 월급이 약 2천 루블인 데 반해 사할린 조선인의 월급은 1천 루블에 불과했다.

## 2. 사할린 동포의 모국 귀환

1988년부터 소련 정부가 사할린 동포들의 모국 방문 및 영주귀국을 허용하기 시작했다. 이에 따라 우리 정부는 일본 정부와의 협의를 통해 한일 양국 정부가 사할린 한인들의 모국 방문을 함께 지원하는 사업을 1989년부터 시행하였다. 초기에는 고령 단신 귀국자에 한해 시행하였으나 1994년 한일 정상회담에서 영주귀국 시범 사업을 추진하기로 합의한 후 귀국자 규모를 늘려 나갔다.

우리 정부는 영주귀국한 사할린 동포들을 기초생활 수급자로 지정하고 생계비 지원 및 건강보험 혜택을 제공하고 있으며, 1999년에 안산시에 사할린 동포 귀국자를 위한 아파트 및 요양원을 건립하였다. 영주 귀국한 동포들은 대부분 고령으로 건강이 좋지 않아 의료비 부담이 과다하여 사할린에서 지급되는 연금을 보태 겨우 생계를 꾸려 나가는 실정이다. 그간 영주귀국 대상이 1세 및 배우자와 장애 자녀로 제한됨에 따른 문제가 제기되어 왔으나 2021년 1월부터 「사할린 동포 지원에 관한 특별법」이 시행됨에 따라 직계가족 1명과 그 배우자까지 영주귀국 대상에 포함되었다. 2022년까지 약 5천 명의 사할린 동포들이 영주귀국하였다.

# 참고문헌

이진영, 『지구촌 한인과 공공외교』, 디자인장이, 2022.

윤인진 엮음, 『재외동포 사회의 현황과 정책과제』, 북코리아, 2018.

윤인진 엮음, 『재외동포 차세대와 주류화』, 북코리아, 2019.

이진영 외, 『재외동포정책 개발 및 외연 확대를 위한 재외동포 개념 재정
립』, 재외동포재단, 2019.

김성곤, 『700만 재외동포와 더불어 희로애락』, 김성곤 의원실, 2016.

이원욱 의원실, '재외동포신문 창간 20주년 기념식 및 정책토론회', 2023.

법무부 출입국·외국인정책본부, 「재외동포의 장기적 활용 및 통합 제고
방안 연구」, 2017.

김봉섭, 『재외동포 강국을 꿈꾼다』, 앰에드, 2011.

재외동포재단, 「재외동포에 대한 중장기 정책 연구」, 2023.

이형석 의원실, '재외동포청과 이민청 설립 정책토론회', 2022.

재외동포재단, 『국내동포의 제반문제와 정부기관의 역할』, 2021.

곽재석, 곽승지 외, 『한중수교 30년의 조선족』, 한국학술정보, 2022.

**영사외교의 이론과 실제** – 영사행정의 길라잡이

© 한동만·이정관·이상진, 2024

1판 1쇄 인쇄__2024년 02월 20일
1판 1쇄 발행__2024년 02월 28일

지은이__한동만, 이정관, 이상진
펴낸이__홍정표
펴낸곳__글로벌콘텐츠
      등록__제25100-2008-000024호

공급처__(주)글로벌콘텐츠출판그룹
      대표__홍정표 이사_김미미  편집_임세원 강민욱 백승민 권군오  기획·마케팅_이종훈 홍민지
      주소__서울특별시 강동구 풍성로 87-6
      전화__02) 488-3280  팩스__02) 488-3281
      홈페이지__http://www.gcbook.co.kr
      이메일__edit@gcbook.co.kr

값 20,000원
ISBN 979-11-5852-407-4 93340